데일리 필로소피

DAILY
PHILOSOPHY

데일리 필로소피

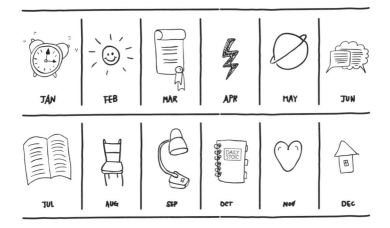

| JAN | FEB | MAR | APR | MAY | JUN |

| JUL | AUG | SEP | OCT | NOV | DEC |

아침을 바꾸는 철학자의 질문

라이언 홀리데이·스티븐 핸슬먼 지음 | 장원철 옮김

다산
초당

매일 한 걸음씩 나아가는 삶을 위하여

'노예 출신 철학자' 에픽테토스와 '철인 황제' 마르쿠스 아우렐리우스, '망치를 든 철학자' 니체에서 '대문호' 셰익스피어, '오마하의 현자' 워런 버핏까지. 시대와 공간을 초월해 큰 영향력을 끼친 이들의 공통점은 무엇일까? 바로 스토아 철학의 신봉자라는 점이다.

이 철학은 특이하게도 딱딱하고 어려운 철학서가 아니라 일기와 편지, 수필과 같은 형태로 사람들에게 전해졌다. 아우렐리우스의 일기, 세네카의 편지, 에픽테토스의 수필은 당대 로마에서 가장 인기 있는 저작물이었으며, 2천 년이라는 시간을 넘어 오늘날까지 전해지고 있다. 대체 이 작품들에 어떤 훌륭한 통찰과 지혜가 담겨 있기에, 이토록 많은 이의 사랑을 받으며 오랫동안 살아남을 수 있었을까?

스토아 학파는 기원전 3세기 초 제논에 의해 창시된 철학 학파이다. 거상이었지만 배가 난파해 막대한 재산을 잃는 불행을 겪은 제논은 불행을 다스리는 방법을 연구하다 이 철학을 창시했다. 그가 제자들을 가르친 곳이 기둥이었기 때문에 기둥을 뜻하는 그리스어 스토아(Stoa)가 이 철학의 이름이 되었다.

탄생 과정에서도 알 수 있듯 이 철학은 추상적이고 관념적인 가치가 아니라 일상을 살아가는 데 쓸모 있는 실용적인 답을 찾는 것에 열중했다. "화는 어떻게 다스려야 하는가?", "눈앞에 닥친 어려움을 어떻게 다스려야 하는가?", "성공과 행복이란 무엇인가?", "권력은 어떻게 다루어야 하는가?" 철학자들이 고민한 이 질문들은 오늘날에도 여전히 유효하다.

물론 현대 사회는 훨씬 복잡하여 늘어선 기둥 앞에 모여 철학을 논하던 아테네 시대나 로마 공화정 시대와는 큰 차이가 있다. 하지만 그들이 돌아보고자 했던 문제들의 본질은 오늘날 우리가 직면하는 현실과 크게 다르지 않다. 누구나 죽음과 고통을 피할 수 없기 때문이다. 우리는 삶의 여정 곳곳에서 반드시 이러한 질문들과 맞닥뜨리게 된다.

그렇다면 그 답은 어디서 찾을 수 있는가? 스토아 철학자들은 이렇게 말한다. "하루는 모든 날의 다른 이름이다." 다시 말해 그 답은 추상적 세계가 아닌 우리 모두가 살아가는 하루하루에서, 일상에서 찾을 수 있다.

우리가 이 책에서 자주 만나게 될 마르쿠스 아우렐리우스는 로마 제국의 가장 위대한 황제 중 한 사람이었다. 에픽테토스는 노예 신분으로 30년을 살았지만 훗날 아우렐리우스에게 큰 영향을 끼쳤다. 세네카는 황제의 스승이자 극작가, 정치 평론가로 활동했고, 클레안테스는 권투선수이자 물 긷는 노동자이기도 했다. 크리시포스는 장거리 달리기 주자로 활동했으며, 포시도니우스는 외교관이었고 무소니우스 루푸스는 교사였다.

이렇듯 스토아 철학자들은 여러 계층에서 다양한 직업으로 일했다. 그럼에도 그들 모두가 이 철학을 따랐다는 것은 그만큼 스토아 철학이 보편적이고 어떤 삶에도 적용할 수 있다는 것을 뜻한다.

스토아 철학에는 시대를 초월하는 지혜가 담겨 있다. 이 철학은 고대에서 중세를 거쳐 현대에 이르기까지 종교와 문학 등 문화 전반에 지속적인 영향을 끼쳤다. 〈민중을 이끄는 자유의 여신〉으로 19세기 낭만주의 예술을 대표하는 화가 외젠 들라크루아는 스토아 철학을 일컬어 "위로의 종교"라고 했고, 강력한 노예제 폐지론자로 남북전쟁 기간 동안 흑인 연대를 이끌었던 토마스 웬트워스 히긴슨 대령은 인간 해방의 이상을 설파하기 위해 에픽테토스의 저작물을 번역한 것으로 유명하다. 현대로 오면 워런 버핏, 트위터 CEO 잭 도시도 이 철학에 강한 영향을 받았다. 작가인 팀 페리스는 스토아 철학을 "인간을 위한 최고의 운영체제"라고 표현하기도 했다.

스토아 철학을 따르는 사람들은 늘 행동하는 사람들이었고, 이들에게 스토아 철학은 실천이자 삶을 바꾸는 동력이었다. 그들은 대담하게 조언한다. 우리의 삶이 무작위적이고 불분명하며 예측 불가능하다는 사실을 먼저 겸허하게 받아들이라고 말이다. 역설적이게도 그 토대 위에서 우리는 이 짧은 인생에서 해낼 수 있는 것, 자신이 진정으로 하고 싶은 것에만 집중할 수 있다. 통제할 수 없는 것에 대한 미련을 버리면 통제할 수 있는 자신의 삶에 집중할 수 있다는 의미이다.

우리는 모두 자신의 삶을 열심히 살아가지만 아무리 열심히 살아도 고통과 번민에서 완전히 자유로울 수는 없다. 오히려 고뇌는 하루도 끊이지 않는다. 어떤 어려움에 직면하고 있든 간에 우리는 남은 삶을 살아가야 한다. 그렇게 하루하루 눈앞의 문제를 해결하고 어제보다 성장한 오늘을 살아가는 데 분명 이 철학은 도움이 된다.

현대인의 삶은 너무나도 바쁘기에, 이 책에서는 스토아 학파 사상가들의 정수를 뽑았다. 하루 한 문장씩 읽을 수 있는 명언을 선별하고 그에 대한 설명을 보충하는 방식으로 구성했다. 당연히 학술적 분석은 아니며, 명언에 숨겨진 철학의 요점을 더 명확하게 드러내고 우리를 또 다른 질문으로 이끌 수 있는 내용들이다.

사색을 통해 우리가 가장 먼저 찾아야 할 것은 바로 삶의 이유이자 목적이다. 사는 이유를 알아야, 하고 싶은 일이 무엇인지 알 수 있고 그 일에 집중할 수 있으며, 시련이 닥쳐도 실망하거나 후회하며 주저앉는 대신 앞으로 나아갈 수 있다. 하지만 사는 이유를 모르는 사람에게는 성공도 돈도 권력도 명예도 무의미한 것이 되고 만다.

이 책을 통해 독자들 모두가 단순히 스토아 철학을 듣고 이해하는 수준에서 그치지 않고 자신만의 분명한 삶의 방향을 찾기를 바란다. 세네카의 말을 빌리면, "철학은 답을 내놓을 수 있어야 한다." 당신이 마주한 문제들의 답을 찾는다는 단 하나의 목적을 위해, 이 책은 쓰였다.

차례

1부

철학자처럼
아침을 시작하는 법

JAN | FEB | MAR

아침에 눈을 떴을 때, 당신은 어떤 생각을 하는가? 누군가는 아침을 '기적'이라 말하지만 다른 누군가는 똑같은 하루가 반복될 것이란 생각에 무력감과 괴로움을 느낀다. 이들의 하루는 어떻게 다를까? 스토아 철학자이자 로마 제국의 황제 마르쿠스 아우렐리우스는 매일 이렇게 다짐하며 아침을 시작했다. "오늘도 고마움을 모르고, 폭력적이고, 기만적이고, 질투심 많고, 몰인정한 사람들을 무수히 만날 것이다. 그러나 그들 중 누구도 나를 잘못된 길로 이끌지 못하므로 내게 전혀 해를 입히지 못할 것이다."

January

1월

오늘 하루, 무엇을 실천할 것인가?

매일 이기는 싸움을 하고 있는가?

우리 삶의 주요 과제는 단순하네. 스스로 통제할 수 있는 선택과 통제할 수 없는 외부 요인을 명확히 정의하고 그 둘을 분리하는 것이야. 인생을 충만하게 만드는 것들은 외부 요인에서 찾을 수 없네. 오로지 통제하고 변화시킬 수 있는 나 자신의 선택 안에서 찾을 수 있다네.

-에픽테토스, 대화록, 2.5.4-5

인생을 충만하게 살기 위해 가장 먼저 깨달아야 할 것이 있다. 바로 우리가 변화시킬 수 있는 것과 변화시킬 수 없는 것을 구분하는 것이다. 날씨 때문에 비행기가 이륙하지 못한다고 치자. 항공사에 항의한다고 해서 폭풍을 멈출 수 있겠는가? 매일 밤, 좀 더 키가 크게 해 달라고 소원을 빈다고 해서 그 희망이 이루어지겠는가? 더 좋은 환경에서 다시 태어나고 싶다는 바람도 마찬가지로 이루어질 수 없다. 또한 어떤 노력을 기울인다고 해도 타인을 완벽하게 내 기준에 맞게 바꿀 순 없다.

우리는 왜 변화시킬 수 없는 것에 시간과 정성을 쏟으면서 정작 자신이 바꿀 수 있는 것에는 시간을 할애하지 않는가? 라인홀드 니부어는 이렇게 기도했다. "신이시여. 저에게 변화시킬 수 없는 것을 받아들일 수 있는 평온함을, 변화시킬 수 있는 것을 변화시키려는 용기를, 그리고 그 둘의 차이를 알 수 있는 지혜를 주시옵소서."

아무리 후회해도 과거를 바꿀 수는 없다. 우리가 변화시킬 수 있는 것은 오로지 미래다. 그것이 바로 지금 이 순간이 가진 힘이다.

통제할 수 있는 부분과 그렇지 않은 부분을 명확히 구분할 수 있을 때 우리는 더 행복해진다. 매일 승산 없는 싸움을 피하고 이길 수 있는 싸움을 할 때 우리 삶은 더욱 성공에 가까워질 것이다.

철인 황제처럼 아침을 맞이하는 법

아침에 일어나기가 어렵다면 마음속으로 이 생각을 하라. 나는 인간으로서의 의무를 다하기 위해 깨어나야 한다. 이 세상에 나를 존재하게 하는 일을 하기 위해 일어나야 한다. 그런데 이렇게 짜증을 낼 필요가 있는가? 나는 기껏 이부자리나 끌어안고 살기 위해 태어났는가? 이것이 내게 주어진 낙이란 말인가? 나는 분투하기 위해 태어났는가, 아니면 자기 위해 태어났는가?

-마르쿠스 아우렐리우스, 명상록, 5.1

전해지는 바에 따르면 아우렐리우스 황제는 약간의 불면증이 있었다고 한다. 매일 아침 잠자리에서 일어나기 위해 상당한 의지력을 발휘해야 했는데, 이 문구는 그런 자신을 위한 격려인 듯하다.

낮밤이 따로 없는 현대인에게도 아침 잠자리에서 일어나는 것은 여간 어려운 일이 아니다. 그래서 우리도 매일 아침마다 철인 황제가 마주했던 문제와 똑같이 마주하게 된다.

잠 그 자체가 나쁜 것은 아니다. 잠은 삶을 위해 반드시 필요하며 잠을 제대로 자지 못하면 삶 또한 피폐해진다. 그러나 과도한 잠은 삶의 시간을 빼앗아 간다. 정해진 시간 이상으로 잠을 자는 것은 그만큼 우리의 삶이 줄어든다는 의미다. 일어나서 행하지 않는다면 자신과 타인, 그리고 세상을 위해 어떤 일도 할 수 없다. 당신은 지금 살기 위해 자고 있는가, 자기 위해 살고 있는가?

거절의 힘

사람들은 자신이 무엇을 잃어버리고 있는지 깨닫지 못한 채 삶을 낭비한다. 무의미한 슬픔, 어리석은 즐거움, 탐욕스러운 욕망, 형식적인 관계에 자신의 유한한 자원을 투자한다. 이것들 중 얼마나 많은 것들이 남아 있을까? 우리에게 주어진 시간은 길지 않다는 것을 알아야 한다.

-세네카, 삶의 덧없음에 대해, 3.3b

살면서 가장 하기 힘든 일 중 하나가 "안 돼"라고 말하며 거절하는 것이다. 초대를 받았을 때, 부탁을 받았을 때, 다른 사람들은 그렇게 하고 있다는 말을 들었을 때 우리는 잘 거절하지 못한다. 또한 틀림없이 시간만 소모할 뿐인 감정에 대해서도 "안 돼"라고 말하기는 더욱 어렵다. 분노, 즐거움, 기분 전환, 집착, 성적 욕망. 이런 충동들 가운데 그 자체로 대단한 것은 없지만, 이것들이 마음속에 한번 날뛰기 시작하면 그 어떤 것보다 더 열정적으로 우리를 휘어잡는다. 조심하지 않으면 이런 감정은 손쉽게 우리를 압도해 버리고 삶을 낭비하도록 만든다.

시간을 되돌리고 싶은 욕망, 조금 더 여유롭게 살고 싶다는 생각은 이미 삶을 낭비하고 있다는 신호다. "안 돼!"라는 말의 위력을 배워야 한다. "고맙지만 안 되겠어", "미안하지만 그 일에 개입하기 싫어", "지금은 할 수 없어"라고 말할 수 있어야 한다. 이런 말 때문에 누군가는 감정이 상해 내 곁을 떠날 수도 있다. 하지만 중요하지 않은 일을 더 많이 거절할 때 내 자신이 원하는 방향으로 삶을 이끌어갈 수 있음을 기억하라.

같음을 인정하되 다르게 행동하라

> 아침에 일어나면 가장 먼저 자신에게 이렇게 말하라. 나는 오늘 호사가, 배은망덕한 자, 이기주의자, 거짓말쟁이, 질투에 사로잡히고 짜증에 가득 찬 인간과 마주치게 될 것이다. 그들은 모두 고통에 시달리고 있지만, 선과 악이 무엇인지 모른다. 하지만 나는 선의 아름다움과 악의 추악함을 이해하고 있기에 그들이 나와 닮았다는 사실도 알고 있다. (…) 그렇기에 나를 해롭게 할 수 있는 이는 아무도 없으며 나를 추악함으로 몰고 갈 수 있는 이 또한 없다. 나는 내 형제들에게 화를 내지 않을 것이며 그들을 미워하지도 않을 것이다. 모두가 공존하고 있기 때문이다.
>
> -마르쿠스 아우렐리우스, 명상록, 2.1

살아가면서 마음에 드는 사람만 만날 수는 없다. 오히려 만나고 싶지 않은 사람을 만나야 하는 경우가 더 많을 것이다. 싫어도 어쩔 수 없이 만나야 하는 사람들, 이기적이고 무례한 방식으로 당신을 대하는 사람들. 그들을 만날 때 당신은 어떻게 처신하는가?

18세기를 살았던 작가 니콜라 샹포르는 특유의 위트를 살려 이렇게 말하기도 했다. "매일 아침 두꺼비를 삼키고 일어나라." 이런 마음이라면 그날 하루 우리에게 역겨움을 안겨다 줄 인간들을 상대하는 데 도움이 될 것이다.

아우렐리우스는 말했다. "나를 추악함 속으로 몰고 갈 수 있는 이는 없다. 나는 내 형제들에게 화를 내지 않을 것이며 그들을 미워하지도 않을 것이다." 당신을 깔보거나 얕보는 사람에게 똑같이 대할 필요는 없다. 그들을 평가절하할 필요도 없다. 그들도 나와 같은 사람임을 받아들이되 그들처럼 행동하지 않음으로써 당신의 내면을 지켜낼 수 있다.

행동의 의도를 분명히 하라

모든 노력을 집중시켜 끝이 보일 때까지 유지해야 한다. 행동하는 사람은 불안에 빠지지 않는다. 잘못된 신념만이 우리를 불안으로 이끌 뿐이다.

-세네카, 마음의 평정에 대해, 12.5

끝을 생각한다고 해서 우리가 그 끝에 도달할 수 있는 것은 아니다. 하지만 끝을 생각하지 않는다면 우리는 시작할 수도 없다. 스토아 철학에 따르면 '잘못된 신념'은 영혼의 혼란함을 불러일으키며 무질서하고 병리적인 삶으로 우리를 이끈다.

아무리 노력해도 의도한 것과 그 결과가 너무나도 다를 때 우리는 무엇을 해야 하는지 어떻게 알 수 있을까? 거절해야 할 것과 받아들여야 할 것은 어떻게 알 수 있을까? 언제 자격을 갖추게 되는지, 언제 목표에 도달할 수 있는지, 언제 길에서 벗어났는지 우리는 어떻게 알 수 있을까? 명확히 알 수 없는 이런 질문들 때문에 혼란에 휩싸이고 싶지 않다면 방향을 정확히 잡고 노력해야 한다.

JAN 6 나는 누구인가?

> 세상의 질서를 알지 못하는 사람은 자기가 어디에 있는지를 알지 못한다. 자기 삶의 목적을 모르는 사람은 자기가 누구인지 세상의 질서가 무엇인지를 알지 못한다. 이런 것들을 하나도 이해하지 못하는 사람은 자기가 존재하는 목적을 알지 못한다. 이처럼 자신이 누구이며 어디에 있는지도 제대로 알지 못하는 사람들의 찬사를 갈구하거나 회피하도록 만드는 것은 무엇인가?
>
> —마르쿠스 아우렐리우스, 명상록, 8.52

지금은 고인이 된 코미디언 미치 헤드벅은 자신이 겪은 재미난 일화를 얘기한 적이 있다. 생방송 인터뷰를 위해 자리에 앉아 있을 때 라디오 디제이가 그에게 이렇게 물었다고 한다. "누구시죠?" 그 순간 그는 이렇게 생각했다. '이 친구가 방금 심오한 질문을 던진 것인가, 아니면 내가 방송국을 잘못 알고 찾아온 것인가?'

우리는 "누구세요?", "직업이 어떻게 되시죠?", "어디서 오셨나요?"와 같은 단순한 질문들을 많이 받으며 살아간다. 그리고 우리는 이러한 질문이 피상적인 질문이라는 것을 알기 때문에 피상적인 답변 이상을 내놓으려 애쓰지 않는다.

당신은 어떤가? 나는 누구이며 나를 드러내는 것이 무엇인지 분명하게 전달하기 위해 시간을 할애하고 있는가? 중요하지 않은 것을 뒤쫓고, 잘못된 것을 흉내 내고, 결코 충족되지도 않을 뿐더러 존재하지도 않는 길을 따라가려 하고 있지는 않는가?

JAN 7 잠의 유혹을 물리쳐야 하는 이유

> 아침에 일어나기 힘들 때마다 타인과 함께 사회에 대한 자신의 의무를 다하는 것이 자연이 우리에게 준 본성임을 상기하라. 잠이라는 행위는 생각 없는 동물들과도 공유하는 것이다. 인간은 자연적 본성에 충실할 때 적합함과 만족감을 느낄 수 있다.
>
> -마르쿠스 아우렐리우스, 명상록, 8.12

　개는 하루 종일 침대에서 시간을 보낼 수 있다. 그것만으로 개의 본성이 사라지는 것은 아니다. 그것 외에 다른 의무가 개에게는 주어지지 않았기 때문이다. 우리 인간만이 높은 차원의 의무를 지니고 있다.

　인간이 매일 아침 잠자리에서 일어나는 것은 신(자연)이 우리에게 부여한 의무이자 인간이 서로에게 부여한 의무이기도 했다. 문명과 국가는 인간이 함께 건설해야 하는 거대한 프로젝트이다. 우리 조상들은 그 프로젝트를 수행하기 위해 아침 잠자리를 분연히 떨치고 일어났다.

　정해진 시간에, 아침 일찍 일어나는 것이 어렵다면 아우렐리우스 황제의 말을 기억하도록 하자. 타인은 타인에게 의존해야 하는 존재다. 과업을 이루기 위해 이 사회는 구성원을 필요로 한다. 사회가, 그리고 그 구성원들이 우리의 등장을 기다리고 있다.

쾌락을 단호히 거부하라

아무리 좋은 것일지라도 우리에게 쾌락을 가져다주는 것들이라면 반드시 버려야 하네.
그렇지 않으면 용기는 사라지고 끊임없는 유혹만이 남게 되어, 영혼의 위대함도 사라지
고 말지. 군중이 열망하는 사소한 것들을 경멸하지 않는 한, 영혼의 위대함은 결코 그 모
습을 드러내지 않는 법이네.

-세네카, 도덕에 관한 서한, 74.12b-13

우리는 해롭지 않다고 여기는 행동에 손쉽게 중독되곤 한다. 매일
아침을 커피와 함께 시작한다면 곧 커피 없이는 하루를 제대로 시작할
수 없다고 느끼게 된다. 이미 배가 부른 상태임에도 입이 심심하다며 먹
을거리를 찾고, 잠들기 전 스마트폰을 들여다보며 취침 시간을 늦추곤
한다. 이런 사소한 행동들이 우리 인생을 피폐하게 만드는 데는 그리 오
랜 시간이 필요치 않다.

작은 충동과 욕구는 인간의 자유를 조금씩 갉아먹을 뿐만 아니라
정신의 명징함도 흐리게 만든다. 우리는 '언제든 제어할 수 있어'라고 생
각하지만 정말 그럴까? 한번 쾌락에 맛을 들이게 되면 '쾌락으로부터 기
권할 수 있는 자유'를 잃어버린다.

JAN 9) 어디를 바라보아야 하는가?

어떤 것은 우리가 통제할 수 있지만 어떤 것은 통제의 영역에서 벗어나 있다. 어떤 의견을 낼지, 무엇을 선택할지, 무엇을 욕망하거나 혐오할지는 모두 우리가 제어할 수 있다. 하지만 신체, 재산, 사회적 명성과 지위는 우리가 제어할 수 없다.

우리가 제어할 수 있는 것은 자연의 본성에서 유래된 것이다. 그렇기에 방해받지 않는다. 가로막는 것도 없다. 반면 통제할 수 없는 것은 쉽게 허물어질 수 있으며, 맹목적으로 따라야 하고, 다른 사람으로부터 방해받을 수 있다. 그리고 애당초 우리 것도 아니다.

-에픽테토스, 엥케이리디온, 1.1-2

우리는 외부에서 일어나는 사건을 통제할 수 없다. 하지만 그 사건이 좋거나 나쁘다고, 혹은 공평하다거나 불공평하다고 판단을 제어할 수는 있다.

내가 아닌 다른 사람들이나 갑자기 발생한 행운, 업보 등등은 내가 통제할 수 없는 외부 세계일 뿐이다. 하지만 그것이 무엇이든 우리의 통제력을 발휘할 수 있는 영역이 존재한다. 이것만으로도 우리는 그것을 관리할 충분한 힘을 갖는다.

우리가 통제할 수 있는 것이 무엇인지 확실히 이해하게 된다면 있는 그대로의 세상을 명징하게 바라볼 수 있을 것이다. 우리 마음속에 모든 것이 있다. 바깥 세상에 시선을 집중하지 말고 자신의 내면으로 방향을 돌려야 한다. 이 점을 기억하자.

흔들리지 않는 마음을 갖기 위하여

선의 본질은 일종의 합리적인 선택이라네. 하지만 악의 본질 또한 다른 종류의 합리적 선택이지. 그렇다면 외적 현상이란 무엇일까? 그것은 합리적 선택을 내리기 위한 있는 그대로의 재료들이라네. 그것들이 어우러져 선과 악이 되지. 그렇다면 어떻게 선을 알아볼 수 있을까? 어떤 사실에 대해 감정적 반응을 하지 않음으로써 알 수 있다네. 죽음은 필연적으로 발생하지만 인간의 감정적 반응으로 인해 '나쁜 것'이 되는 것처럼 말이지. 사실을 있는 그대로 판단했을 때 우리의 선택은 선이 되네. 판단이 뒤틀리면 그 선택은 악으로 바뀌고 말지.

-에픽테토스, 대화록, 1.29.1-3

스토아 철학자들은 매순간 차분함과 평온을 찾으려 했다. 하지만 어떻게 해야 이 붙잡기 힘든 자질들을 붙들 수 있을까? 외부의 영향력에서 벗어나야 할까? 아니면 고요와 고독을 향해 달려가야 할까? 둘 다 아니다. 평정심은 오직 판단력을 바로 세워 외부 세계를 있는 그대로 받아들일 때 찾을 수 있다. 우리의 이성이 하는 일이 바로 이것이다. 이성은 왜곡되고 혼란스러운 외부의 사건을 바로잡아 그것에 일관된 질서를 부여한다. 이성이 부족하여 판단이 왜곡되면 따라오는 모든 것이 왜곡되어 우리는 혼돈 속에 길을 잃고 만다. 외부 사건이 우리를 혼란에 빠뜨리는 것이 아니다. 그 사건에 대한 우리의 판단이 우리를 혼란에 빠뜨린다. 언제나 명징하기를 원한다면 적절한 판단을 내릴 수 있어야 한다.

도피는 아무것도 해결하지 못한다

> 삶으로부터 오는 경고를 합리적인 선택과 행동으로 연결하려 할 때, 사람들은 그 경고를 회피하고 싶은 유혹을 느끼게 된다네. 하지만 그 경고가 합리적인 선택으로 이어지지 않고 제어할 수 없는 것이 되거나 다른 사람에 의해 통제받게 될 때, 사람들은 불안과 두려움에 떨게 되지.
>
> -에픽테토스, 대화록, 2.1.12

선(禪) 철학자라고 하면 조용한 언덕 위에 가부좌를 튼 승려나 깎아지르는 듯한 절벽 위에 있는 아름다운 사원의 이미지가 연상된다. 스토아 철학자들은 이와 정반대에 있다. 그들은 시끄러운 시장통 속의 상인이며, 광장에서 열변을 토하는 연설가, 전쟁터에서 남편이 돌아오기를 기다리는 용감한 아내, 작업실에서 분주하게 작품 활동을 하는 예술가이다. 그럼에도 스토아 철학자들은 선 철학자들과 마찬가지로 고요 속에 있다.

노예 출신으로 철인 황제에게도 존경받는 철학자가 되었던 에픽테토스는 고요함과 평온이 환경의 결과가 아니라 우리의 선택과 판단의 결과라는 것을 일깨운다. 타인과 외부 사건, 그리고 소란함을 회피하면서 평온을 찾고자 한다면 우리는 결코 성공할 수 없다. 우리의 문제는 우리가 어디로 도망가고 숨든 우리를 따라다닐 것이다. 안정과 평온을 찾으려면 상황으로부터 도피할 것이 아니라 현명한 판단을 내려야 한다.

마음의 평정을 얻는 법

다음과 같은 생각을 새벽부터 시작해 낮과 밤까지 유지하게나. 그 속에 행복으로 가는 유일한 길이 있네. 우리가 선택할 수 있는 영역의 바깥에 있는 것들은 모두 포기하게. 내 소유물이라고 간주할 수 없는 것, 신과 행운의 영역이라고 부르는 모든 것들 말이네.

-에픽테토스, 대화록, 4.4.39

아침에 눈을 뜨면 당신이 통제할 수 있었던 것과 통제할 수 없었던 것을 떠올려 보라. 단, 통제할 수 있었던 것에 초점을 맞추고 통제할 수 없었던 것은 떠올리지 말라. 점심 먹기 전 우리가 유일하게 소유할 수 있었던 것은 선택할 수 있는 능력뿐임을 다시 상기하고, 저녁이 되었을 때 당신이 선택할 수 없었던 것을 떠올려 보라.

운명은 우리의 것이 아니다. 우리는 돌아가는 세상을 따라 돌아갈 뿐이다. 좋은 쪽이든 나쁜 쪽이든 어느 쪽으로 갈지는 아무도 모른다. 밤이 되면 다시 한번 통제의 바깥에 있는 것들이 얼마나 되는지 생각하라. 그리고 우리의 선택이 어디에서 시작되고 끝나는지 떠올려 보라. 마지막으로 침대에 누워 다시 한번 떠올려 보라. 잠은 투항의 또 다른 형태다. 그 투항은 쉽게 발생한다. 이 모든 사이클은 다시 내일의 시작을 준비하기 위한 것이다.

통제할 수 있는 단 한 가지

> 자신의 합리적 선택은 통제할 수 있으며, 모든 행동은 자신의 도덕적 의지에 달려 있다네. 이와 달리 통제할 수 없는 것은 우리의 육신이지. 그리고 부모, 형제, 자매, 아이들, 고향 등 나와 관계 맺는 모든 것은 통제할 수 없다네.
>
> -에픽테토스, 대화록, 1.22.10

스토아 철학에 의하면 우리가 통제할 수 있는 것은 '우리의 마음' 하나뿐이다. 우리는 자신의 육신조차 마음대로 할 수 없다. 어디로든 자유롭게 돌아다닐 수 있는 것 같지만, 언제든 병들어 꼼짝도 못 할 수 있는 것이 모든 인간의 운명이다.

우리가 우리의 마음 단 하나만을 통제할 수 있다는 건 좋은 소식이다. 이것저것 고려해야 할 것들을 극적으로 줄여 주기 때문이다. 단순할수록 명확하다. 책임져야 할 목록을 길게 작성하고선 아무것도 책임지지 못하는 사람들이 있는가 하면 간단한 목록으로 세상을 살아가는 사람도 있다. 나의 선택과 의지, 그리고 마음. 이 세 가지만이 우리가 책임지고 관리할 수 있는 것임을 기억하라.

내 삶의 주인이 되는 법

> 육체적인 욕정이 꼭두각시 인형처럼 우리를 조종하는 것보다 훨씬 더 강력하고 신성한 힘이 우리 안에 있음을 기억하라. 우리의 마음에 무엇이 가득하다고 생각하는가? 두려움? 의심? 욕망? 아니면 그와 비슷한 어떤 것들일까?
>
> -마르쿠스 아우렐리우스, 명상록, 12.19

우리의 관심을 끌고 지갑을 열기 위해 아우성치는 세상의 모든 흥밋거리를 생각해 보자. 식품과학자들은 미각을 정복하기 위한 먹거리를 생산하며 실리콘밸리의 엔지니어들은 도박만큼 중독성이 강한 앱을 개발하고 미디어는 사람들의 호기심을 자극하는 이야기들을 끊임없이 만들어낸다. 이 같은 작은 유혹은 우리에게 강력한 영향을 미쳐서 정말 중요한 것과 우리를 떼어 놓는다.

아우렐리우스는 중요한 것으로부터 인간을 떨어뜨려 놓는 유혹이 얼마나 많은지 분명히 알고 있었다. 진실인지 거짓인지 분별할 수조차 없는 가십거리, 끊임없이 울려 대는 전화, 두려움과 의심, 그리고 성적 욕망 등. 모든 인간은 내적 충동과 외적 충동 요인에 의해 움직인다. 이것들의 힘은 점점 더 강력해져서 저항하기 힘들다.

철학은 자신에게 좀 더 주의를 기울이라고 말하고 장기판의 졸이 되지 않기 위해 분투하라고 조언한다. 아우슈비츠 강제 수용소의 생존자였던 심리학자 빅터 프랭클은 『삶의 의미를 찾아서』에서 "인간은 충동에 의해 밀려 나가지만 가치에 의해 다시 끌려 나온다"라고 했다. 진정한 가치를 생각할 때 꼭두각시 인형이 되지 않을 수 있다. 끊임없이 주의를 기울이고 자각하는 것만이 우리를 삶의 주인으로 설 수 있게 한다.

에우티미아

JAN
15

> 마음의 평정은 확고부동한 판단력을 가진 사람만이 손에 쥘 수 있다네. 나머지 사람은 거절과 허락을 번갈아 하며 자신의 결정에 따라 감정적 동요를 반복할 뿐이지. 무엇이 이런 감정적 동요를 지속하게 만드는 것일까? 그들의 내면에 분명한 것이라곤 없기 때문이라네. 그들은 '상식'이라는 가장 불확실한 것에 의지할 뿐이지.
>
> -세네카, 도덕에 관한 서한, 95.57b-58a

세네카는 평정을 에우티미아(Euthymia)라고 했다. 그리고 에우티미아에 대해 정의하기를 "자신에 대한 믿음이자 올바른 길 위에 있다는 신념이며 모든 방향으로 뻗어 가는 수많은 오솔길 앞에서도 의심하지 않는 것"이라고 했다.

이런 마음 상태는 자신이 걸어가는 길에 대한 100퍼센트 확신이자 반드시 그렇게 될 것이라는 희망을 뜻한다. 우리는 올바른 방향으로 가고 있다는 확신이 있을 때 마음을 놓을 수 있다. 그럴 때에만 다른 사람과 자신을 지속적으로 비교하지 않으며, 새로운 정보가 방해하더라도 평온을 유지할 수 있다.

평정과 평화는 궁극적으로 자신의 항로를 고수할 때 찾아온다. 평정의 항로는 또 험로이기도 하다. 우리를 위험한 암초로 유혹하려는 사이렌(뱃사람을 유혹해 난파시키는 신화 속 존재)의 아름다운 목소리가 곳곳에 도사리고 있다.

JAN 16 이유를 모르면 방법도 알 수 없다

대부분의 경우 사람들은 자신의 행동을 올바른 방향으로 이끌기보다는 비참한 결론이
도출되는 방향으로 따라가곤 한다. 철학적 훈련을 받은 사람은 고통과 쾌락에서 벗어나
기 위해 초연함을 탐구해야 한다. 삶과 죽음에 매달리는 짓을 멈추기 위해서도 초연함이
필요하다. 재산과 돈에 관해서도 마찬가지이다.

-무소니우스 루푸스, 강의록, 6.25.5-11

어떤 일이 잘못되었을 때 우리는 이렇게 묻곤 한다. "왜 이런 방식
으로 일을 하지요?" 그러면 그렇게 일한 사람이 답한다. "항상 이렇게 일
해 왔으니까요." 그 말은 자신이 일할 때 생각이라는 것을 하지 않으며,
무의식적인 습관에 맞춰 일하고 있다는 뜻이나 마찬가지이다. 실제로
우리 대부분도 그렇게 일하고 있다.

우리가 철학을 공부하는 이유는 이런 식의 기계적인 반복을 타파
하기 위함이다. 기계적인 반복과 쳇바퀴처럼 돌아가는 일상에서 벗어나
려면 스스로에게 물어야 한다. "지금 이렇게 하는 것이 최선의 길인가?"
그리고 이 일을 내가 왜 하고 있는지를 알아야 한다. 이유를 알지 못하면
방식이 옳은 것인지 틀린 것인지도 알 수 없다.

일단 시작하라, 나머지는 따라온다

스승으로서 나의 목표는 자네를 완성시키는 것이야. 제약받지 않고, 충동적인 행동으로부터 자유로우며, 거리낌 없는 삶을 살아갈 수 있도록 자네를 가르칠 것이네. 사회와 타인의 눈치를 보지 않는 자유로운 삶, 구속받지 않는 행복, 그리고 하찮은 사물들 속에서도 신의 섭리를 꿰뚫어 볼 수 있는 혜안을, 자네는 이 모든 것을 부지런히 배우고 연습해야 할 것이야. 자네가 올바른 마음을 가졌고 내가 바른 목표를 제시하고 교육했다면 왜이 과제를 완수하지 못하겠는가? 모든 것은 실현 가능할 뿐더러 이미 우리 안에 있다네. 지난 일은 잊어버리게나. 지금부터가 시작이야. 나를 믿고 앞을 보게나.

-에픽테토스, 대화록, 2.19.29-34

　　인생을 되돌아보자. 실패할 것 같다는 두려움에 무언가를 시도조차 하지 못한 적은 없는가? 대부분의 사람은 자신을 위해 노력하기보다 관성대로 사는 어리석은 길을 택한다. 주어진 일에 열성을 보이지 않는 그들은 이미 닳고 닳은 변명만 늘어놓을 뿐이다. "상관없어요. 시작도 하지 않은걸요."

　　나이가 들수록 실패에 대한 두려움은 더욱 커진다. 하지만 그런 두려움이 우리를 위협하도록 내버려두지 말아야 한다. 우리가 느끼는 두려움은 대부분 실체가 없다. 그저 느낌일 뿐이다. 그래서 철학자들은 우리에게 이렇게 말한다. "일단 시작하라, 나머지는 따라온다."

JAN 18 | 죽음 속에 깃든 아름다움

> 시간의 작은 조각들이 자연에 순응하며 흘러가면, 마치 잘 익은 올리브 한 알이 땅에 떨어지는 것처럼 우리의 마지막 안식처가 우아하게 다가온다. 이 모든 생명을 기른 대지를 찬미하라. 우리를 키워준 나무들에게도 감사하라.
>
> -마르쿠스 아우렐리우스, 명상록, 4.48.2

아우렐리우스의 글은 예술가처럼 아름다운 동시에 비범한 통찰력을 보여준다. 그는 인생의 마지막을 나무에서 떨어지는 잘 익은 과일처럼 보고 있다. 어떤 시는 삶의 마지막을 이렇게 묘사하기도 했다. "빵을 구우면서 일어나는 균열과 잔금은 제빵사가 의도한 것이 아니다. 하지만 사람의 눈을 사로잡고 식욕을 휘젓는다."

여기에 숨겨진 의미는 무엇일까? 다른 사람들은 볼 수 없는 것을 볼 수 있다는 것, 모두가 간과하고 넘어가는 것에 축복과 조화가 숨어 있다는 의미다. 자연의 순리에 따라 세상을 바라보면 죽음 속에도 아름다움이 깃들어 있다.

JAN 19 선택이 운명을 결정한다

> 시상대와 감옥은 전혀 다른 곳이야. 하나는 높고 하나는 낮지. 하지만 이 두 장소 모두
> 우리가 자유롭게 선택한 일의 결과에서 비롯된다네.
>
> -에픽테토스, 대화록, 2.6.25

스토아 철학자들의 계급은 다양했다. 아우렐리우스는 황제였지만 에픽테토스는 노예였다. 어떤 이는 부유했고 어떤 이는 가난했다. 누군 가는 평안한 삶을 살았으며 또 다른 이는 상상하기 힘든 고초를 겪으며 생을 보냈다. 불평등을 겪는 것은 우리도 마찬가지이다. 우리는 모두 다 양한 배경을 안고 태어나 짧은 인생 속에서 한바탕의 행운과 불운을 경험하곤 한다.

하지만 역경 속에 처해 있든 운 좋은 기회를 만났든, 우리는 우리 가 통제할 수 있는 것에 주의를 기울이며 주어진 일을 해야 한다. 불과 얼마 전까지만 해도 사치스러운 삶을 살았던 사람이 남루한 생활을 할 수도 있다. 며칠 전까지만 해도 성공으로만 보이던 일이 사실은 고통스 러운 짐이 되기도 한다.

그 어떤 상황에 부닥쳤든 중요한 것은 이것이다. 선택의 자유. 우리가 누구이든 또 어디에 있든 무엇을 선택하느냐가 가장 중요하다.

과거는 과거일 뿐이다

사고의 심지를 자르지 않는 한, 우리의 도덕적 원칙은 소멸할 수 없다. 우리가 가진 이 권한으로 새로운 불꽃이 지속적으로 피어오르게 하라. 다시 인생을 시작하는 것도 가능하다. 예전에 했던 것처럼 세상을 다시 바라보라. 이를 통해 새로운 삶이 다시 시작된다.

-마르쿠스 아우렐리우스, 명상록, 7.2

지난 몇 주 동안 일이 잘 풀리지 않았는가? 당신이 굳건히 지켜 오던 도덕적 원칙과 신념이 흐려지는 일을 겪었는가? 걱정하지 말자. 모두에게 일어날 수 있는 일이다.

아우렐리우스 황제도 예외는 아니었다. 그가 자신을 향해 휘갈겨 쓴 노트를 보면 알 수 있다. 아마도 상대하기 까다로운 상원의원들이 있었던 모양이다. 그리고 말썽꾸러기 아들이 가져다준 걱정거리도 있었다. 쓰여 있는 내용대로라면 그는 이성을 잃었다. 그리고 우울해졌으며 자신을 통제하지 못했다. 누군들 그렇지 않겠는가?

하지만 과거에 무슨 일이 일어났든, 우리 행동이 어떤 실망을 안겨 주었든 원칙들은 변하지 않는다. 우리는 언제든 돌아갈 수 있으며 지난 일들을 수용할 수 있다. 10년 전에 일어난 일이든 10분 전에 일어난 일이든 모두 지난 과거일 뿐이다. 원한다면 다시 시작할 수 있다. 지금 당장 하지 못할 이유는 없다.

아침에 해야 할 질문들

아침이 되면 가장 먼저 아래의 것들을 자신에게 질문하라.

- 무엇이 나를 격정으로부터 자유롭지 못하게 했는가?
- 평온함이란 무엇인가?
- 무엇이 나인가? 육체, 소유한 자산, 아니면 명성? 이것들이 아니면 무엇인가?
- 이성적인 존재, 그것은 무엇을 말하는가?
- 나에게 요구되는 것은 무엇인가? 나의 행동에 대해 명상하라.
- 어떻게 해서 나는 평온함으로부터 멀어지게 되었는가?
- 불친절하고, 비사교적이고, 무정한 것들을 어떻게 해야 하는가?
- 나는 왜 이 모든 것들에 대해 실패를 거듭하는가?

-에픽테토스, 대화록, 4.6-34-35

성공한 사람들은 대부분 자신만의 아침 습관이 있다. 어떤 이들은 명상하고 어떤 이들은 운동한다. 가장 많은 의례가 일기를 쓰는 것이다. 그들은 깨달음, 두려움, 희망 등을 짧게 써 내려간다.

스토아 철학자들은 이와 같은 시간을 다른 어떤 것보다 중시했다. 마르쿠스 아우렐리우스가 『명상록』을 아침에 썼는지 밤에 썼는지 아무도 모른다. 하지만 그가 홀로 오랜 사색의 시간을 가진 후 책을 집필했다는 것만은 분명하다.

자신을 돌아볼 의례적인 시간을 갖기를 원한다면 매일 아침 에픽테토스의 질문을 스스로에게 던져 보자. 사색에 잠기는 것은 인생에 대해 더 나은 답을 얻고자 하는 분주한 노력이다.

JAN 22 망각과 태만에 맞서는 글쓰기

스스로 돌아보기 위해 끊임없이 노력해야 하네. 하루를 반성하는 시간만큼 유용한 시간은 없다네. 인간을 사악함으로 몰아가는 것은 우리 대부분이 스스로 반성하지 않는 데서 비롯된다네. 무엇을 할 것인가에 대해 사색하게. 하지만 우리의 미래 계획은 여전히 과거로부터 물려받았다는 사실도 잊지 않기를 바라네.

-세네카, 도덕에 관한 서한, 83.2

세네카는 하루를 마무리하며 스스로를 향해 다양한 질문을 던졌다. "오늘 내가 자제한 나쁜 습관은 무엇인가?" "어떻게 해야 삶이 더 나아질 수 있는가?" "지금 내 행동은 선한 것인가?" "어떻게 스스로 발전할 것인가?"

스토아 철학자들은 하루의 시작과 끝에 자신의 저작을 보며 자신을 돌아보았다. 자신이 한 일, 자신이 생각했던 것, 개선할 수 있는 것 등등. 마르쿠스 아우렐리우스의 『명상록』이 다소 난해한 이유도 바로 이 때문이다. 그는 개인적인 명료함을 얻기 위해 책을 집필했을 뿐 일반 대중을 위해 쓰지 않았다. 스토아 철학자들에게 쓰는 행위는 수행의 또 다른 형태였으며 신에게 올리는 기도와 찬송이었다.

자신만을 위한 저작 활동을 하자. 전날의 사건을 의식적으로 회상하는 시간을 꾸준히 가져 보자. 스스로 내린 평가에 위축되지 말자. 오늘하루 자신의 행복을 위해 무엇을 했는지, 행복과 얼마나 먼 행동을 했는지 적어 보자. 그렇게 함으로써 우리는 망각과 태만에 맞설 수 있다.

JAN 23 돈은 삶을 아주 조금 바꿀 뿐이다

> 진짜 부자들도 무시하도록 하세요. 그들조차 가난하게 보일 때가 있습니다. 멀리 여행을 갈 때는 그들도 자신의 짐꾸러미에 제한을 받습니다. 긴급한 상황이 발생하면 자신의 수행단을 해고해야 하죠. 군에 입대할 때 들고 갈 수 있는 재산은 또 얼마나 되겠습니까.
>
> -세네카, 어머니 헬비아에게 보내는 위로, 12.1.b-2

스콧 피츠제럴드의 『위대한 개츠비』에서는 다음과 같은 짧은 문장으로 부유하고 유명한 사람들의 생활방식을 미화한다. "자네에게 아주 유명한 갑부의 이야기를 들려주겠네. 그들은 우리와는 아주 다른 사람들이지." 책이 출간되자 헤밍웨이가 피츠제럴드에게 놀림조의 답장을 보냈다. "맞아, 그들은 그냥 돈이 좀 많지."

세네카가 우리에게 일깨우는 것이 바로 이것이다. 그는 한때 로마에서 가장 부자였다. 하지만 돈은 삶을 아주 조금 바꿀 뿐이라는 사실을 직접 체험했다. 돈이나 물질로는 내면의 문제를 해결할 수 없다. 외적인 요소로는 내적인 문제를 해결하지 못한다. 우리는 이 사실을 자주 잊고 혼란과 고통을 겪는다.

훗날 헤밍웨이는 회고록을 통해 피츠제럴드를 이렇게 묘사했다. "그는 부자들이 특별한 매력이 넘치는 종족이라고 믿었다. 부자들이 그렇지 않다는 것을 알았을 때는 이미 삶의 다른 요소들이 그를 망치고 난 후였다." 우리에게도 이 말은 진리이다.

안다는 것의 의미

나는 루스티쿠스에게서 주의 깊게 읽도록 노력해야 하며 대충 이해한 것으로는 만족하지 말라고 배웠다. 그리고 많은 것을 알고 있는 사람이라고 할지라도 그에게 너무 쉽게 설득당하지 않도록 끊임없이 경계하라는 가르침도 받았다.

-마르쿠스 아우렐리우스, 명상록, 1.7.3

　　아우렐리우스의 스승인 퀸투스 유니우스 루스티쿠스는 무언가를 배울 때 겉으로 보이는 지식 습득에만 머물지 말고 깊은 이해와 명료성을 탐구하도록 아우렐리우스를 가르쳤다.

　　어느 날 루스티쿠스는 아우렐리우스에게 에픽테토스의 강의록 사본을 빌려주었다. 아우렐리우스는 스승이 추천했다는 이유만으로 에픽테토스의 가르침을 받아들였던 것은 아니다. 하지만 에픽테토스의 저작에 몰두하여 그의 가치를 스스로 검증하고 나자 아우렐리우스는 에픽테토스에 흠뻑 빠져들었다. 그리고 에픽테토스의 글은 아우렐리우스가 평생을 거쳐 인용했던 지혜의 자산이 되었다. 아우렐리우스는 황제로서 권력의 최정상에 있을 때에도 에픽테토스가 남긴 유산을 탐구하고자 하는 열정을 잃지 않았다. 깊이 읽고 이해한다는 것은 이와 같다.

진정한 경제적 자유란 무엇인가

무엇이 찬양받아야 하는가? 내 생각으로는 우리 자신의 욕망에 부응하는 행동을 하지 않는 것이 되어야 한다. (…) 교육이 열성적으로 가르쳐야 하는 것은 모두 이것이다. 이것이야말로 찬양받아야 한다! 하지만 대중의 칭송은 단지 혀끝에서 나오는 것일 뿐이다. 만약 대중의 칭송을 계속 받으려 한다면 우리는 정작 인간의 본성에 유익한 것을 얻으려는 시도를 하지 않게 될 것이다. (…) 대중에게 칭송 받으려는 생각을 버리지 않으면 우리는 자유로울 수 없고, 충족감을 느낄 수 없으며, 격정으로부터 해방되지도 못할 것이다. 시기와 부러움에 사로잡혀 권력을 가진 자들을 의심하게 될 것이고 소중하다고 생각하는 것을 가진 자들에게서 뺏고자 음모를 꾸밀 것이다. (…) 자기존중감을 충족시킬 때 주어지는 찬사만이 진실한 기쁨을 가져올 수 있다. 이웃과의 일치감을 회복할 수 있으며 신과의 일체감도 느끼게 될 것이다. 자유로운 본성을 찬양하는 것만이 세계에 질서를 부여한다. 그것이 우리에게 부여된 임무이기도 하다.

-마르쿠스 아우렐리우스, 명상록, 6.16.2b-4a

워런 버핏이 소유한 자산의 가치는 대략 65조 달러이다. 그런데도 그는 1958년에 사들인 집에서 산다. 매년 수백 만 달러를 벌어들이는 운동선수 존 어셀도 매우 검소하게 생활한다. 버핏도 어셀도 이런 생활 방식을 갑자기 바꾸지는 않을 것이다. 이들에게는 금전적인 문제란 대수롭지 않은 것이기 때문이다.

생활 방식은 가치관을 반영한다. 더 많이 갖고자 열망하고 더 많은 수입과 더 많은 성취를 갈망할수록 실제 삶을 즐길 가능성은 줄어든다. 이들은 검소한 생활이 가져다주는 자유의 의미를 누구보다 잘 알고 있는 사람들이다.

만트라의 힘

끊임없는 성찰을 통해 마음속 올바르지 않은 인상들을 씻어 버려야 한다. 나는 죄악과 욕망, 참자아를 가리는 모든 방해물로부터 내 영혼을 지키기 위해, 그리고 자연의 참된 본성으로 나아가기 위해 성찰한다. 나는 사물의 본성을 가려내고 그 가치에 따라 사물을 사용할 것이다. 자연이 우리에게 준 이 힘을 기억하라.

-마르쿠스 아우렐리우스, 명상록, 8.29

요가 수업을 듣거나 힌두 철학, 혹은 불교를 접해 본 사람들은 만트라(Mantra)에 대해 한번씩 들어 보았을 것이다. 산스크리트어에서 만트라는 '신성한 것의 발현'을 뜻하는데 기본적으로 단어, 주문, 생각, 소리로 표출되며 이를 통해 정신적 명료성과 영혼이 고양되는 느낌을 경험할 수 있다. 만트라는 집중을 방해하는 사념들을 차단할 수 있기 때문에 명상 과정에 특히 도움이 된다.

아우렐리우스도 스토아 철학의 만트라를 제안했다. 올바르지 않은 인상, 사념, 일상에서 부딪쳐 오는 충동을 느낄 때 묵상, 응시, 그리고 기도를 통해 신성한 것의 발현을 경험하라고 했다. 그 본질은 다음과 같은 말로 표현된다. "사념이 들어오지 못하게 하는 힘이 내 안에 있다. 나는 진리를 바라볼 수 있다."

세 가지 훈련

지혜와 선을 기르기 위해 세 가지 영역에서 훈련을 해야 하네. 첫 번째는 욕망과 혐오에 관련된 것이지. 욕망의 흔적을 놓치지 않고 살피며 항상 경계해야 해. 두 번째는 충동을 따르지 않는 것이야. 이는 합리적인 이유를 따라 행동하고 부주의하지 않아야 함을 뜻한다네. 세 번째는 올바른 판단력이야. 우리 마음을 기만하지 않고, 평정심을 유지할 수 있도록 노력해야 하는 것이네. 그리고 이 영역들 가운데 가장 중요하고 조심스럽게 훈련해야 하는 것은 첫 번째 영역이야. 우리가 마음이 욕망과 혐오에 빠져들 만큼 강렬한 감정은 없다네.

-에픽테토스, 대화록, 3.2.1-3a

에픽테토스는 지혜와 선을 위해 세 가지 훈련을 제안한다. 가장 먼저 할 것은 욕망해야 하는 것과 혐오해야 하는 것에 대한 숙고이다. 왜일까? 그래야만 선한 것을 추구할 수 있으며 악한 것을 피할 수 있기 때문이다. 단순히 우리 몸에 귀를 기울이는 것만으로는 충분하지 않다. 성적 욕망만큼 우리를 잘못 인도하는 욕망은 없다.

그다음으로는 무엇을 하고자 하는 동기, 즉 충동을 알아야 한다. 우리는 어떤 일을 행할 때 그것이 합당한 이유가 있기 때문인지 아니면 단순히 생각을 멈추지 못했기 때문인지를 구별할 줄 알아야 한다. 마지막은 판단력이다. 자연이 우리 인류에게 준 위대한 선물인 이성으로 명확하게 바라볼 수 있을 때 우리는 올바른 판단을 내릴 수 있다.

세 영역은 조금씩 다르지만 분리되어 있지 않고 불가분의 관계에 있다. 세 영역을 갈고닦아 삶에서 실천할 수 있을 때, 우리는 정신을 맑고 깨끗하게 할 수 있을 것이다.

JAN 28 작은 일에 최선을 다하라

행복은 작은 일을 통해 깨닫게 된다. 그리고 이것은 결코 작은 일이 아니다.

-제논, 디오게네스의 강의에서 인용, 탁월한 철학자들의 삶, 7.1.26

좋은 사람이라는 평판은 그가 한 말 때문이 아니라 그가 행한 바람직한 행동 때문에 만들어진다. 이는 마법 같은 단 한 번의 행동이 이루어 내는 것이 아니라 바람직한 선택의 누적이 만들어 내는 것이다. 정확한 시간에 일어나고 잠자리에 들며, 유혹에 저항하고, 자신에게 투자하면서 자기 일을 하는 것. 그럼에도 실수를 하지 않으려는 노력. 개별적인 행동은 작은 것들이지만 누적된 영향력은 절대 작지 않다.

오늘 우리 앞에 놓인 여러 선택에 대해 생각해 보자. 어느 것이 옳은 선택인지 어떤 것이 쉬운 선택인지 알 수 있는가? 옳은 것을 선택하라. 그리고 이 작은 것들이 누적되면 변화를 향해 어떻게 나아가는지 지켜보라.

눈앞에 있는 일에 집중하라

매일매일 닥쳐올 모든 일을 로마인들처럼 강건한 마음으로 처리하라. 엄격하고 단순한 위엄, 애정과 자유, 그리고 공평무사함으로 대하라. 이것 외에 다른 사항은 생각하지 말라. 합리적 이성이 감정에 휘둘리지 않도록 하고, 잡념에 매이지 않으며, 극적인 상황과 자만심, 공정한 몫에 대한 불평을 잠재워라. 마지막인 것처럼 주어진 일에 접근하라. 이 몇 가지를 배우는 것만으로도 풍요로운 삶과 독실한 인생을 완성할 수 있을 것이다. 이를 끊임없이 실천할 수 있다면 신도 우리에게 더 많은 것을 요구하지 않는다.

-마르쿠스 아우렐리우스, 명상록, 2.5

　현대인들은 너무 많은 생각을 한다. "오늘은 뭘 입지?" "그가 나를 좋아할까?" "유행에 뒤처지진 않았나?" "살아 있는 동안 꼭 해야 할 일이 무엇이 있을까?" "내 작업을 상사가 만족해할까?"

　이제 그만 우리 앞에 놓인 것에만 집중하도록 하자. 뉴잉글랜드 패트리어츠 구단의 감독 빌 벨리칙 또한 팀의 선수들에게 그렇게 이야기했다. "나가서 자네들 할 일을 하게." 우리는 로마인처럼, 훌륭한 군인처럼, 기술을 갈고닦는 장인처럼, 수많은 장애물 앞에서 다른 사람을 신경 쓰지 않고 묵묵히 나의 길을 걸어갈 수 있어야 한다.

　아우렐리우스는 마지막인 것처럼 주어진 과제에 도전하라고 했다. 그렇게 해야 결과가 좋을 수 있기 때문이다. 그렇지 않으면 우리 앞에 놓여 있는 것은 방해물일 뿐이다. 사념이 끼어들지 않는 한, 우리에게 주어진 과제는 언제나 단순하다.

모든 것을 알 필요는 없다

발전하고자 한다면 외적인 문제(재물, 평판)에 무감각해야 하고 그 속에서 어리석음을
볼 수 있어야 한다. 많이 알고 있는 것처럼 보이는 것을 경계하라. 누군가 당신을 중요한
사람으로 간주한다면, 스스로를 불신하라.

-에픽테토스, 엥케이리디온, 13a

　　과잉연결된 사회에서 살아가는 현대인에게 가장 큰 영향력을 미
치는 것은 미디어이다. 현대인은 시청률이 높은 텔레비전 프로그램을
시청하고, 세심하게 선별된 뉴스를 따라가며, 이를 통해 삶에 도움이 될
만한 정보를 주고받는 것을 무슨 계명처럼 받아들이는 듯하다.

　　하지만 이런 것들이 정말로 필요한가? 이것들은 권력이 우리에게
강제하는 의무인가? 아니면 다른 사람에게 어리석게 보일 것 같은 두려
움 때문에 알고 있어야 하는가? 정보를 알고 있다는 게 삶에 큰 영향을
미치지는 않는다.

　　얼마나 많은 시간과 에너지 그리고 지적능력을 동원해야 미디어
소비를 극적으로 줄일 수 있을까? 매일 쏟아지는 스캔들, 긴급 속보(이것
들 중 대다수는 일어나지 않는다), 잠재적 위협에 더 이상 흥분하지도 분노
하지도 않으려면 얼마나 더 휴식을 취해야 할까?

가속 페달에서 발을 떼라

과업을 완수하기 위해 철학을 탐구하지 말라. 환자가 눈병에 사용할 처방약이나 화상에 쓸 연고나 소독약을 찾듯 철학을 탐구하라. 이렇게 철학을 대해야 이성에 순응할 수 있으며 그 속에서 안정을 찾을 수 있다.

-마르쿠스 아우렐리우스, 명상록, 5.9

바쁠수록 더 많이 일하고, 더 많이 배우고, 더 많이 읽어야 하지만 끊임없이 변화하는 세상 속에서 우리는 더욱 헤매기만 할 뿐이다. 돈을 벌어야 하는 동시에 창조적이어야 하고, 끊임없이 자극받으며 앞으로 달려가야 한다. 그래야만 모든 일이 잘되는 것처럼 보인다. 하지만 그럴수록 철학적 삶과는 멀어진다.

길을 잃고 헤매는 삶을 사는 사람은 스트레스가 쌓이고, 감당할 수 없을 정도로 심각한 우울증에 빠지며, 정작 삶에서 중요한 것들을 잊어버린다. 궁극적으로 이는 지적인 태만이다. 그 결과 현대인들은 트라우마 덩어리가 되어 있다. 이럴 때 스스로에게 제동을 거는 것만큼 중요한 것은 없다. 가속 페달에서 발을 떼고 관성에서 벗어나야 한다.

스토아 철학은 영혼을 위한 처방전이다. 철학만이 현대 사회의 병리로부터 우리를 구제할 수 있으며 삶에 활력을 되찾아 줄 수 있다. 이 실천적인 사상으로 우리를 치유하자.

February

2월

나는 언제 열정을 느끼는가?

자유인이 일하는 법

사랑이야말로 우리가 배워야 할 겸손의 예술이니 인간은 그 안에서 머물러야 한다. 우리는 우리가 가진 모든 것을 신에게 전적으로 위탁한 사람처럼 하루를 살아야 한다. 우리는 타인에게 폭군도, 노예도 되어서는 안 된다.

-마르쿠스 아우렐리우스, 명상록, 4.31

주말 밤, 뉴욕이나 로스앤젤레스 코미디 클럽에 들르면 세상에서 가장 유명하고 상업적으로도 성공한 코미디언들을 만날 수 있다. 그들은 적은 관중 앞에서 공연한다. 영화 혹은 텔레비전에서의 성공에도 불구하고 여전히 그곳에서 코미디의 기본 문법을 다진다. 그들은 종종 이런 질문을 받는다. "왜 아직도 이렇게 소규모의 공연을 하시죠?" 그들의 대답은 한결같다. "내가 제일 잘하는 일이니까요." "이 일을 가장 사랑하니까요." "관객들과 직접 소통하고 싶어서요."

그 코미디언들은 대형 무대에 오르고 영화와 텔레비전에 출연하는 것만을 일이라고 생각하지 않는다. 코미디를 사랑하는 그들은 작은 곳에서도 활기가 넘친다. 이들이 바로 아우렐리우스가 말한 자유인이다. 당신에게는 충분한 시간을 들여서 사랑할 만한 것이 있는가? 노력을 쏟아부을 수 있으면서 그것 자체가 휴식이 될 수 있는 것은 무엇인가? 사랑이 곧 재능이다. 사랑이 장인을 만든다.

시작하는 마음

그러나 소크라테스가 뭐라고 말했는가? "비옥해지는 땅을 바라보는 농부의 즐거움처
럼, 살이 오르는 말을 바라보는 군인의 마음처럼 하루하루 달라지는 내 모습을 보는 것
이 즐겁다"라고 하지 않았나?

-에픽테토스, 대화록, 3.5.14

사업을 시작하는 것만큼 격렬한 감정을 불러일으키는 일은 없다.
모두들 최대의 보상을 기대하면서 뛰어든다. 헤아릴 수 없는 많은 시간
을 바치고 수없이 위험을 무릅쓰며 자신의 모든 것을 투자하는 이유가
여기에 있다.

그렇다면 나의 일상을 위해서도 사업을 일궈나가는 것과 동일한
정성을 기울여야 하지 않을까? 우리는 이런 믿음으로 사업을 시작한다.
"이제 시작이야. 조금씩 자리를 잡아나가게 될 거야. 시간이 지나면 파트
너도, 직원과 고객도 늘어날 것이고, 투자가들이 우리를 알아보게 되고,
자산도 불어날 거야." 사업이 번창할 것이라 믿는 것처럼 자신이 발전할
수 있다고 믿는 것이 이상한 일인가? 우리에게는 그만한 열정이 있어야
한다.

불안은 어디에서 오는가

수심이 가득한 사람을 볼 때마다 나는 자신에게 묻는다네. 저들이 바라는 것은 무엇일까? 만약 저들이 자신의 능력 밖에 있는 것을 원하지 않았다면, 저토록 걱정에 사로잡혀 고통 받을 필요가 있을까?

-에픽테토스, 대화록, 2.13.1

늦은 시각에 귀가하는 딸을 노심초사하며 기다리는 아버지가 원하는 것은 무엇일까? 세상은 언제나 안전해야 한다는 것일까? 격분한 여행객이 바라는 것은 무엇일까? 여행하는 동안 날씨는 항상 쾌청하고 교통편은 자신이 원할 때 출발할 수 있도록 준비되어야 한다는 것일까? 신경이 날카롭게 곤두선 투자가는 무엇을 바라는가? 시장 상황은 유동적이지만 수익은 항상 남아야 한다는 것일까?

위에 든 예시의 공통점은 모두 자신이 원하는 대로 통제할 수 없는 상황이 변하기를 바란다는 점이다. 통제 밖의 것을 바라지 말라. 불안과 초조에 시달리느라 신경질적으로 변한 우리는 걱정과 불안으로 고통 받는다. 시계의 초침을 응시하고, 비가 내리는 하늘을 노려보고, 교통 상황을 체크하고, 주식 시장의 상황판을 바라보면서 통제할 수 없는 것이 바뀌길 바라는 것은 신이 우리의 세속적인 소원을 들어줄 것이라 믿는 것과 다르지 않다.

걱정에 사로잡힐 때 스스로 질문을 던져라. 나의 내면이 실타래처럼 꼬인 이유는 무엇인가? 나의 불안은 통제할 수 있는 것인가? 그리고 다시 이렇게 물어라. 지금 이 불안이 나에게 조금이라도 도움이 되는가?

FEB 4 절대 궁지에 몰리지 않는 법

> 그래서 누가 천하무적인가? 합리적인 선택 영역 밖에 있는 것들에 분노하지 않는 자가 바로 천하무적이다.
>
> -에픽테토스, 대화록, 1.18.21

경험이 많은 전문가가 미디어를 다루는 모습을 본 적이 있는가? 그의 대답은 너무 날카롭지도 않고, 곤란한 지점을 피해서 가며, 지나치게 모욕적인 말도 하지 않는다. 유머와 균형 감각 그리고 인내를 발휘하여 날아오는 주먹을 슬쩍슬쩍 피한다. 공격적이고 자극적인 질문이 오더라도 움찔하거나 물러서지 않으며, 과도한 반응도 자제한다.

그의 행동은 훈련과 경험 덕분이 아니다. 감정적인 반응은 상황을 악화시킬 뿐이라는 사실을 잘 이해하고 있기 때문이다. 미디어는 그가 제풀에 넘어져 화내기만을 기다리지만 그는 결코 그 기다림에 부응하지 않는다.

고대 스토아 철학자들은 이를 합리적인 선택(Prohairesis), 즉 '덕성'이라고 불렀다. 이 불패의 품성으로 인해 우리는 악의적 공격을 수월하게 이겨낼 수 있으며 압박감과 골칫거리를 대수롭지 않게 넘길 수 있다. 고대 스토아 철학자들처럼 궁지에 몰렸을 때, 공격자들을 향해 이렇게 말할 수 있어야 한다. "자, 다음 분!"

냉혹한 운명을 넘어서는 법

감정에 휩싸이지 말라. 모든 충동을 정의의 명령 앞에 굴복시켜라. 모든 현상에 맞서 당신의 신념을 보호하라.

-마르쿠스 아우렐리우스, 명상록, 4.22

사람들은 매서운 운명 앞에서 고통 받는다. 하지만 그들이 고통 받는 이유는 운명의 무질서 때문이 아니라 선택의 무질서 때문이다. 그들에게는 모든 것이 너무 원대하거나 참담하리만치 기대 이하여서 모든 날들이 경이롭거나 끔찍하다. 인간은 이러한 운명의 냉혹함에 굴복해야만 할까?

운명이 가져오는 인생의 우여곡절 속에 선한 충동과 악한 충동을 거를 수 있는 여과 장치가 있다면 도움이 될 것이다. 우리가 활용할 수 있는 여과 장치는 바로 정의와 이성, 그리고 철학이다. 스토아 철학의 중심 메시지를 요약하면 다음과 같다. "충동은 인간을 향해 밀려들어 온다. 우리의 임무는 이것들을 통제할 수 있느냐 없느냐 하는 것일 뿐이다."

충동과 함께하는 삶은 마치 매우 활동적인 개와 함께 산책하는 것과 같다. 산책길에서 우리는 어떻게 해야 할까? 행동하기 전에 생각해야 한다. 그리고 스스로 질문을 던져라. "누가 이것을 통제하고 있는가?" "나를 안내할 원칙은 무엇인가?"

위대한 사람의 조건

도도한 강물의 흐름에 맞서 거꾸로 곤두박질치려는 사람에게 나는 동의하지 않는다네. 그런 사람은 운명의 잔혹함을 인정하면서도 위대한 정신을 앞세워 운명이 부여하는 모든 난관에 맞서 매일 사투를 벌이려 하지. 반면 현명한 사람은 운명을 감내할 뿐이네. 그리고 운명을 선택하려고도 하지 않아. 전쟁터보다는 평화 안에 있기를 선택한다네.

-세네카, 도덕에 관한 서한, 28.7

"위대한 사람은 평론가가 아니다. 영광은 관중석에 앉아 선수가 어떻게 하면 더 잘할 것이라며 지적하는 사람의 것이 아니라 피와 땀과 먼지로 범벅이 된 채 경기장을 뛰고 있는 사람의 몫이다." 시어도어 루스벨트가 집무실을 떠나면서 연설했을 때 했던 말이다.

몇 년 후 그는 백악관을 탈환하려는 정치 후배에 맞서 재출마하는 승산 없는 싸움을 벌였고, 그 과정에서 암살의 위험을 겪기도 했다. 또 그는 아마존강을 탐험하다 거의 죽을 뻔했으며, 제1차 세계대전이 발발하자 59세의 나이에도 불구하고 우드로 윌슨 대통령에게 직접 부대를 이끌고 참전하겠다고 간청했다.

루스벨트는 분명 위대한 거인이다. 하지만 끝이 보이지 않는 충동과 강박증에 의해 움직인 사람이기도 하다. 대부분의 사람들이 마찬가지이다. 일부러 갈등을 찾아다니며 평화 대신 전쟁을 선택하기도 한다. 경기장 안의 사람들은 존경을 받아야 마땅하다. 그러나 경기장 안의 사람이 위대해지는 것은 오직 합리적인 이유로 경기장 안에 있을 때이다.

두려움은 자신을 향한 예언이 된다

많은 사람들이 두려움에 고통 받는다. 그들이 운명을 두려워하는 동안 운명은 그들을 찾아낸다.

-세네카, 오이디푸스, 992

"우리는 모두 피해망상의 생존자들이다." 인텔의 전 CEO 앤디 그로브가 한 말이다. 피해망상은 다른 어떤 적들보다 빠르게, 그리고 극적으로 인간을 파괴한다. 세네카는 자신의 제자이자 로마 최고의 권력자 네로를 통해 피해망상이 인간에게 끼치는 영향력을 뚜렷하게 지켜보았다. 세네카는 감정 과잉이었던 네로에게 절제하는 법을 가르치려 했지만, 네로는 그의 어머니와 아내를 죽였을 뿐만 아니라 스승인 세네카까지 죽이려 했고 끝내 원하는 바를 이뤄냈다.

힘과 두려움, 그리고 광기의 조합은 참혹하다. 배신당할 것을 두려워하는 지도자는 배신이 일어나기 전에 행동한다. 실수를 두려워하는 사람은 세부까지 꼼꼼히 관리하지만 오히려 그것이 실수의 원천이 되기도 한다. 이처럼 두려움은 우리가 모르는 사이에 영향을 미친다. 비참한 결과가 두렵다면, 충동을 통제하지 못하고 자제력을 잃을 것 같다면, 바로 그 두려움으로 인해 우리가 재앙에 빠질 수 있음을 기억하자.

분노를 다스리는 방법

울어 보게나. 나는 지금 지독한 고통 속에 있다고! 그래, 남자답지 못한 방식으로 인내했
는데 그 고통이 사라지던가?

-세네카, 도덕에 관한 서한, 78.17

분노에 휩싸인 사람은 울고불고 소리 지르며 때로는 무언가를 깨
부수기도 한다. 그렇게 하면 일시적으로 감정이 해소되는 측면도 있다.
하지만 고통의 원인이 사라지지는 않는다. 심지어 분노의 대상이 자신
이 아니라 누군가 상대가 있는 것이라면 문제는 더욱 악화되기만 할 뿐
이다.

고통의 원인을 제거하는 것이 중요하지만 고통의 원인이 내가 통
제할 수 있는 범위 바깥에 존재할 수도 있다. 그럴 땐 어떻게 해야 할까?
스토아 철학자들은 이때 문제를 있는 그대로 받아들이고, 해결할 수 있
는 다른 문제에 집중했다.

분노의 표출은 일시적인 감정 해소에는 좋을지 모르지만 자칫하
면 그 분노에 지배당하게 되어 모든 일을 망칠 수 있다. 게다가 다른 사
람을 증오함으로써 우리 자신을 덜 사랑하게 되는 대가도 치러야 한다.

아무런 반응을 보이지 말라

> 우리에게는 어떤 사물에 대해 판단하지 않음으로써 마음의 평정이 흔들리지 않도록 할 권리가 있다. 왜냐하면 사물에는 우리의 판단을 좌지우지할 자연적인 능력이 없기 때문이다.
>
> -마르쿠스 아우렐리우스, 명상록, 6.52

　　마음의 평정을 뒤흔들어 놓는 것들을 생각해 보자. 당신의 뒤에서 수군거리는 사람들, 의식하지 못하는 사이에 저질러버린 실수들, 알지 못하는 사이에 잃어버린 것들…. 이와 같은 상황에서 우리는 어떤 반응을 보여야 할까?

　　아무런 반응도 보일 필요가 없다. 왜냐면 우리는 그 상황을 모르기 때문이다. 바꿔 말하자면 부정적인 사건에 대해서는 우리가 판단을 유보할 수 있다는 말이다. 우리는 사건에 돌발적으로 판단하지 않는 능력을 길러야 한다. 특히 어떤 판단이 우리를 공격적으로 만든다면 더욱 그렇다.

　　아무런 생각도 하지 않는 능력을 훈련하라. 심지어 그런 사건이 일어나지 않은 것처럼 행동할 수 있어야 하며 결코 들어본 적이 없는 것처럼 행동할 수 있어야 한다. 그런 것들이 나와 무관하고 존재하지 않는 것처럼 행동해야 한다. 그것만이 마음의 평정을 흔들어 놓는 사건들의 힘을 약화시킬 수 있다.

분노는 분노를 낳는다

> 분노보다 우리를 어리석게 만드는 것은 없으며 분노만큼 우리의 힘을 약화시키는 것도
> 없다. 분노로써 성공하면 이보다 오만한 것이 없으며, 분노로써 성공하지 못하면 이보다
> 광기에 휩싸이는 게 하는 것 또한 없다. 분노는 실패했을 때조차 물러서지 않는다. 분노
> 하던 대상이 사라지면 분노의 이빨은 곧 스스로에게로 향한다.
>
> -세네카, 분노에 대해, 3.1.5

분노는 상황을 악화시킬 뿐이다. 우리가 화에 사로잡히면 상대방도 화에 사로잡힌다. 결국 모두가 분노하게 되고 사건을 해결할 실마리 또한 사라진다.

성공한 사람들은 때때로 "나 외에는 모두가 틀렸다"라는 욕망, 또는 "방해하는 자들을 밀어버리겠다"라는 다짐이 성공 신화를 만들었다며 자신의 삶에서 분노만큼 강한 연료가 없었다고 말하곤 한다. 뚱뚱하다고, 어리석다고 놀림 받은 사람들의 분노는 육체적 강인함과 현명함을 길러내기도 한다. 거절당한 사람의 분노는 앞길을 개척해 내는 동기부여가 된다.

하지만 이 모든 것은 단견일 뿐이다. 이 이야기에는 분노의 엔진을 돌리기 위해 투입된 땀과 눈물이 무시되었으며 부작용도 생략되었다. 그 분노가 소진되었을 때 무슨 일이 일어나는지에도 관심이 없다. 분노의 기계가 계속해서 굴러가기 위해서는 반드시 더 많은 분노가 만들어져야 한다. 결국 마지막에 남는 것은 자신에 대한 분노뿐이다.

분노는 가장 강력한 감정이며 독으로만 구성된 연료다. 그렇기에 우리가 치러야 하는 대가 또한 가장 크다.

폭군이 될 것인가, 성군이 될 것인가?

인간의 영혼은 때로는 황제와 같은 위엄을 지니지만 때로는 폭군과 같이 돌변한다네. 고결함으로 돌보고, 세심하게 건강을 유지하고, 편견과 비도덕적인 명령에 복종하지 않으면 우리의 영혼은 황제가 된다네. 하지만 자제심을 잃어버리고, 욕망에 사로잡혀 특정한 욕구만을 채우려 들 때 영혼은 가장 두렵고도 혐오스러운 폭군으로 돌변한다네.

-세네카, 도덕에 관한 서한, 114.24

로마 시대 황제들에게는 극단적 성격이 엿보인다. 세네카의 제자였던 네로는 범죄와 살인을 일삼은 폭군이었다. 칼리굴라도 그러했고 콤모두스도 그러했다. 하지만 마르쿠스 아우렐리우스와 하드리아누스 황제처럼 그 반대편에 있는 황제도 있었다.

절대적인 권력은 절대적으로 부패한다고 하지만 모든 권력이 부패하는 것은 아니다. 부패하느냐, 아니면 권위를 유지하느냐는 개인의 내적 성숙과 자각 능력에 달려 있다. 가치를 어디에 두고 있느냐, 욕망을 어떻게 제어하느냐, 무한한 권력욕을 향한 유혹에 어떻게 맞설 수 있느냐의 문제이다. 그리고 이 문제는 우리에게도 동일하게 적용된다. 폭군이 될 것인가, 성군이 될 것인가? 그 사이에 우리의 마음이 있다.

마음의 평화를 유지하라

> 통찰력을 끊임없이 보호해야 하네. 우리가 지켜야 하는 것은 결코 작은 것이 아니야. 존
> 엄, 신뢰, 끈기, 마음의 평화, 고통과 두려움으로부터의 해방, 한마디로 영혼의 자유로움
> 을 위해 지켜야 하는 것들이지. 무엇 때문에 이런 것들을 타인에게 넘겨야 한단 말인가?
>
> -에픽테토스, 대화록, 4.3.6b-8

    적성에 맞지 않는 직업, 끊임없이 갈등이 일어나는 인간관계는 스트레스를 유발한다. 스토아 철학은 이와 같은 감정적 반응을 어떻게 관리하고 다루어야 하는지를 가르쳐 주고 그와 같은 상황을 인내하도록 우리를 도와준다. 하지만 '왜 그런 상황 속에 끊임없이 말려드는 것일까?', '과연 이 시련은 운명이 우리를 위해 준비한 것일까?'에 대해서는 대답하지 않는다. 다만 이런 곤경을 어떻게 다루어야 하는지를 얘기할 뿐이다.

    어렵고 힘든 상황에 닥쳤을 때는 다음과 같은 질문을 던져야 한다. "이것이 진정 내가 원하는 삶인가?" 화가 솟구칠 때마다 생명력이 소진된다. 값을 매길 수 없는 생명력을 어디에다 소진할 것인가? 변화를 두려워하지 말라. 그것이 비록 큰 변화라 할지라도.

절제의 기쁨

즐거움을 느낄 때마다 그것으로부터 자신을 보호해야 한다. 거기에 휩쓸리지 말고 잠깐 멈추어라. 그런 다음 생각할 수 있는 시간을 가져라. 처음엔 즐거웠지만 훗날 후회하게 되거나 자신을 증오하게 된 경우가 없었는지 돌이켜 보라. 즐거움과 만족을 비교해 절제할 수 있는 것인지 살펴라. 안락함과 즐거움 그리고 그것의 매력적인 이끌림에 굴복하지 말라. 이 모든 것에 저항한 후에야 이것을 극복하는 것이 얼마나 멋진 일인가를 알 수 있으니.

-에픽테토스, 엥케이리디온, 34

　절제는 의심할 필요도 없이 어려운 일이다. 현대 사회에서 즐거움을 거부하는 것은 마치 삶을 거부하는 것처럼 보인다. 하지만 즐거움이라고 다 같은 즐거움이 아니다. 즐거움에는 두 종류의 즐거움이 있다. 즐기고 난 후에도 기분이 좋은 즐거움과 즐기고 난 후에 반드시 후회하는 즐거움. 당신의 삶에는 어느 쪽의 즐거움이 더 많은가?

　욕망에 저항하는 것보다 욕망을 채우는 것이 상황을 악화시킬 수 있다는 것을 이해하게 되면 충동은 그 호소력을 잃게 된다. 유혹에 굴복하는 순간, 매일이 괴로워지고 결국에는 자신을 혐오하게 된다. 절제한다는 것이 반드시 고통을 수반하는 것은 아니다. 유혹은 후회로 변모하고 절제는 진실한 기쁨이 된다.

현명해지기 위한 유일한 방법

현명해지기 위한 유일한 방법이 있다. 우리의 지적 능력에 모든 주의를 기울이는 것이다. 그것만이 우리를 어디로든 안내할 수 있다.

-헤라클레이토스, 디오게네스의 강의에서 인용, 탁월한 철학자들의 삶, 9.1

"내가 왜 그렇게 했지?" 스스로 이렇게 묻게 될 때가 있다. 우리는 모두 이런 경험을 한다. "어떻게 그렇게 어리석을 수 있었지?" "도대체 그 때 무슨 생각을 했던 걸까?"

결코 어리석었던 것이 아니다. 바로 그것이 문제다. 그때도 머릿속에는 합당한 이유와 지성으로 가득 차 있었다. 단지 거기에 욕망이 끼어들었을 뿐이다. 욕망이 우리 몸의 주인이 되어서는 안 된다. 또한 감정, 즉각적인 신체적 쾌락, 호르몬이 일으키는 충동이 우리 몸의 주인이 되게 해서는 안 된다. 지적 능력에 모든 주의를 기울여라. 그리고 그 상태로 내버려 두라.

두려움은 백일몽이다

마음을 정화하고 참자아를 유지하라. 어리석음으로부터 깨어나 우리를 괴롭히는 것들이 단지 꿈일 뿐이라는 사실을 깨달아라. 일어나서 단지 저 모든 것들이 그냥 꿈일 뿐임을 응시하라.

-마르쿠스 아우렐리우스, 명상록, 6.31

세네카는 두려움에 대해 이렇게 말했다. "두려움은 본디 정확한 실체가 없다. 우리가 두려워한 것이 일어나지 않는 그 순간에도 두려움은 여전히 불분명한 모습으로 우리를 노려본다."

세상의 온갖 사건과 사물이 우리를 괴롭힌다. 하지만 우리를 괴롭히는 것은 대부분 우리 자신이 상상한 것일 뿐 실재가 아니다. 그것들은 마치 꿈처럼 어느 한순간에는 현실로 느껴지지만, 곧이어 터무니없는 본래의 모습을 우리 앞에 드러낸다.

그런데도 우리는 미몽 속에 빠져 이렇게 생각한다. "이 두려운 일에 어떤 의미가 있는 것일까?" 전혀 없다. 그냥 의미가 있는 것처럼 우리가 생각하고 있을 뿐이다. 분노와 두려움, 그리고 극단적인 감정이 솟구칠 때도 마찬가지이다.

우리를 괴롭히는 것들은 깨어 있는 동안에만 지속되는 백일몽과도 같다. 우리를 도발하는 것들은 현실이 아니지만 우리의 반응만큼은 현실이다. 환영으로부터 실질적인 결과물이 만들어지는 것이다. 그러므로 악몽 속에 머물지 말고 지금 당장 깨어나야 한다.

일과 감정을 분리하라

누군가 당신의 이름을 어떻게 쓰는지 물어 온다면 철자 하나하나를 읊으며 소리칠 것인가? 그래서 상대가 화를 낸다면 그 화를 돌려줄 것인가? 그것보다는 처음부터 상대에게 좀 더 부드럽게 철자를 읊어 주는 것이 낫지 않을까? 행동 하나하나가 모여 우리의 도덕성이 완성된다는 것을 기억하라. 해야 할 의무를 다하는 것처럼 각각의 일에 주의를 기울이며 (…) 체계적으로 자신의 과업을 완성하라.

-마르쿠스 아우렐리우스, 명상록, 6.26

집에서든 직장에서든 흔히 벌어지는 일이 있다. 아주 단순한 일이더라도 싫어하는 사람이 부탁하면 거부감이 든다. 그리고 그 사람의 요구가 불쾌하고 무례했기 때문에 거절했다고 여긴다. 다음은 어떻게 되는가? 거절당한 사람은 당신이 부탁할 일이 생겼을 때 모른 척하거나 똑같이 거절한다. 갈등은 이렇게 확산된다.

당신이 한 발짝 물러나 그 상황을 객관적으로 볼 수 있다면 모든 부탁이 불합리한 것은 아님을 깨달을지도 모른다. 심지어 어떤 요구는 아주 손쉽게 해결할 수 있거나 충분히 합리적이었을지도 모른다. 당신이 그 요청을 들어주었다면 당신이 해야 할 다른 일들에도 도움을 받았을 수 있다. 누군가를 싫어하거나 좋아하는 것은 당신의 자유다. 그러나 어떤 일을 할 것인지 말 것인지에 대한 기준이 감정이어서는 안 된다.

우리는 몇 초도 걸리지 않을, 그리고 반드시 해야만 하는 아주 사소한 일조차도 감정 때문에 그르친다. 감정하고는 상관없는 일에 감정을 섞지 말라. 그리하면 감정과 싸울 일도 없다.

지금 당장 행복해지는 법

갖고 있지 않은 것을 열망하면서 행복하기란 불가능하다네. 행복은 이미 모든 것을 갖고 있는 뚱보들이지. 그들에게 배고픔과 목마름이라는 것은 없어.

-에픽테토스, 대화록, 3.24.17

"만약 그렇게 되면 행복할 텐데." 우리는 스스로에게 말한다. 승진하면 행복할 텐데, 다이어트에 성공하면 행복할 텐데, 지금보다 더 많은 돈을 벌면 행복할 텐데. 심리학에서 '조건적 행복'이라 부르는 이런 생각은 망상적 사고의 일종이다. 지평선에 도달하길 열망하는 것처럼 걷고 또 걸어도 결코 그곳에 닿을 수 없다. 아니, 가까이 갈 수조차 없다.

미래의 사건을 열망하고 욕망하고 열정적으로 상상하면서 그 속에 행복의 시나리오가 있다고 고대하는 것은 지금 당장 행복할 수 있는 가능성을 파괴할 뿐이다. 더 많은 것, 더 좋은 것, 지금보다 나은 것을 갈망하는 것은 만족의 적이다. 행복과 갈망은 에픽테토스의 말처럼 양립 불가능하기 때문이다.

폭풍우를 대비하라

> 훌륭한 운동선수처럼 자신의 그릇된 느낌에 대항하는 혹독한 훈련을 하게. 굳은 결심 아
> 래 온갖 고통을 감수하면서 잘못된 느낌에 현혹되지 않도록. 투쟁은 위대하다네. 완벽
> 함, 자유, 행복과 평온을 찾아가는 과업만큼 신성한 것은 없으니까.
>
> -에픽테토스, 대화록, 2.18.27-28

에픽테토스는 폭풍에 빗대어 세상을 설명하고는 했다. 그는 느낌
또한 인간을 사로잡는 극한의 날씨와 다르지 않다고 했다. 어떤 사건에
격정적인 느낌을 갖게 되면 인간은 그 사건에 대해 필요 이상의 두려움
에 사로잡히고 그 두려움이 다시 고통을 불러오는 악순환이 일어난다.
그런 까닭에 인간은 스스로 만들어 놓은 세상에 대한 잘못된 표상(분노,
슬픔, 두려움, 질투)에서 자유로워져야 한다.

우리에겐 태풍의 궤적을 정확히 예측할 수 있는 기상 캐스터와 전
문가들이 있다. 바로 철학자이다. 이들이 태풍이 온다고 경고하면 우리
는 준비하고 대비해야 한다. 우리는 바람 앞의 촛불 같은 존재다. 하지만
다가오는 위협에 얼마든지 맞설 수 있는 존재이기도 하다.

인생의 만찬을 즐기는 법

> 만찬에 참석한 사람처럼 삶을 이끌어 가라. 무언가 우리 옆을 지나갈 때 적절하게 손을 뻗어 그것을 취하라. 이미 지나갔는가? 그렇다면 붙들지 말라. 아직 오지 않았는가? 그렇다면 그것에 대한 열망을 불태우지 말라. 하지만 우리 앞에 올 때를 기다려라. 아이들에게도, 배우자에게도, 지위와 부에 대해서도 이와 같이 행동하라. 그러다 보면 언젠가 신들의 연회에 참석할 자격을 얻게 될 것이다.
>
> -에픽테토스, 엥케이리디온, 15

　이제부터 간절히 바라는 것이 있을 때 에픽테토스가 말한 '인생의 만찬' 비유를 상기하자. 어떤 것을 갖기 위해 잔뜩 흥분했다면 그것이 테이블 저쪽 편에 놓여 있는 것은 아닌지, 다른 사람의 접시 위에 있는 음식을 움켜쥐려는 것은 아닌지 생각하자. 그것은 예의가 아니며 불필요한 짓이다. 내 차례가 오기를 기다리는 것이 최선이다.

　이 비유를 또 다르게 해석해 보자. 예를 들어 아주 멋진 향연에 초대받은 당신에게 눈앞에 펼쳐지는 모든 음식의 풍미를 누릴 수 있는 특권이 주어졌다. 하지만 건강을 생각한다면 제공되는 음식과 음료를 지나치게 욕심껏 먹어서는 안 되고(절제), 향연이 끝난 후에는 주인이 청소하는 것을 도와야 한다(이타성). 그리고 훗날 당신이 주인이 되어 받은 것을 되돌려 주어야 한다(자선). 인생의 만찬은 그렇게 즐기는 것이다.

나의 욕망을 감시하라

강도, 변태, 살인자 그리고 폭군. 이른바 쾌락이라고 불리는 이 모든 것들을 감시하라.

-마르쿠스 아우렐리우스, 명상록, 6.34

작가 앤 라모트는 자신의 책 『쓰기의 감각』에서 이렇게 말했다. "신이 돈에 대해 어떻게 생각하는지 궁금하다면 그가 돈을 준 사람들을 보라."

쾌락도 마찬가지이다. 독재자들을 보라. 그의 하렘은 음모로 넘쳐났고 권모술수에 능한 주변인들로 가득 차 있었다. 젊은 배우가 중독에 빠져 경력을 망치는 일은 또 얼마나 잦은가.

스스로 물어야 한다. "이것은 정말 가치가 있는가?" "정말 즐길 만한 것인가?" 무언가를 갈망할 때, 해롭지 않아 보이는 악덕을 추구하려고 할 때 반드시 던져야 할 질문이다.

FEB 21 욕망은 삶을 난파시킨다

기억하게나. 부와 지위에 대한 갈망이 우리를 약화시키고 예속시킨다네. 평화와 휴식, 여행, 배움에 대한 욕구도 마찬가지라네. 외적인 요소가 무엇이든 상관없네. 우리가 가치를 두는 것이 우리를 다른 것에 예속되도록 만들지. (…) 명심하게. 마음이 가는 곳에 장애물이 놓여 있음을.

-에픽테토스, 대화록, 4.4.1-2;15

다행스럽게도 에픽테토스는 평화, 휴식, 여행 그리고 배움 자체가 나쁘다고 하지는 않았다. 하지만 끊임없는 열망은 그 자체로 잠재적인 해악을 품고 있다고 말했다. 무언가를 갈망할 때 실망도 함께 찾아오기 때문에, 갈망은 곧 우리를 약하게 만든다. 바라는 대로 이루어지지 않으면 우리는 쉽게 자제력을 잃어버리고 만다.

냉소적인 사람으로 유명한 디오게네스는 "아무것도 바라지 않는 것이 신의 특권이다. 신에 가까운 인간은 아주 조금 바란다"라고 했다. '욕망의 부재'야말로 무적의 권능이라는 걸 설명한 것이다.

이는 부, 명성과 같은 세속적인 욕망에만 적용되는 것이 아니다. 사랑을 갈구하다 몰락한 '위대한 개츠비'처럼 선하게 느껴지는 욕망도 마찬가지이다. 욕망은 선과 악을 구분하지 않고 인간의 삶을 난파시킨다. 추구하고자 하는 목표가 있을 때 이렇게 질문하자. "내가 그것을 통제할 수 있는가? 아니면 그것이 나를 통제할 것인가?"

침묵해야 할 때를 알라

카토는 사람들의 마음을 움직이기 위해 대중연설을 연습했다. 하지만 그는 연설하는 모습을 보여 준 적이 없었다. 사람들이 자신의 침묵을 비난하고 있다는 얘기를 들은 카토는 이렇게 말했다. "내 가치관을 비난하지 않는 것이 좋을 것이네. 침묵하고 있기보다 말하는 것이 좋다는 확신이 들 때에만 나는 말한다네."

-플루타르코스, 영웅전, 4

행동하기는 어렵지 않다. 그냥 뛰어들면 된다. 하지만 멈추기는 어렵다. 소(小) 카토가 정치에 입문했을 때, 많은 사람은 그에게 큰 기대를 품었다. 대중을 휘어잡는 연설, 정적을 얼어붙게 만드는 촌철살인, 현명한 정치적 판단이 기민하게 쏟아져 나올 것이라 생각했다. 하지만 그는 대중의 기대와 다르게 쉽게 말하지도 쉽게 행동하지도 않았다.

대신 그는 준비하면서 기다렸다. 감정적으로 반응하지 않았으며 이기적이고 맹목적이며 미성숙한 행동 또한 하지 않았다. 그는 자신의 생각을 가다듬으며 자신의 말이 들을 만한 가치가 있다는 확신이 섰을 때에만 대중 앞에 나섰다. 카토처럼 행동하기 위해서는 의식적인 각성이 필요하다. 그 자리에 멈추어 서서 스스로를 진솔하게 평가하라.

FEB 23 · 외적 상황은 우리에게 무관심하다

> 주변 환경에 우리의 분노를 유발할 힘을 주어서는 안 된다. 왜냐하면 그것들은 우리에게 전혀 관심이 없기 때문이다.
>
> -마르쿠스 아우렐리우스, 명상록, 7.38

마르쿠스 아우렐리우스는 이 인용구를 에우리피데스의 연극에서 가져왔다. 그 연극은 신의 존재를 의심하는 영웅인 벨레로폰에 관한 서사시다. 한 장면에서 벨레로폰은 이렇게 말한다. "왜 인간보다 훨씬 더 큰 힘을 가진 존재가 있다고 생각해야 하는가? 왜 이런 믿음을 받아들여야 하는가? 외적 환경은 인간처럼 지각이 있는 존재가 아니다. 그것들은 우리의 외침에 반응하지 않는다. 무심한 신들도 마찬가지가 아닌가?"

아우렐리우스가 스스로에게 상기한 것이 바로 '외적 상황은 생각할 수 있는 능력이 없다'라는 깨달음이다. 외적 환경은 인간의 감정, 인간의 불안, 인간의 관심에 대해 어떠한 관심도 두지 않는다. 인간의 반응에도 무심하다. 하물며 인간적 존재도 아니다. 그러므로 외부의 영향을 받는 것처럼 행동하지 말라. 그것이 주어진 환경에 우리가 영향을 주는 방법이다. 심지어 그렇게 하더라도 외적 상황은 우리에게 전혀 신경 쓰지 않음을 기억하라.

선악의 근원

우리를 모욕하는 것은 욕을 퍼붓는 사람이나 때리는 사람이 아니다. 이들이 지금 우리를 모욕하고 있다는 우리 안의 믿음이 모욕감을 유발한다. 그러므로 누군가 분노를 유발하고 있을 때 실제로는 내 머릿속의 생각이 분노의 연료를 채우고 있음을 기억하여 이와 같은 외적 인상에 사로잡히지 않아야 한다. 그렇게 시간을 벌 수 있다면 우리는 손쉽게 자신의 주인이 될 수 있다.

-에픽테토스, 엥케이리디온, 20

스토아 철학자는 절대적인 선이나 절대적인 악이 발현하는 것이 아님을 우리에게 끊임없이 상기시킨다. 예를 들어 당신이 돌부리에 걸려 넘어졌다고 하자. 당신을 넘어뜨린 그 돌부리는 선인가, 악인가?

그 돌부리는 선도 악도 아니다. 다만 돌부리에 걸려 넘어졌을 때 화가 치밀어 오른다면 그 돌부리는 해로운 것이 되고, 그냥 있을 수 있는 일이라 생각한다면 돌부리는 그저 돌부리로 남는다. 상황이 의미를 갖기 위해선 우리의 반응이 필요하다. 그것이 '나쁜 것'이 되기 위해선 그에 필요한 범주와 문맥이 있어야 한다.

스스로 감정을 통제할 수 있다면 좋고 나쁨을 결정하는 것은 결국 우리 자신이다. 그러니 왜 지금 감정을 드러내야 하는지를 다시 한번 숙고해 보자.

연기와 재처럼 사라질 것들

> 억울함과 분노로 달아올랐던 사람들을 기억하라. 성공으로 유명해진 사람과 지나치게 불운하거나 사악하여 유명해진 사람도 기억하라. 그리고 자신에게 물어라. 이들은 모두 어떻게 되었나? 신화의 재료들은 연기와 재처럼 그렇게 덧없는 전설이 되어 갔으니….
>
> -마르쿠스 아우렐리우스, 명상록, 12.27

아우렐리우스는 절대 권력을 누린 로마 황제들도 사후 몇 년이 채 지나지 않아 대중의 기억 속에서 사라졌음을 계속해서 지적한다. 황제로서 수많은 곳을 정복하고 자신의 영향력을 온 세상에 과시해도, 그와 같은 것들은 모두 모래 위에 지어진 성일 뿐이며 시간의 바람 앞에서 한순간에 사라진다는 점을 상기하고자 했다.

증오하고 분노하며 소유에 대한 집착을 버리지 못하고 완벽함을 쫓아 달려가는 우리들도 다를 바 없다. 알렉산드로스 대왕도 누구보다 열정적이고 야망이 높았던 영웅이었지만, 결국 운명대로 땅에 묻히고 말았다. 우리 모두는 언젠가는 사라지고 천천히 잊히게 될 운명이다. 그러니 우리는 인간을 불행으로 이끌고 가는 감정의 노예가 되지 말고, 우리에게 주어진 짧은 시간을 즐겨야 한다.

FEB 26 부치지 않은 편지

누군가 나에게 잘못을 저질렀다면 상대가 스스로 자신의 잘못을 볼 수 있도록 하라. 그에게는 자신만의 기질이 있고 관심사가 있을 뿐이기에. 나의 기질도 자연적으로 주어진 것이다. 나는 본성이 의도한 것을 성취하기 위해 노력할 뿐이다.

-마르쿠스 아우렐리우스, 명상록, 5.25

링컨은 종종 자신의 부하, 장성, 심지어 친구들 때문에 미칠 듯한 분노에 사로잡히곤 했다. 하지만 대놓고 직접 말하지 않고, 장문의 편지를 썼다. 그는 편지에 그들의 어떤 부분이 잘못되었는지 또한 자신이 진정으로 전하려는 바가 무엇인지를 설명했다. 편지를 다 쓰면 링컨은 그것을 잘 접어 서랍에 넣어두고는 결코 보내지 않았다. 링컨이 이렇게 쓴 편지의 상당수는 나중에 우연히 발견되었다. 로마의 황제가 알고 있던 것을 그도 알고 있었던 것이다.

반격하는 것은 쉬운 일이다. 그들에게 언짢은 심정을 전하기만 하면 된다. 하지만 그렇게 하는 것은 거의 대부분 후회로 끝난다. '그 말을 하지 말았어야 하는데….' '그렇게 화를 내지 말았어야 하는데….'

내가 아닌 다른 누군가로 인해 화가 난다면, 화를 내기 전 마지막으로 이것을 생각하자. 어떤 결과가 따라올까? 거기에는 무슨 이득이 있을까?

욕망에 무심하라

모든 것이 그렇다네. 어떤 것은 좋고 어떤 것은 나쁘며 또 어떤 것은 무심하지. 좋은 것에는 미덕이 있어서 모두가 그것을 소유하려고 들지. 나쁜 것은 악덕이지만 이 또한 모두가 마음껏 즐기려 든다네. 무심은 이와 같은 미덕과 악덕 사이에 놓여 있네. 부와 빈곤, 건강과 질병, 삶과 죽음, 그리고 쾌락과 고통이 그 속에 있다네.

-에픽테토스, 대화록, 2.19,12b-13

얼마나 날씬해야 하는 것일까? 얼마나 돈이 많아야 하는 것일까? 얼마나 오랫동안 살아야 하는 것일까? 타인이 속상해하는 것, 부러워하는 것, 광분하는 것, 소유하고 싶어서 탐욕을 내는 것들이 있는 곳에서 우리는 객관적이고 정숙한 태도로 냉철함을 유지할 수 있을까?

세네카는 당대에 상상할 수 없을 정도로 부유했으며 명성 높은 인물이었지만 스토아 철학의 기조 그대로 이와 같은 것들에 무심했다. 그는 그 모든 것들이 언젠가 사라지고 만다는 사실을 받아들였다. 미칠 듯이 더 많은 것을 갈망하지도 않았고 조금이라도 없어질까 두려워하지도 않았다.

무심(無心)은 아주 단단한 절충적 관점이다. 무심은 회피도 아니고 기피도 아니며, 좋은 것도 아니고 나쁜 것도 아니다. 하지만 그 안에 있으면 진심으로 편안해질 것이다.

영혼이라는 물그릇

FEB
28

> 영혼은 물을 담은 그릇과 같다네. 그리고 외적 사물에 대한 우리의 느낌은 물 위에 떨어진 한 줄기 빛을 닮았지. 물이 일렁이면 빛도 움직이는 것처럼 보이지. 하지만 빛은 움직이지 않았어. 물이 일렁이는 것처럼 평정을 잃었다고 해서 영혼의 미덕에 문제가 생기는 것은 아니지 않겠는가? 영혼은 물그릇처럼 거기 그대로 있으며 그 모든 것들을 진정시키는 법일세.
>
> -에픽테토스, 대화록, 3.3.20-22

우리 삶은 조금 엉망일 수도, 완전히 엉망일 수 있다. 그래서 무엇이 달라지는가? 그 때문에 우리가 알고 있는 가치관이 바뀌는 것은 아니다. 합리적인 선택이 우리를 영원히 떠나는 것도 아니다. 단지 잠깐 버림받았을 뿐이다. 기억하자. 우리가 생각을 단련하는 목적은 순간적인 격변에 영향을 받지 않기 위해서이다. 멈추어 서서, 평정을 회복하라. 우리를 위해 영혼이 기다리고 있다.

원하는 것을 다 가질 수는 없다

주둥이가 좁은 병에 사탕을 넣어 두고 어린아이에게 병에 든 사탕을 집게 하면 아이는 주먹 때문에 손이 빠지지 않아 울기 시작하지. 움켜쥔 손을 펼쳐 사탕을 떨어뜨려야 빠져나올 수 있다네. 욕망을 억제하게. 욕망하지 않을 때 필요한 것을 얻게 될 것이니.

-에픽테토스, 대화록, 3.9.22

"원하는 것은 다 가질 수 있다." 이 말은 현대인이 되뇌는 주문 같다. 일, 가족, 목표, 성공, 여유. 우리는 이 모든 것들을 동시에, 지금 당장 바란다. 마치 사탕이 든 좁은 병에 손을 집어넣은 채 빼지 못하는 아이들처럼 욕망한다.

에픽테토스는 이렇게 말했다. "너무 많은 것을 갈망하지 마라." 우리도 스스로에게 이런 질문을 던질 수 있도록 훈련하자. "내게 필요한 것인가?" "그것을 갖지 않으면 무슨 일이 일어나는가?" "그것이 없어도 살아갈 수 있는 것인가?" 이 질문에 대한 답이 우리에게 정신적 여유를 가져다줄 것이다. 우리를 바쁘게 만드는 불필요한 모든 것들로부터 자유를 되찾아 줄 것이다.

March

3월

내 삶을 이끄는 목적은 무엇인가?

철학이 시작될 때

철학은 이때 시작된다. 자신의 지배적 도덕원칙에 관해 분명하게 인식하기 시작할 때.

-에픽테토스, 대화록, 1.26.15

철학은 어떻게 시작될까? 책을 읽다가? 강의를 듣다가? 아니면 세속적인 소유물들을 내다 팔게 되면서? 에픽테토스는 이렇게 말했다. "철학은 인간을 인도하는 합리성을 훈련하고자 할 때, 감정과 믿음 그리고 누구나 인정하는 진리에 대해 의문을 품게 되었을 때 비로소 시작된다." 철학으로 가는 여정의 시작은 '우리가 우리 마음을 분석할 수 있는 능력을 깨닫게 되었을 때'라고 말할 수 있을 것이다.

오늘 그 발걸음을 뗄 수 있을까? 그렇게 할 수 있다면 우리는 철학을 통해 참된 가치를 알게 되고, 소크라테스의 말을 빌리면 진실로 가치 있는 삶을 살게 될 것이다.

황제와 철학자가 지킨 단 하나의 규칙

> 행동할 때는 망설이지 말라. 대화할 때는 부조리하지 말라. 사고할 때는 방황하지 말라. 영혼을 위해 수동적이어서도, 공격적이어서도 안 된다. 그리고 삶에 있어 너무 많이 가지려 하지 말고 바쁘게 살려고 하지도 말라.
>
> -마르쿠스 아우렐리우스, 명상록, 8.51

단순하다는 것은 결코 쉬운 일이 아니다. 하지만 이런 원칙이 있어야 우리에게 주어진 의무를 다할 수 있다. 19세기 사상가 샤를 와그너는 "단순함이란 본연의 목적에 충실한 것"이라고 했다. 의자는 '편히 앉을 곳', 침대는 '누워 잠잘 곳'이 본연의 목적이다. 그 이상의 기능과 장식은 사치다. 황제였던 아우렐리우스와 부자였던 세네카조차 자신에게 주어진 모든 것을 누리려고 하지 않았다. 절제와 금욕은 그들의 덕목이었다. 스토아 철학이 추구했던 인간됨의 목적은 그렇게 단순했다.

단 하나만 선택하라

우리는 좋은 쪽이든 나쁜 쪽이든 통일된 인격체가 되어야 한다네. 스스로의 합리성에 근거해 움직이든가 통제 불가능한 상황 속에서 움직이든가 해야 하지. 달리 말하면 철학자와 일치하든가 군중과 일치하든가 둘 중 하나여야 한다네.

-에픽테토스, 대화록, 3.15.13

인간은 모두 복잡하다. 우리는 수많은 자아로 이루어져 있다. 우리의 자아는 상충하는 희망과 욕망, 그리고 두려움의 총합이다. 외부의 상황 역시 우리 인간만큼 복잡하며 모순적이다. 주의를 기울이지 않으면 이 모든 것들이 우리를 분열시키려 들 것이다. 우리는 '지킬 박사와 하이드'처럼 살 수는 없다. 잠시 자아가 분열될 수 있지만, 오랫동안 그 상태로 갈 수는 없다.

두 가지 선택지가 있다. 우리는 우리의 삶을 철학자의 삶과 일치시켜 내면에 집중할 수 있다. 그렇게 할 수 없다면, 군중의 리더가 되기 위해 지금 대중이 욕망하는 모든 것을 흡수하라. 내적 통합을 이룩하지 못하면 인간은 외적인 붕괴를 겪게 된다.

자유인의 조건

자기 의지대로 살아가는 사람을 자유인이라 하네. 그는 강제도, 훼방도, 제한도 모르지. 어떤 선택도 방해받지 않으며 욕망하는 것을 달성하네. 이들은 계략에 빠져들지도 않지. 기만 속에서 살아가기를 희망하는 사람이 누가 있겠는가? 실패와 실수가 가득하고, 규칙도 없으며, 불평만 있는 쳇바퀴 같은 삶을 바라는 사람은 없네. 하지만 부도덕한 사람들은 자신의 바람대로 살지 못하네. 오직 도덕적인 사람만이 자유인이지.

-에픽테토스, 대화록, 4.1.1-3a

얼마나 많은 사람이 해야 하는 일의 쳇바퀴 속에서 하루를 살아가는지 생각해 보자. 일이나 가족 같은 필수적인 의무를 말하는 것이 아니다. 허영심과 무지에서 비롯된 불필요한 일을 수행하며 많은 사람들이 또 그렇게 하루를 보낸다. 타인을 만족시키기 위해, 욕망을 만족시키기 위해, 혹은 생각해 본 적 없는 충동을 달래기 위해 움직인다. 세네카는 친구에게 보낸 편지에서 권력자들이 돈의 노예가 되는 것을 너무 자주 보았다며 이렇게 말했다. "스스로 노예를 자초하는 것보다 더 수치스러운 것은 없다."

현대 사회에도 노예들로 가득하다. 돈, 명예, 권력을 위해 우리는 기꺼이 노예가 된다. 당신이 행하는 일들의 목록을 작성해 보라. 그것 중 어떤 것이 정말 필요한 것인가? 내가 생각하는 것만큼 나는 자유로운가?

MAR 5 공짜에는 비용이 따른다

> 우리가 추구하는 것들, 무모하게 얻으려고 노력하는 것들에 대해 생각해 보아야 한다네.
> 거기에 어떤 유용함이 있는지, 어떤 쓸모가 있는지를 말일세. 그것 중 어떤 것은 너무 많
> 은 것일 뿐더러 그만한 가치를 지니고 있지도 않지. 하지만 우리는 이런 사실을 고려하
> 지 않고, 상당한 대가를 지불하면서 그것들을 공짜라고 여긴다네.
>
> -세네카, 도덕에 관한 서한, 42.6

세네카는 더 큰 집을 가지려 하고 더 많은 것을 소유하려 하는 로마 사회가 자명한 진리를 귀담아듣지 않는다고 지적한다. 또한 그는 모든 축적에는 숨겨진 비용이 있음을 경고했다.

기억하자. 공짜라고 생각하는 것에도 비용은 있다. 창고에든 마음속에든 우리가 모으려고 하는 것들은 모두 비용을 내야 한다. 오늘 우리가 소유한 것들을 지나쳐 갈 때 이렇게 자문하자. "나에게 필요한 것인가?" "너무 많이 가진 것은 아닌가?" "그만한 가치가 있는가?" "이것 때문에 내가 지불하고 있는 것은 무엇일까?" 이 사실을 몰랐던 때부터 우리는 많은 대가를 치러왔다.

자랑의 위험

> 사람들 앞에서 우리의 업적과 모험을 지나치게 자주 말하지 말라. 자신의 모험을 이야기
> 하는 것은 언제나 즐거운 일이지만 그것을 듣고 있는 다른 사람에게 그대로 적용된다는
> 법은 없으니.
>
> -에픽테토스, 엥케이리디온, 33.14

현대 철학자 나심 탈레브가 '서사의 오류'라고 경고한 것이 있다. 관련 없는 지난 시절의 사건을 모아 일관된 이야기를 만들려는 성향을 뜻한다. 이렇게 하면 창조의 만족감을 느낄 수도 있지만 근본적으로 이런 행위는 우리를 잘못된 길로 이끌 뿐이다. "나 때는 말이야…"라고 하면서 자신의 이야기를 꺼내려 할 때, 에픽테토스의 지적을 기억하자.

과거의 업적과 성취를 타인에게 자주 얘기해서는 안 되는 데는 또 다른 이유가 있다. 여기에는 자아도취적인 면이 숨어 있기 때문이다. 자랑을 하게 되면 대화를 주도하고 있다는 만족감이 생기겠지만 과연 다른 사람들도 그렇게 생각할까? 고등학교 시절의 축구 실력을 자랑하고, 자산 현황을 자랑하고, 연애 기술을 자랑하는 것을 듣는 이가 과연 즐거워할까? 자신의 이야기에서 거품을 걷어내야 한다. 있는 그대로이면 족하다. 대화는 사람들 앞에서 하는 공연이 아니다.

MAR 7 │ 감각을 신뢰하지 말라

> 헤라클레이토스는 자기기만을 끔찍한 질병이라고 불렀다.
>
> -디오게네스의 강의, 탁월한 철학자들의 삶, 9.7

　자기인식이란 스스로를 객관적으로 평가하는 능력이다. 자기인식을 올바르게 하기 위해서는 엄격한 자기검열이 필요하다. 하지만 자기기만 또한 엄격한 자기검열을 통과할 수 있다. 쉽게 바뀌지 않는, 오만하기 이를 데 없는 이 기만은 감각이 우리를 속일 때 일어난다.

　나 자신의 감각조차 믿을 수 없다니! 우리는 감각에 대해 회의적인 시각을 유지해야 한다. 인간의 감각은 종종 잘못을 저지르고 감정은 몹시 불안하다. 또한 우리는 미래에 대한 전망을 지나치게 낙관적으로 펼치곤 한다. 그러니 성급하게 결정하지 않는 편이 낫다. 무엇을 하든 잠깐이라도 생각할 시간을 확보해야 하고, 어떻게 돌아가는지 분명히 인식해야 한다. 그래야만 올바른 결정을 내릴 수 있다.

당신의 자유를 넘겨주지 말라

누군가 당신의 몸을 지나가는 사람에게 넘긴다면 당신은 분노할 것이다. 그런데 당신의 마음을 어떤 이에게 넘겨서 모욕하도록 하고 결과적으로 당신을 교란하고 혼란스럽게 한다면 이것이야말로 더 수치스러운 것 아닌가?

-에픽테토스, 엥케이리디온, 28

　본능적으로 우리는 자신의 몸을 보호하려 한다. 타인이 몸을 함부로 만지도록 허락하지 않으며 우리가 가려는 곳을 타인이 통제하도록 내버려 두지도 않는다. 하지만 마음의 문제로 시선을 옮겨 오면 이 원칙이 다소 무뎌진다. 소셜 미디어나 텔레비전에 우리 마음을 기꺼이 넘긴다. 타인의 행동, 사고, 말에도 우리의 마음을 넘긴다. 잡념은 이렇게 끊임없이 끼어든다.

　심지어 우리는 자신이 그렇게 행동하고 있다는 사실조차 모른다. 얼마나 많은 것을 낭비하고 있는지 또 얼마나 비효율적으로 살아가는지 깨닫지도 못하고, 이 모든 것을 자초한다.

　우리의 신체는 감옥에 투옥될 수 있으며 날씨에 의해 제한받을 수 있다. 하지만 마음만큼은 온전히 우리 것이다. 이는 반드시 보호해야 한다. 스토아 철학자들은 마음과 인식을 자신의 통제 속에 두라고 했다. 가장 소중한 자산이기 때문이다.

누구를 나의 삶에 초대할 것인가?

무엇보다 먼저 이것을 깊이 생각하게. 자네는 결코 자네를 끌어내리려는 예전의 지인이나 친구에게 종속되지 않았네. 그 사실을 잊는다면 자네가 파괴될 것이야 (…) 그런 친구에게 호감을 받아 똑같은 사람으로 머물 것인지, 아니면 비용을 지불해서라도 보다 더 나은 사람이 될 것인지 반드시 선택해야 하네 (…) 두 가지 모두를 함께 가지려 한다면 자네는 발전할 수도 없으며 지금 가진 것도 유지할 수 없네.

-에픽테토스, 대화록, 4.2.1; 4-5

당신은 선한 사람에게서 선함을 배울 수 있다. 하지만 악한 사람과 어울리면 당신의 영혼까지 파괴될 것이다.

-무소니우스 루푸스, 메가라의 테오그니스에서 인용, 강의, 11.53.21-22

컨설턴트인 짐 론은 다음과 같은 아주 유명한 말을 남겼다. "당신은 당신과 가장 많은 시간을 보내는 다섯 사람의 평균이다." 부모님은 나쁜 아이들과 놀고 있는 자식을 보면 늘 이렇게 말씀하신다. "명심해라. 친구는 친구를 닮는단다." 마지막으로 괴테가 남긴 명언도 있다. "나에게 당신의 배우자에 대해 얘기해 주시오. 그러면 당신이 누구인지 말해 주겠소."

우리는 삶에 누구를 초대할 것인지 항상 고민해야 한다. 내 삶에 초대하는 사람들은 나 자신의 삶을 풍요롭게 만들 수 있는 사람이어야 한다. 괴테는 이어서 이렇게 말한다. "당신이 시간을 어떻게 보내는지 알게 되면 당신이 무엇이 될 것인지 말해 줄 수 있다."

참된 스승을 찾아라

대부분 죄는 우리가 잘못을 저지르는 순간에 목격자가 있는 것만으로도 막을 수 있네. 그 목격자는 우리 영혼이 존경할 수 있는 사람이면 충분하다네. 그가 우리 내면에 자리 잡은 신성불가침의 성소인 셈이지. 얼마나 행복한 사람이겠는가! 함께 있을 때뿐만 아니라 생각하는 것만으로도 타인을 바로 세울 수 있다면⋯.

-세네카, 도덕에 관한 서한, 11.9

소 카토는 율리우스 카이사르에게 맞서 로마의 공화정을 수호하려 했던 영웅적 행위와 엄격한 도덕원칙을 가진 정치인으로 널리 알려져 있다. 그의 엄격함과 용감함은 후세에 널리 인용되었으며 많은 스토아 철학자들의 사랑을 받았다.

세네카는 『도덕에 관한 서한』을 통해 모든 이가 자신만의 카토를 가져야 한다고 역설했다. 위대하고 고결한 인물을 스승으로 삼음으로써 마음을 다스리고 도덕성을 준수하라는 것이다. 경제학자 아담 스미스도 비슷한 생각을 했다. 그는 이를 '무심한 관찰자'라고 불렀다. 무심한 관찰자는 실제 사람이어도 되고 실재하지 않는 사람이어도 상관없다. 우리 행동을 목격하고 게으름과 부정직, 그리고 이기심에 매몰되어 있을 때 조용히 꾸짖을 수 있는 누군가이면 된다. 이와 같은 방식으로 행동하고 살아간다면 우리 또한 누군가의 카토가 될 수 있을 것이다.

나는 무엇을 위해 사는가

구속받지 않는 사람은 모든 사건에 맞서 자신의 의지를 관철시키지. 그렇기에 우리는 그를 자유인이라 부른다네. 하지만 자신의 의지에 반하는 행위를 강제 받는 사람들은 노예라고 하지.

-에픽테토스, 대화록, 4.1.128b-129a

권력의 정점에 있는 사람, 부자, 그리고 유명인을 지켜보라. 그들의 성공과 부에 사로잡히지 말고 그들이 무엇을 대가로 그 자리에 올라설 수 있었겠는지를 생각해 보라.

그들이 치른 대가는 자유다. 그들은 격식에 맞는 옷차림을 유지해야 한다. 싫어하는 사람과도 웃으며 악수해야 한다. 자신의 생각을 함부로 드러내면 안 된다. 심지어는 다른 이에게 이런 태도를 보일 것을 똑같이 요구한다. 하지만 그들은 이 거래에 따르는 위험을 면밀히 생각하지 않는다.

세네카는 이렇게 말했다. "노예는 대리석과 황금 아래 거주한다." 대부분의 성공한 사람은 스스로 만든 감옥 안에 갇힌 죄수들이다. 당신이 원하는 것은 무엇인가? 열심히 일하고 노력하는 진정한 이유는 무엇인가?

타인의 잘못을 바라볼 때

당신 옆의 누군가가 잘못을 저지른다면 즉시 선과 악에 대한 그들의 견해가 어떤지를 생각해 보라. 그렇게 하면 그 사람의 사정을 헤아리게 되어 놀라거나 화내지 않게 될 것이다. 당신도 선악에 대해 그 사람과 동일하거나 비슷하게 판단하기 때문에 잘못을 저지른 사람을 이해하고 용서하게 된다. 하지만 만약 당신이 어떤 것들에 대해 선하다거나 악하다는 판단을 아예 하지 않는다면, 비뚤어진 시각을 지닌 자를 너무도 쉽게 용인하게 될 것이다.

-마르쿠스 아우렐리우스, 명상록, 7.26

소크라테스는 "기꺼이 잘못을 저지르는 사람은 없다"라고 말했다. 의도적으로 잘못을 저지르는 사람은 없다는 뜻이다. 사실 사람은 나쁜 짓을 저지를 때조차 자신의 행위를 나쁘다고 생각하지 않는다. 옳은 일을 했지만 단지 실수가 있었을 뿐이라고 생각한다. 그게 아니라면 아예 가치판단조차 하지 않으려 한다.

우리는 자신의 행위를 합리화하려고 한다. 이것은 마치 알링턴에 있는 남부군 기념탑과 같은 것이다. 기념탑에는 남부군 병사의 복무 이념 일부가 적혀 있다. "우리는 이해한 것 그대로 의무에 복종할 뿐이다." 그들은 잘못 이해했다. 이는 선악을 판단하지 않는 태도이다.

반면 링컨은 좀 더 정확하게 이해하고 있었다. 그는 유명한 연설에서 이렇게 말했다. "우리 모두 우리가 이해하는 우리의 의무를, 용감하게 끝까지 밀어붙입시다."

살아가면서 우리는 얼마나 더 인내하고 이해해야 하는 것일까? 사실을 있는 그대로 바라보지 않는다면 우리는 잘못된 것이 무엇인지 알 수 없고, 개선할 수도 없다. 그러니 우리는 우리를 둘러싼 상황을 정확하게 바라보고 올바르게 판단해야 한다.

모든 일에는 이유가 있다

신의 섭리를 탓하고 싶을 때마다 자네의 마음 주변을 살펴보게. 그러면 어떤 이유로 그 일이 일어났는지 알 수 있을 것이야.

-에픽테토스, 대화록, 3.17.1

섭리를 의심하는 이유 중 하나는 자신의 계획에 집중한 나머지 우리가 알지 못하는 보다 큰 계획이 있을 수 있음을 잊기 때문이다. 처음엔 불운이라고 생각했던 것들이 시간이 지나면서 행운을 가져다주는 경우가 있지 않은가? 또 우리는 자신이 그렇게 중요한 사람이 아니라는 사실을 자주 잊을 뿐더러, 나의 손실이 누군가의 이득이 될 수 있다는 사실도 잊어버리곤 한다.

무언가 잘못되었다는 느낌은 단지 인식의 문제일 뿐이다. 모든 일에 이유가 있겠지만 한 개인이 광대한 섭리의 이면을 정확하게 파악하기는 힘들다. 지구 반대편에 있는 나비의 작은 날갯짓 때문에 태풍이 발생할 수도 있고 지금 겪고 있는 불운이 행운의 전조일 수도 있다. 삶은 때로 오묘하니까.

자부심은 나의 적이다

제논은 지식을 확고하게 이해하기 위해서 자기기만을 가장 경계해야 한다고 말했다.
-디오게네스의 강의, 탁월한 철학자들의 삶, 7.23

자기기만과 과대망상은 그저 성가시기만 한 것이 아니다. 마찬가지로 그릇된 자부심 또한 단지 불쾌하고 정이 가지 않는 녀석에 그치는 것이 아니다. 이것은 배우고 성장하는 우리를 방해하는 불구대천의 원수다.

에픽테토스는 "이미 알고 있다고 생각하는 사람을 가르치기란 불가능한 일"이라고 말했다. 자신이 이미 완벽하며 널리 존경받는다고 생각하는 한 우리는 어떤 덕성도 함양할 수 없으며 타인의 존경을 얻는 것도 불가능하다. 그런 의미에서 그릇된 자부심과 자기기만은 인간이 마땅히 가져야 하는 미덕의 적이다. 이 둘은 무엇이든 '이미 갖고 있다'라며 우리를 속인다. 그러므로 우리는 우리를 속이기 위해 기민하게 달려오는 자부심을 적대하는 마음으로 대해야 한다.

소유할 수 있는 것은 현재뿐이다

3천 년을 살아간다고 할지라도, 헤아릴 수 없이 많은 인생을 살 수 있다고 할지라도 명심하라. 우리가 잃어버리는 것은 현재 우리가 영위하고 있는 순간의 삶이며 소유할 수 있는 것 또한 지금 이 순간의 삶뿐이다! 긴 삶이든 짧은 삶이든 동일하다. 우리 모두가 소유할 수 있는 것은 지금 스쳐 지나고 있는 현재밖에 없다. 과거를 잃어버리거나 미래를 잃어버릴 수는 없다. 어떻게 지금 갖고 있지 않은 것을 잃어버릴 수 있겠는가?

-마르쿠스 아우렐리우스, 명상록, 2.14

우리는 참 많은 것을 기대하며 살아간다. 이미 지나가버린 과거에 대해 바라는 것도 많다. 그때 달랐더라면, 더 행운이 따랐다면 하고 바란다. 다가올 미래도 마찬가지이다. 다른 사람에게 어떤 영향을 미칠지는 고려하지 않은 채, 기대하는 것이 우리 앞에 정확히 펼쳐지기를 원한다.

그렇게 생각하는 동안 우리는 지금 주어진 현재를 무시하고 지나간다. 이에 대해 만화가 빌 킨이 기억할 만한 말을 했다. "어제는 지나간 과거요, 내일은 다가올 미래지만, 오늘은 선물이다. 우리가 현재(present)를 선물(present)이라고 부른 이유도 여기에 있다."

우리는 현재만을 소유한다. 그 현재에도 만료일은 있다. 그것도 만료일이 너무 빨리 다가온다. 그래서 현재를 즐겨야 한다. 이것만이 우리 전 생애를 통해 지속되는 것이다.

MAR 16 우리가 경배해야 하는 것

> 세계를 이해할 수 있는 인간의 능력을 경배하라. 이 능력으로 인해 우리의 도덕원칙은
> 자연의 모순과 논리적 사고의 결과로 구축된 인간적 질서 사이의 간극을 메워나갈 수
> 있다. 이것은 성실과 함께 타인에 대한 배려와 신에 대한 복종도 요구한다.
>
> -마르쿠스 아우렐리우스, 명상록, 3.9

인간은 사고할 수 있는 능력을 가졌다. 지금 당신은 이 책을 읽을 수 있으며 모순된 상황 속에서 합리적인 유추를 하는 것도 가능하다. 이 능력으로 인해 우리는 자신이 처한 상황을 개선할 수 있다. 이 능력에 대해 적절한 평가를 하는 것보다 중요한 것은 없다. 이것이야말로 본질적인 능력이기 때문이다. 하지만 모두가 그렇게 운이 좋은 것은 아니다. 어떤 이들은 이에 대해 생각조차 하지 않는다.

주어진 상황과 조건을 헤쳐 나갈 수 있는 논리력과 합리적 추론을 사용할 수 있는 우리의 능력을 축복해야 한다. 이 능력으로 인해 주어진 조건을 대체하고 개선할 수 있는, 상상도 할 수 없는 힘이 우리에게 주어졌다. 하지만 이 능력에는 책임감도 함께 따라온다는 사실을 명심하라.

나의 선택이 나를 완성한다

자네의 용모와 머리 모양이 자네를 드러내는 것이 아니라네. 선택의 능력이야말로 자네가 누구인지 온전히 드러낸다네. 선택이 아름다우면, 자네 또한 그렇게 될 것이네.

-에픽테토스, 대화록 3.1.39b-40a

브래드 피트가 주연한 영화 〈파이트 클럽〉에는 이런 대사가 나온다. "당신은 당신의 직업이 아니야. 은행계좌에 얼마나 많은 돈을 갖고 있느냐가 당신에 대해 말해 주지도 않아. 무슨 차를 모느냐도 당신에 대해 말해 줄 수 없고 지갑에 있는 현금도 당신에 대해 말해 주진 않아."

우리가 실제 누구인가 하는 문제에 대해 오늘날 사회가 던져 주는 이미지는 혼란하기만 하다. 특히나 미디어는 고의적으로 그 본질을 흐린다.

무엇이 당신의 본질을 드러내는가? 시간이 흘러도 변하지 않는 당신의 본질은 무엇인가? 당신의 아름다움과 매력은 어디에서 비롯되며 그 본질은 무엇인가? 스토아 철학자가 우리에게 말하는 것이 이것이다. 사물들이 어떻게 나타나는지는 중요하지 않다. 당신의 노력, 활동, 선택의 결과가 어떻게 나타나는지에 대해서는 주목하고 있어야 한다.

가장 기본적인 원칙

> 사람에게 필요한 것은 이것뿐이다. 지금 이 순간에 대한 명확한 판단력, 지금 이 순간에
> 맞는 상식적인 행동, 그리고 일이 잘 되어갈 때 감사하는 태도.
>
> -마르쿠스 아우렐리우스, 명상록, 9.6

우리는 "이것이 바로 헤라클레이토스의 생각으로…", "키프로스의 제논이 믿은 것은…"이라고 말하며 독특한 신념을 설파한 스토아 철학자들에 대해 하루 종일 얘기할 수 있다. 하지만 이와 같은 사소한 일회적 사실들이 우리 삶을 진정으로 변화시키지는 않는다. 그보다는 스토아 철학에서 가장 기초가 되는 원칙을 기억하라. 모든 결정에 다음의 원칙을 적용하자.

- 정확하게 인식하라.
- 적절하게 행동하라.
- 통제할 수 없는 것들은 기꺼이 받아들여라.

두 가지 규칙을 기억하라

시작에 앞서 지켜야 하는 두 가지 규칙이 있다네. 하나는 쾌와 불쾌가 우리 자신의 이성적 선택 바깥에서부터 오는 것이 아니라는 것이고, 다른 하나는 우리가 사건을 이끌어갈 수는 없지만 무엇을 따라야 하는지는 결정할 수 있다는 것이네.

-에픽테토스, 대화록, 3.10.18

어떤 사람도 내 마음을 지배할 수 없다. 마찬가지로 우리는 다른 사람의 마음도, 우리를 둘러싼 환경도 지배할 수 없다. 우리가 유일하게 지배할 수 있는 것은 우리 자신의 마음이다.

그래서 20세기 중엽, 인도 출신의 예수회 수도사인 앤서니 드 멜로는『사랑으로 가는 길』이라는 책에서 이렇게 말했다. "내 분노의 원인은 저 사람에게서 비롯된 것이 아니라 나에게서 왔다."

기억하자. 모든 사람이 선택을 한다. 그리고 그 선택을 통제할 수 있는 유일한 사람은 바로 그 선택을 하는 사람이다. '저것은 나쁜 것이다'라고 하는 우리의 관념은 내부로부터, 편견이나 기대로부터 오는 것이다. 관점을 바꿈으로써 우리에게 일어나는 사건을 거부할지 받아들일지를 결정할 수 있다. 이 변치 않는 지혜는 인류 역사가 시작된 이래 모든 지역에서 독립적으로, 또 반복적으로 전해져 왔다.

역경을 담대하게 마주하라

> 고통이 찾아오지 않기를 희망할 수는 있겠지. 하지만 고통이 찾아온다면 용맹과 명예로
> 움으로 인내할 수 있기를 희망하며 참아낼 것이네. 어떻게 전쟁의 참화에 떨어지지 않기
> 를 희망하지 않을 수 있겠는가? 하지만 전쟁이 나에게 닥쳐온다면 나는 부상과 굶주림
> 그리고 전쟁이 가져오는 모든 불행에 고결하게 맞설 것이네. 나는 질병을 욕망하는 광
> 인도 아니고 고통에서 쾌락을 느끼는 사람도 아니지만, 고통이 찾아왔을 때 경솔한 짓과
> 불명예스러운 짓을 하지 않기를 바랄 뿐이네. 요점은 이것이네. 내가 역경을 희망하는
> 것이 아니라 역경을 이겨낼 수 있는 미덕을 희망한다는 것일세.
>
> -세네카, 도덕에 관한 서한, 67.4

제임스 가필드 대통령은 위대한 인물이었다. 오랜 정치적 반목과 갈등을 겪는 동안 대통령으로서의 권위에 번번이 도전받았지만 그는 언제나 확고한 태도로 말하곤 했다. "물론 나는 전쟁에 반대하네. 하지만 전쟁이 우리 집 문을 두들기면 당당한 내 모습을 보게 될 것이야."

세네카가 전하고자 한 이야기가 바로 이것이다. 우리는 모두 고난과 역경을 피하고 싶어 하지만, 그게 언제나 마음대로 이뤄지지는 않는다. 고난과 역경은 쉼 없이 삶의 문을 두드린다. 늦은 밤 운명이 우리의 문을 두들기면 대답할 수 있도록 준비하자. 옷을 갖춰 입고, 맑은 정신으로 함께 나갈 준비를 하고 있어야 한다.

가장 좋은 안식처

사람들은 시골이나 바다, 혹은 산에서 자신만의 안식처를 찾으려 한다. 우리에게는 매번 동일한 것을 열망하는 버릇이 있다. 하지만 이것은 편견에 찬 사람들의 특성일 뿐이다. 안식처를 찾으려 한다면 어떤 순간일지라도 자신에게서 안식처를 찾을 수 있다. 자신의 영혼보다 더 평화롭고 여유로운 안식처는 어디에도 없다. 특히 성찰로 가득 찬 삶을 살아가고자 한다면 나는 이곳만큼 조화로운 곳은 없다고 말할 것이다. 그러므로 자기 안에 안식처를 마련하고 항상 새롭게 하라.

-마르쿠스 아우렐리우스, 명상록, 4.3.1

마음의 평화를 회복하고 생각을 정리하기 위해 주말이나 휴가 동안 도시를 벗어나 한적한 곳으로 떠나기를 고대하는가? 그 시간을 간절히 바라고 있더라도 아마 대부분은 이렇게 생각할 것이다. "지금 이 일이 어느 정도 마무리되고 난 후에", "이 일을 끝내고 나면." 그렇다면 실제로 '이후에' 얼마나 실행해 왔는가?

명상가인 존 카밧진은 이렇게 말했다. "어디로 가든 거기에 우리가 있다." 우리는 언제 어디서든 자신의 내면을 성찰할 수 있다. 눈을 감고 앉아 호흡이 들고나는 것을 느껴 보자. 음악을 틀어 놓은 후 바깥세상의 소음을 무시할 수도 있으며 우리 머릿속을 미친 듯이 돌아다니는 잡념을 잠재울 수도 있다. 다른 곳에는 존재하지 않는 이것만이 우리에게 평화와 안식을 가져다준다.

학교에서 배울 수 없는 것

> 적절한 교육을 받았다는 것은 어떤 의미인가? 그것은 인간의 타고난 선입견에서 벗어나 자연적 질서에 일치하여 판단하는 법을 배운다는 의미라네. 그리고 우리 능력 안에 놓여 있는 것과 능력 밖에 놓여 있는 것을 구분하는 법을 배웠다는 의미이기도 하다네.
>
> -에픽테토스, 대화록, 1.22.9-10a

소위 '지식인'이라는 사람들이 비합리적인 결정을 내리는 경우가 얼마나 많은가? 틀림없이 자명한 사실을 놓치는 경우는 또 얼마나 허다한가? 이런 일이 일어나는 이유는 그들이 자신의 능력 안에서 통제할 수 있는 것들에만 집중해야 한다는 사실을 잊어버렸기 때문이다. 철학자 헤라클레이토스는 다음과 같은 말로 현실을 꼬집었다. "헤시오도스로부터 배운 사람 중 대부분은 수많은 신과 괴물들의 이름이 밤과 낮의 다른 이름이라는 것을 결코 이해하지 못한다."

신발이 없어도 걸을 수 있는 것처럼, 자연의 기본적인 속성이나 인간의 역할과 같은 기초적인 사실을 이해하기 위해 굳이 학교에 갈 필요는 없다. 자각과 성찰이 진정한 이해의 시작이다. 그 자각과 성찰은 한번 하고 말 것이 아니다. 매일 매 순간 해야 하는 일이다.

어리석은 판단을 하는 이유

탐욕과 야망처럼 오래되어 딱딱하게 굳어진 악덕이 우리 영혼을 병들게 한다네. 이것들은 우리 영혼에 재갈을 물리고, 그 속에서 영원불멸의 악으로 자리 잡지. 달리 말하면 이 질병은 끊임없이 우리의 이성적인 판단을 왜곡한다네. 우리는 그저 가볍게 욕망하는 것일 뿐이라고 착각하지만 사실은 아주 많은 사람들이 격렬하게 욕망하지.

-세네카, 도덕에 관한 서한, 75.11

2008년 세계적 금융위기가 발생했다. 이해하기 힘든 것은 금융위기의 원인이 된 사람들 대부분이 사회적으로 똑똑하다는 평가를 받는 사람들이었다는 점이다. 그들은 금융 시스템을 잘 파악하고 있었으며 시장이 어떻게 변동할지 예상할 능력이 있었고, 억 단위의 달러를 운용하던 자산가들이었다. 그럼에도 불구하고 사람들 대부분이 전 지구적 금융 시장의 격변에는 속수무책이었다. 그렇게 똑똑한 사람들은 어떻게 그런 어리석은 판단을 하게 되었을까?

조금만 들여다보면 문제의 기저에 탐욕이 자리하고 있음을 쉽게 알 수 있다. 똑똑한 사람들만이 아니다. 탐욕은 지식이 많고 적음을 떠나 모든 사람들을 벼랑 끝으로 내몰았다. 카드로 지어진 욕망의 집에 사는 사람들은 아주 작은 미풍으로도 붕괴될 순간만을 기다리는 것과 같다.

불행한 사태가 일어난 후에 이들을 비난하는 것은 온당치 못하다. 그것보다는 욕망과 악덕이 계속해서 우리를 유혹할 것이라는 사실을 직시해야 한다.

모든 순간에 철학이 있다

인간처럼 먹고 인간처럼 마시게나. 인간처럼 옷을 입고 또 결혼하고, 아이를 갖고, 정치적으로 행동하게. 그리고 모욕을 감수하게. 고집불통인 가족, 이웃과 동료를 인내하게나. 우리에게 자네의 그 모습을 보여 주게. 그렇게 하여 자네가 철학자들로부터 진실로 무엇인가를 배울 수 있음을 보여 주게나.

-에픽테토스, 대화록, 3.21.5-6

스토아 철학자만큼 존경받는 플루타르코스는 삶의 마지막 장에 이르러서야 로마의 위대한 인물을 연구하기 시작했다. 그는 데모스테네스의 전기를 재검토하면서 모든 일들이 어찌나 빨리 데모스테네스에게 닥쳤는지를 알고 그만 놀라고 말았다. 그는 이렇게 썼다. "그가 겪은 사건의 면모를 이해하기 위해 단어를 빌려 오는 것만으로는 충분하지 않았다. 오직 내가 경험한 개인적 사건들만이 그 의미에 보다 가까이 다가갈 수 있도록 허락했다."

이는 철학에 대한 에픽테토스의 견해와 매우 유사하다. 철학은 우리의 삶과 함께 깊어진다. 일할 때, 누군가와 만날 때, 혹은 누구에게 투표할 것인가를 결정할 때, 연인에게 사랑한다는 말을 할 때, 그 모든 순간에 철학이 있다. 우리가 경험하는 모든 일들이 단어와 문장에 의미를 불어넣는다.

MAR 25 풍요와 자유에 이르는 길

자유는 우리 마음속에 욕망을 가득 채움으로써 확보되는 것이 아니라네. 욕망을 제거할 때에야 얻을 수 있는 것이지.

-에픽테토스, 대화록, 4.1.175

풍족함에 이르는 방법에는 두 가지가 있다. 당신이 원하는 모든 것을 갖거나 이미 당신이 가진 것에 만족하는 것이다. 어느 것이 지금 가장 손쉽게 충족할 수 있는 방법일까? 우리가 걸어야 할 길은 자유를 얻는 길이다. 더 많은 것을 갖기 위해 애를 태우고, 분투하고, 싸운다면 우리는 결코 자유로워질 수 없다. 하지만 이미 갖고 있는 것에 집중하고 그것에서 만족을 얻는다면 우리는 지금 바로 여기서 자유로워질 수 있다.

누가 감시자를 감시할 것인가

당신을 지배하는 이성은 어떻게 관리되는 것일까? 이것이 모든 것의 열쇠다. 그 밖의 것은 당신의 선택이든 아니든 그저 시체이며 연기일 뿐이다.

-마르쿠스 아우렐리우스, 명상록, 12.33

"누가 감시자를 감시할 것인가?" 로마의 유명한 풍자 시인 유베나리스가 로마 사회에 던진 질문은 지금도 유명하다 이 질문은 아우렐리우스가 스스로에게 던진 질문과도 닮았다. "무엇이 우리 삶을 인도하는 지배적인 이성에 영향을 주는가?" 이 질문은 우리의 도덕원칙과 이성적 판단을 형성하게 하는 심층 영역에 대한 것이다.

당신이 인내심이 강한 사람이라고 가정해 보자. 하지만 과학은 인간이 공복 상태일 때 어리석은 결정을 내릴 수 있다는 사실을 밝혀냈다. 인간의 평균적인 인내심이 그 정도라면 삶에 무슨 도움이 되겠는가?

그러므로 우리를 특정한 방식으로 몰아가는 힘이 무엇인지 탐구해야 한다. 우리가 공부하는 철학을 뒷받침하는 근거가 무엇인지를 배우고 우리의 몸과 마음을 어떻게 통제할 수 있는지를 알아야 한다. 우리는 이성이 어떤 이유로 어떻게 작동하는지를 끊임없이 탐구해야 한다.

MAR

27 | 어떤 것에 대가를 지불하는가?

> 시노페의 디오게네스는 이렇게 말했다. 인간은 아주 작은 것에 커다란 가치를 지불한다.
> 물론 그 반대의 경우도 존재한다.
>
> -디오게니스의 강의, 탁월한 철학자들의 삶, 6.2.35b

누군가는 최고급 가죽 소파를 사기 위해 2억 원을 지불한다. 또 누군가는 타인을 음해하기 위한 대가로 청부살인업자를 고용하려 500만 원을 지불한다. 이처럼 시장을 구성하는 인간이 합리적이지 않기 때문에 돈의 가치 또한 합리적으로 결정되지 않는다.

풍자 학교의 설립자 디오게네스가 역설한 사물의 참된 가치는 에픽테토스와 아우렐리우스에게 강한 영향을 주었다. 이것은 스토아 철학이 끝까지 탐구하고자 했던 주제이기도 하다. 하지만 이 주제에 오면 길을 잃기가 너무나도 쉽다. 죽을 때 그 어떤 것도 가져갈 수 없음을 알면서도 아주 작은 소유에도 집착을 버리지 못하는 것이 우리들이기 때문이다.

삶에 좋은 것이라면 그만한 대가를 지불해야 한다. 하지만 불필요한 것에는 어떤 대가를 지불할 가치도 없다. 여기서 핵심은 그 차이를 깨닫는 것이다.

MAR 28 임시방편을 일삼지 말라

계획 없는 삶은 변덕스럽다네. 준비되어 있다면 필수적으로 원칙을 세워야 하지. 불분명하고 연약한 행동이나 비겁하게 후퇴하는 것만큼 수치스러운 일이 없다는 것에 자네도 동의하리라 생각하네. 하지만 이런 일은 인생에서 늘 일어날 수 있는 일이네. 우리의 영혼을 억류하고 사로잡는 실수들을 제거하지 않는다면 말이야. 그러니 우리들은 그것을 막아내기 위해 최선의 노력을 다해야 한다네.

-세네카, 도덕에 관한 서한, 95.46

업무 회의에 참석했는데 예상 밖의 지점에서 협의가 되지 않아 협상의 기미가 보이지 않는다. 서로 배려하며 시작한 대화는 점점 고함 소리가 난무하는 결투가 되어간다. 많이 들어 본 이야기 같지 않은가? 이와 같은 혼란은 계획을 세우지 않았기에 따라오는 것이다. 계획이 완벽하지 않았기 때문이 아니라, 계획이 없었기 때문이다.

미식축구 대회인 슈퍼볼에서 우승한 빌 월시 감독은 가능성 있는 위험을 피하기 위해 경기가 시작되기 전에 대본을 작성한다며 이렇게 말했다. "경기 전날 밤 잠을 자고 싶다면, 경기가 있기 전까지 25가지의 예상 시나리오를 작성한다. 그래야 경기장 안으로 당당히 들어갈 수 있으며 스트레스 없이 경기를 시작할 수 있다." 돌발변수와 상대의 전략을 뛰어넘어 우승할 수 있는 밑바탕엔 반드시 정교한 계획이 있다. 대충 그때 그때 임시방편으로 무언가를 하려고 하지 말라. 반드시 계획이 있어야 한다.

왜 나 자신으로 살아가지 않는가?

누군가에게 깊은 인상을 남기기 위해 통제 밖에 있는 일에 자신의 의지를 관철시키고자 한다면 명심해야 한다. 그것 때문에 우리의 인생이 망가질 수 있다는 것을 말이다. 우리는 우리가 할 수 있는 영역에서 철학자가 되는 것에 만족해야 한다. 철학자처럼 보이기를 희망하고 스스로에게 그렇게 보여라. 우리는 그렇게 할 수 있다.

-에픽테토스, 엥케이리디온, 23

누군가에게 좋은 인상을 남기기 위해 엄청난 시간을 들이는 것만큼 슬픈 일은 없다. 이는 다른 사람의 인정을 받기 위해 어쩔 수 없는 일처럼 여겨지기도 하지만, 그런 일이 반복되면 나를 위해 사는 것인지 그를 위해 사는 것인지 알 수 없게 된다.

어느 날 갑자기 우리는 불편하고 우스꽝스러운 옷을 입고 평소와 다르게 먹고 다르게 말하면서 스스로를 멋지다고 생각한다. 이런 일들이 진정으로 원했던 것이라면 그런대로 할 만한 것일 수 있겠지만, 만약 그렇지 않다면 그것은 타인의 인정을 받기 위한 수단일 뿐이다.

영화 〈파이트 클럽〉에도 이런 대사가 나온다. "우리는 다른 사람에 좋은 인상을 남기기 위해 좋아하지도 않고 필요하지도 않은 것들을 구매한다." 그저 웃고 넘길 만한 이야기가 아니다. 그러므로 우리는 철학이 우리에게 가져다줄 수 있는 평정과 고요로부터 가능한 더 많은 가르침을 얻고자 애쓰는 것이 바람직하다.

이성이 모든 것이다

당신의 지배적 이성과 자연의 이성 그리고 이웃의 이성을 검토하라. 당신의 마음을 바로
잡기 위해서 당신의 지배적 이성을 검토하라. 자연 속에서 당신의 위치를 파악하기 위해
서는 자연의 이성을 검토하라. 그리고 신뢰할 만한 지식인지 무시해도 되는지를 검토하
기 위해서는 이웃의 이성을 검토하라. 그리고 그것이 얼마나 당신의 이성과 닮았는지도
함께 보라.

-마르쿠스 아우렐리우스, 명상록, 9.22

이성이 무엇인지 알기 어렵다면 이성이 아닌 것들에 대해 생각해
보자. 충동, 변덕스러운 기분과 감정, 무의식적으로 행동하는 버릇. 이런
모든 것들이 이성이 아닌 것들이다. 또한 지나간 과거의 행동을 돌이켜
보면, 이성적이지 않은 행동이 무엇인지 알 수 있다. 후회하고 한탄하고
어리석었다고 자책했던 행동이 있었다면 바로 그것이 이성적이지 않은
행동이다. 잘못을 완전히 없앨 수는 없다. 하지만 우리는 이성적인 생각
을 통해 잘못을 줄여나갈 수는 있다.

모르는 것을 알아야 한다

불가능한 것을 얻고자 하는 행위는 미친 짓이다. 그런데도 지각없는 자들은 그런 짓을
되풀이한다.

-마르쿠스 아우렐리우스, 명상록, 5.17

세상은 우리에게 꿈을 추구하라고 말한다. 하지만 그 꿈이 구체적으로는 무엇인가? 백만장자가 되는 것인가? 권력자가 되는 것인가? 타인으로부터 존경받는 것인가? 그런데 만약 꿈에 그리던 백만장자가 되고 권력자가 되었다면, 그 다음엔 또 무엇을 꿈꿀 것인가?

우리는 어리석게도 불가능한 것을 꿈꾸면서 가능한 것은 꿈꾸지 않는다. 행복이라는 것이 바로 옆에 있는데도 그것을 마치 10년 후, 20년 후에나 얻을 수 있는 것처럼 행동한다.

우리는 자신이 모르고 있는 것이 무엇인지 알아야 한다. 무지와 잘못된 가치관을 대체할 수 있게끔 이제라도 훈련을 해야 하고 습관으로 만들어야 한다. 그런 다음에야 비로소 다르게 행동할 수 있다. 그렇게 해야 불가능한 것과 근시안적인 것, 그리고 불필요한 것을 찾아 헤매지 않게 된다.

2부

나를 지키면서도
단단하게 관계 맺기

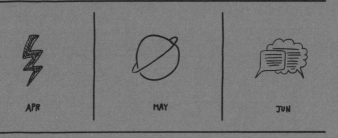

APR　　　　　MAY　　　　　JUN

살다 보면 해결하기 힘든 문제에 부딪힐 때가 있다. 늘 지혜로울 것 같은 철학자들도 예외는 아니었다. 애쓰던 일이 크게 실패하거나, 중요한 순간 건강을 잃거나, 억울하게 음해를 받거나, 사랑하는 사람을 잃는 등 누구라도 좌절할 수밖에 없는 순간들을 겪었다. 하지만 철학자들은 그때마다 자신을 다독이며 당장 할 수 있는 일을 묵묵히 수행했다. 마르쿠스 아우렐리우스는 이렇게 말한다. "어떤 것을 시작할 수 있다면 모든 것을 시작할 수 있다." 당신은 어떻게 용기를 내고 희망을 지켜낼 것인가?

April

4월

모욕적인 상황에
어떻게 대처할 것인가?

수치를 받아들이는 방법

자만심 없이 받아들여라. 집착하지 말고 보내라.

-마르쿠스 아우렐리우스, 명상록, 8.33

공화국 사이의 협상이 결렬되자 폼페이우스와 카이사르 사이에 내전이 일어났다. 폼페이우스는 군대의 통수권을 소 카토에게 넘기기로 결정했다. 엄청난 영예와 함께 거대한 권한이 부여되는 자리였다. 하지만 며칠 후, 카토를 질투한 내부자들의 모략으로 폼페이우스는 그 결정을 철회하고 만다.

명망 높던 정치인 카토에게는 상상할 수 없는 굴욕을 안겨 준 사건이었다. 하지만 기록에 따르면 카토는 그 사건에 대해 어떠한 반응도 보이지 않았다. 그는 명예에도, 불명예에도 무관심과 수용이라는 일관된 방식으로 대응했다. 그 사건으로 인해 자신의 지지자들이 영향을 받지 않도록 한 것이 카토가 보인 대응의 전부였다. 수치스러운 모욕을 겪은 후, 그는 대중 집회에서 감동적인 연설을 했고 수많은 시민들이 그의 주변에 모여들었다.

아우렐리우스가 말한 것이 바로 이것이다. 모욕을 모욕감으로 받아들이지 말라. 짜릿한 보상과 타인의 인정도 마찬가지이다. 특히 우리에게 주어지는 의무라면 더욱 그렇다. 지위의 변동은 우리가 누구인지를 말해 주지 않는다. 카토의 말처럼 오직 행동만이 말해 준다.

거절해야 할 손님

천박한 연극, 싸움, 두려움, 무감각, 예속 상태…. 이것들을 비판적으로 바라보지 않고 조금씩 수용할 때마다 우리의 신성한 도덕원칙도 매일 녹슨다.

-마르쿠스 아우렐리우스, 명상록, 10.9

정치적으로 올바르지 않은 견해를 보이는 사람들에게 둘러싸여 있을 때 옳은 행동을 하기란 얼마나 어려운가? 부정적인 관점이 홍수처럼 쏟아지는 미디어에 맞서 긍정적인 태도와 열정을 유지하기란 또 얼마나 어려운가? 주변에서 일어나는 극적인 사건과 이해관계의 충돌에 마음을 뺏기지 않고 자신의 관점을 유지하기는 또 얼마나 어려운 일인가?

우리는 생각보다 자주 이와 같은 것들에 노출된다. 피하려고 노력해도 불가피한 순간은 계속해서 찾아온다. 그때에는 이런 것들이 우리 마음을 관통하고 지나가도록 허락할 수밖에 없다. 하지만 우리에겐 무엇을 허락하고 또 무엇을 경계할지 결정할 능력도 있다. 내가 사는 집에 초대하지 않은 손님이 찾아오는 것을 막을 수 없을지라도, 더 머물게 해달라는 그의 요청을 거절할 수는 있다.

자신을 기만하지 말라

> 우리는 스스로를 기만하는 동물이라네. 자네는 이 사실을 충분히 고려해야 하네. 우리는 선을 바라면서 악을 껴안는다네. 우리가 갈망하는 것의 반대편을 욕망하는 거지. 우리의 기도는 기도에 맞서 싸우고 계획은 계획에 맞서 싸운다네.
>
> -세네카, 도덕에 관한 서한, 45.6

부모들은 말한다. 내 아이가 훌륭하게 자랐으면 좋겠다고. 그러면서 정작 아이에게 훌륭한 모습을 보여 주지는 않는다. 직장인들은 말한다. 좋은 회사로 옮기고 싶다고. 하지만 정작 그런 회사로 이직하기 위한 노력은 하지 않는다. 학생들은 성적을 올리고 싶다고 말하면서 책상에 앉아 있지 않고 사업가는 돈을 많이 벌고 싶다면서 돈을 적재적소에 사용할 줄은 모른다.

이들은 자신을 기만하고 있으며 스스로의 욕망과 분리되어 있다. 그들의 몸과 마음은 욕망과는 전혀 다른 일을 하는 것이다. 마틴 루서 킹이 지적한 것이 바로 이 모순이다. "우리 마음속에는 언제나 내전이 일어나고 있다."

스토아 철학자들은 이를 욕망의 충돌, 잘못된 판단, 편향된 사고의 결과라고 보았다. 내가 희망하는 것과 내가 행동하는 것 사이의 모순을 직시해야 한다. 그래야 희망에 반하는 행동을 저지르는 어리석음을 막을 수 있다.

정점에 있을 때 지켜야 하는 것

> 황제가 되려고 하지 말라. 권력에 물들지도 말라. 이런 일은 당신에게도 일어날 수 있다. 그러므로 단순하고, 선량하고, 순수하고, 품위 있고, 가식 없는 사람이 되도록 노력하라. 정의의 친구가 되고, 신을 공경하고, 자애롭고 다정하며, 맡겨진 임무에 최선을 다하는 사람이 되도록 하라. 철학을 공부하면서 희망했던 사람이 되고자 최선을 다하라. 신을 두려워하고 이웃을 돌보라. 인생은 짧다. 우리가 삶에서 거둬들여야 하는 수확물은 건강한 인격과 공공의 선을 위한 행동이다.
>
> -마르쿠스 아우렐리우스, 명상록, 6.30

황제로서 아우렐리우스의 삶이 어떠했는지 상상하기란 매우 어렵다. 그는 황제로 태어나지 않았지만 갑자기 그 자리에 오른 인물이다. 그는 당대 최고의 부자였으며, 가장 강력한 군대를 이끄는 장군이었고, 역사상 가장 넓은 제국을 통치하는 지배자이자 로마 시민에게 신으로 추앙받던 인물이었다.

그는 자신을 끊임없이 성찰하고 수련하기 위해 위와 같은 글을 썼다. 로마에는 필요한 것을 얻어내기 위해 황제를 타락시키려는 자들로 넘쳐 났다. 이런 성찰이 없었다면 그 또한 정치적 감각을 잃어버렸을지 모른다. 만약 우리에게 아우렐리우스와 같은 일이 일어난다면 도덕성을 유지할 수 있었을까? 황제였으면서도 "황제가 되려고 하지 마라"라고 했던 고백에서 그가 무엇을 경계하고자 했는지 알아야 한다.

성공을 경험하고 있을 때 그것 때문에 변하지 않도록 유념해야 한다. 또한 어떤 유혹에도 불구하고 건강한 인격을 유지하기 위해 지속적인 노력을 기울여야 한다. 그에 이르는 길은 인간의 이성만이 알고 있다.

편견에 사로잡히지 않는 법

> 무엇보다 먼저 느낌의 힘에 휘둘리지 않도록 하게나. 느낌이 찾아오면 이렇게 말하게나.
> "잠깐만 참아. 그가 누구인지, 어디에서 왔는지를 알아봐야 해. 그를 시험해 보아야 해."
>
> -에픽테토스, 대화록, 2.18.24

　　인간의 마음에서 가장 경이로운 것 중의 하나가 세계를 이해하고 범주화하는 속도다. 말콤 글래드웰은 『블링크』에서 인간은 편견, 선입관, 추측뿐만 아니라, 자신이 여러 해 동안 쌓아온 경험과 지식을 바탕으로 순식간에 판단을 내린다고 했다.

　　경험과 지식으로 판단하는 것은 인간의 장점이지만, 편견과 선입관으로 판단하는 것은 때로 약점이 된다. 우리는 생각에 관한 생각을 거듭하면서 이 약점을 최소화할 수 있다. "이것은 정말 나쁜 것인가?" "이 사람에 대해 내가 진정으로 알고 있는 것은 무엇인가?" "왜 여기서 이렇게 강렬한 감정을 느꼈을까?" "여기에서 특별한 점을 발견했는가?" 에픽테토스가 말한 것처럼 이와 같은 질문을 던짐으로써 우리의 생각을 조정할 수 있다. 이와 같은 과정을 반복하여 편견에 덜 사로잡혀야 하고 실수도 덜 저질러야 한다. 러시아 속담처럼, 신뢰하기 위해서는 입증이 필요하다.

걱정과 근심의 원인

APR
6

> 오늘 나는 걱정과 근심으로부터 벗어났다. 아니 그것들을 밖으로 던져 버렸다고 하는 것이 옳을 것이다. 그것들은 밖에서부터 비롯되는 것이 아니다. 그것은 단지 내 마음속에서 나온 것이다.
>
> -마르쿠스 아우렐리우스, 명상록 9.13

힘든 하루를 보내고 난 후 우리는 이렇게 말하고는 한다. "업무 강도가 장난이 아니었어." "상사가 정말 짜증나게 하는군." 하지만 이런 일은 불가능하다. 누군가가 우리를 짜증나게 할 수는 없으며 업무가 우리를 압박할 수는 없다. 사물과 사건은 내면에 접근할 수 없다. 감정으로 인해 그것이 실재하는 것처럼 느낄 뿐이다. 이 짜증은 당신 안에서 일어나는 것이지 밖에서 오는 것이 아니다.

스토아 철학자는 이를 '가치판단'이라 부른다. 이것은 내면에서 일어나는 인지, 사고, 견해를 일컫는다. 우리가 추정하는 모든 것들은 마음속에서 자연스럽게 생성된 것이기에 우리 것일 수밖에 없다. 스트레스를 유발하고 우리를 당혹스럽게 만드는 사람을 탓할 수 없는 이유는 그 원인이 내면에 있기 때문이다. 타인의 잘못은 무시하면 그만이다. 무시하지 못하고 짜증을 내면 나만 괴로울 뿐이다.

나는 내 생각만큼 현명하지 않다

인간에게서 뿌리 뽑아야 할 두 가지가 있다네. 오만한 생각과 불신이 그것이야. 오만한 생각은 더 이상 필요한 것이 없다고 예상하지. 그리고 불신하는 마음은 상황이 항상 변하기 때문에 행복은 있을 수 없다고 가정한다네.

-에픽테토스, 대화록, 3.14.8

    일이 어떻게 진행될지 정확히 아는 상태로 프로젝트를 시작한 적이 얼마나 있는가? 그가 누구이며 무엇을 하는지 분명히 알고 있는 상태로 사람을 만난 적은 몇 번이나 되는가? 반면 내가 옳다고 생각한 것이 완전히 틀렸음을 알게 되었던 적은 또 얼마나 많은가?

    인간은 편견과 선입견에 맞서 싸워야 할 운명을 타고났다. 그러기 위해서는 아는 것보다 모르는 것에 대해 더 많이 생각해야 한다. "내가 생각하지 못한 것은 무엇이 있지?" "일이 왜 이렇게 진행되지?" "나는 문제 중 일부인가, 아니면 해결책인가?" "내가 잘못을 저지를 가능성이 있지 않을까?" 그리고 우리가 실제로 알고 있는 지식에 반하는 상황은 없는지 조심해야 한다.

    기억하자. 스토아 철학의 핵심은 인간은 자신이 생각하는 것만큼 현명하지 않다는 것에 있다. 현명함은 끝없는 질문과 겸손에서 비롯되는 것이지, 절대로 오만과 불신에서 비롯되는 것이 아니다.

믿기 위해 의심하라

사람들은 돈에 대해서라면 아주 분명한 관심이 있다네. 또 우리는 사물의 가치를 측정할 수 있는 여러 정교한 기술을 갖고 있지 (…) 우리는 나쁜 쪽으로 우리를 조종하는 것들에게 세심한 주의를 기울인다네. 하지만 도덕원칙에 관해서는 하품을 하고 졸기 일쑤라네. 어떤 가치 측정조차 하지 않고서 드러난 그대로를 믿으려 하지.

—에픽테토스, 대화록 1.20.8; 11

동전을 기본 화폐로 사용했던 과거에는 방금 받은 돈이 진짜인지를 판별하기 위해 상당한 시간을 들여야 했다. 고대 상인들은 금속의 순도를 확인하는 여러 방법을 알고 있었는데, 예컨대 딱딱한 곳에 동전을 던져 그 울림소리를 듣고 판단하는 기술이 발전하기도 했다.

위조를 판별하는 기술은 오늘날에도 아주 중요하다. 사람들은 지폐를 손가락으로 문질러 본다든가, 불빛에 비춰 본다든가 하는 방식으로 진위여부를 판가름하려고 한다.

이처럼 진짜 돈인지 아닌지를 확인하기 위해 노력하는 것과는 달리, 사람들은 자신의 삶을 변화시킬 수 있는 사상과 믿음을 감별해 보려는 노력을 그 정도로 기울이지 않는다. 그저 이렇게 생각할 뿐이다. "많은 돈을 가진 사람이 부자인 것처럼, 많은 사람이 믿고 있다면 그것은 진리이다." 하지만 많은 사람이 믿고 있다는 이유만으로 우리가 뼈저린 대가를 치러야 했던 것들이 얼마나 많았는가? 아무리 많은 사람이 믿고 있다고 해도 스스로 검증해 보지 않은 것을 믿어서는 안 된다.

APR 9 · 자신의 기준으로 검증하라

> 강력한 모든 느낌에 대해 다음처럼 말할 수 있도록 연습하라. "그런 인상을 받았다고 해
> 서 그것의 전모가 드러난 것은 아닙니다." 그런 다음 우리의 규칙들로 그것을 검증하라.
> 우리 통제 안에 있는 것인지 통제 밖에 있는 것인지 확인하라. 후자라면 이렇게 답해야
> 한다. "나와는 상관이 없습니다."
>
> -에픽테토스, 엥케이리디온, 1.5

용감무쌍한 리더들은 "배짱 있게 밀고 나가라"라고 말한다. 영혼
의 스승이라 불리는 사람들은 "당신의 몸과 마음이 이끄는 바를 따르라"
라고 한다. 가까운 친구들은 어려운 결정을 앞둔 우리에게 이렇게 조언
한다. "네 느낌대로 해!"

우리는 무언가를 결정하거나 판단할 때 직감을 따르는 경우가 많
다. 하지만 과학자들은 직감을 따를 때 문제가 생긴다고 증언한다. 동물
이 살아남기 위해 오랜 시간 여러 가지 감각 기관을 개발해 왔듯 인간도
척박한 환경에 대응하기 위해 여러 가지 감정적 반응을 개발해 왔다는
것이다. 그러나 그런 감정적 반응은 현대인이 마주하는 문제를 해결하
는 데에 큰 도움을 주지 못한다.

스토아 철학은 감각에서 한발 물러나 자신에 대해 성찰할 것을 권
유한다. 지금 당장 느낌이 가는 쪽으로 기울어지고 싶은 것이 본능이지
만, 우리는 그러한 본능을 따랐다가 후회했던 적이 많을 것이다. 다시 한
번 강조하지만 느낌과 감각은 언제나 의심받아야 한다.

우리가 혼란스러운 이유

> 사건이 사람들을 분열시키는 게 아니다. 오직 그것에 대한 우리들의 판단이 세상을 분열
> 시킨다.
>
> -에픽테토스, 엥케이리디온, 5

일본의 전설적인 검객인 미야모토 무사시는 인간의 '목격하는 눈' 과 '인지하는 눈' 사이의 차이점을 이렇게 설명했다. "목격하는 눈은 무엇이 있는지를 보려 하지만 인지하는 눈은 그것이 무엇을 뜻하는지를 보려 한다." 여기서 우리를 고통스럽게 하는 눈은 무엇일까?

사건은 주관의 영역 밖에서 객관적으로 존재하는 대상이다. 목격하는 눈은 이것을 본다. 그리고 인식하는 눈은 이렇게 말한다. "이것 때문에 망하게 생겼어." "어떻게 이럴 수가 있지?" "네가 저지른 실수야!" 우리는 사물을 있는 그대로 보지 않는다. 분별이 먼저 일어나고, 그 후에 사건에 대한 비난을 쏟아 낸다.

모든 사람이 나의 스승이다

자만심을 버려야 하네. 이미 알고 있다고 생각하는 사람이 무언가를 배우는 것은 불가능 하다네.

-에픽테토스, 대화록, 2.17.1

에픽테토스는 학교를 운영했으며 직접 수업을 주관했다. 철학을 강의하던 그가 당황했던 이유 중 하나는 바로 "배우려고 온 학생들이었지만 자신이 이미 모든 것을 알고 있다고 믿고 있는 경우가 많았다"라는 것이다.

배우고자 하지 않는 것은 지적 태만이지만 이미 알고 있다고 생각하는 것은 더 심각한 지적 태만이다. 세상에 완벽하거나 완전한 것은 없다. 삶은 완성을 향해 나아가는 것이지 완성된 삶을 쟁취하는 게 아니다. 시인인 에머슨의 지적을 상기하자. "내가 만나는 모든 사람은 어떤 측면에서는 나의 스승이며 분명 그들로부터 배울 점이 있다."

배움으로 삶을 향상시키고자 한다면, 선생을 찾고 철학자를 만나고 좋은 책을 집어 들어라. 하지만 이미 형성된 관점을 포기할 준비가 되었을 때, 그리고 겸손할 때 이러한 태도는 더욱더 효과를 발휘할 것이다.

거절하는 능력

> 아트레우스: 세상 어느 누가 행운을 가져다주는 선물의 홍수를 거절할 수 있겠는가?
> 티에스테스: 경험이 있는 사람이라면 누구나 그것을 거절한다네.
>
> -세네카, 티에스테스, 536

티에스테스의 이야기는 세네카가 지은 희곡으로 어두운 내용 때문에 논란이 많았던 작품이다. 2천 년이 지난 지금도 이 작품은 복수극의 고전으로 남아 있다. 위의 인용구는 자신의 형제 티에스테스를 증오하는 아트레우스가 그를 잔인한 함정에 빠뜨리기 위해 여러 가지 선물로 유혹하는 장면이다. 티에스테스는 이를 거절함으로써 형의 음모를 피했다.

우리는 누군가 값비싼 선물이나 명예로운 자리를 거절할 때 당황하곤 한다. 그러나 윌리엄 T. 셔먼 장군은 미국 대통령에 출마하라는 주위의 권유를 단호하게 거절한 것으로 유명하다. "지명된다면 수락하지 않을 것이고 선출된다면 복무하지 않을 것이다." 그가 거절하면서 했던 이 말은 '셔먼식 거절'이라는 이름까지 붙었다.

티에스테스의 이야기에는 반전이 있다. 처음의 단호한 거절에도 불구하고 티에스테스는 결국 유혹에 굴복하고 만다. 그는 형이 준 '행운의 선물'을 수락하고 마는데, 이후 그 선물이 엄청난 비극을 잉태한 계략임이 드러난다. 모두가 이런 위험과 마주치는 것은 아니다. 하지만 정도만 다를 뿐 이런 위험은 항상 우리를 맞이할 준비를 하고 있다.

적은 것이 많은 것이다

> 억지로 행동하지 말라. 이기적인 행동도 삼가라. 배려심 없는 모습을 보이지 말라. 자신
> 의 생각을 교묘한 언어로 꾸미지 말라. 말이 많은 사람이 되지 말고 작은 행동 하나에도
> 조심하라. (…) 활기를 유지하며 외부로부터의 도움이나 구원을 바라지 말라. 사람은 오
> 직 자신의 힘으로 서야 하며 타인의 원조는 거절해야 한다.
>
> -마르쿠스 아우렐리우스, 명상록, 3.5

더 많이 가졌다는 것은 더 많은 '문제' 또한 갖고 있다는 말이나 마
찬가지이다. 재산이 많으면 그것을 지키기 위해 더 많이 고민해야 한다.
권력이 커지면 나를 지지하는 사람들이 떠나가지 않도록 더 많이 신경
써야 한다. 집안의 살림살이를 생각해 보라. 살림살이가 많을수록 청소
할 시간은 늘어나고 나에게 쓸 시간은 줄어든다.

사람들의 존경을 받는 작가들은 '짧고 간결하게 쓰기'의 대가들이
다. 종종 그들이 생략한 부분이 쓰여 있는 것보다 더 중요할 때도 있다.
시인인 필립 러빈은 "하지 않아도 될 곳엔 한마디도 하지 않는다"라고 했
다. 『햄릿』에도 아주 인상적인 대사가 있다. 폴로니우스의 장황하고 수
사적인 연설을 들은 거트루드 여왕이 그의 말에 반박하면서 이렇게 말한
다. "적을수록 중요성이 커진다네."

로마의 황제 아우렐리우스는 그 진리를 알고 있었다. 그래서 그
는 절대적인 권력을 가졌음에도 불구하고 그 권력을 함부로 쓰지 않았고
오히려 이렇게 말했다. "너무 많은 말을 하지 말 것, 작은 행동도 조심할
것." 방종과 자만심이 느껴질 때마다 이 말을 상기하자.

인생의 대차대조표

저를 믿으세요. 곡물 시장의 대차대조표를 작성하는 것보다 자신에 대한 대차대조표를
만드는 것이 더 중요합니다.

-세네카, 삶의 덧없음에 대해, 18.3b

세네카는 자신의 양아버지에게 위와 같은 내용이 담긴 편지를 보
냈다. 당시 세네카의 양아버지는 로마 시내 곡물저장고 관리를 담당하
고 있었는데 정치적 음모에 의해 그 지위를 상실하고 만다. 그러자 세
네카는 아버지에게 이제부터 그의 내적 삶에 신경을 써야 할 때라고 말
했다.

우리는 먹고살기 위해 이런저런 지식을 쌓고 일을 한다. 상점에서
물건을 파는 간단한 일일 수도 있고 세포의 구조를 연구하여 신약을 개
발하는 복잡한 일일 수도 있다. 하지만 대부분의 일은 어느 정도 노력한
다면 해낼 수 있다. 먹고사는 일은 분명 중요한 일이다. 하지만 삶의 종
착점에 다다랐을 때 어떤 전문지식이 더 큰 가치를 지니게 될까? 삶과 죽
음에 대한 이해일까? 아니면 테디 베어 인형이나 레고에 관한 박물학적
지식일까? 어떤 것이 내 삶의 의미와 행복을 찾는 데 더 도움이 될까?

인생에 따르는 세금

> 우울함과 사나운 감정으로는 어떤 것도 받아들이지 못할 것이네. 나는 기꺼이 내 몫의
> 세금을 낼 것이야. 불평이나 두려움을 불러오는 모든 것들은 살면서 지불해야 하는 세금
> 과 같은 것이지. 친애하는 루실리우스여! 자네 또한 이것들로부터 예외를 희망해서는 안
> 된다네.
>
> *-세네카, 도덕에 관한 서한, 96.2*

세금 납입 기한이 다가오면 사람들은 불평불만을 터뜨린다. "내가
벌어들인 소득의 상당 부분을 어째서 정부가 가져가는 거지?" 하지만 거
기에는 분명한 이유가 있다. 당신이 큰돈 들이지 않고 배울 수 있는 것
도, 마음 놓고 밤거리를 다닐 수 있는 것도, 집 앞의 쓰레기가 말끔히 치
워지는 것도, 몸이 아플 때 병원에서 충분한 의료 서비스를 받을 수 있는
것도 모두가 당신이 세금을 냈기 때문이다.

하지만 우리가 살면서 지불해야 하는 대가가 세금만 있는 것은 아
니다. 가치를 지니는 모든 것엔 지불해야 할 세금이 있다. 찬란하고 멋진
유적지를 관람하기 위해 줄을 서서 기다리는 것, 대중으로부터 사랑받는
유명인에게 루머와 가십이 항상 따라다니는 것도 일종의 세금이다.

인생에는 여러 가지 형태의 세금이 따른다. 불만을 품고 세금을 회
피하고자 애를 쓸 수 있지만 궁극적으로는 모두 헛된 일이다. 지불해야
할 것은 지불하고 지켜야 할 것은 지켜야 한다.

APR 16 — 말과 행동을 살피는 이유

> 대화에서 상대방이 무엇을 말하는지 주의를 기울여라. 그다음 행동으로부터 무엇이 따라 나오는지 살펴라. 행동을 살피는 것은 그 목표가 무엇인지 찾기 위함이고 말에 주의를 기울이는 것은 의미하는 바를 찾기 위함이다.
>
> -마르쿠스 아우렐리우스, 명상록, 7.4

심리학자 알버트 엘리스는 스토아 철학이 '인지행동 요법'과 유사하다고 말했다. 인지행동 요법은 사고와 행동에 있어 파괴적인 패턴을 보이는 환자들이 긍정적인 방향으로 나아갈 수 있도록 도움을 주는 치료법이다.

물론 아우렐리우스가 전문적인 심리학 훈련을 한 사람은 아니다. 하지만 그가 한 말은 현대 의학의 충고만큼 중요하다. 그는 우리에게 자신의 사고와 행동을 관찰하라고 요구했다. 그것들은 어디에서부터 오는가? 어떤 편견이 있는가? 건설적인 방향으로 나아가고 있는가? 아니면 파괴적인 방향으로 나아가고 있는가? 그것들이 실수를 저지르도록 우리를 유도하는가? 나중에 후회하게 될 행동을 하게 만드는가? 패턴을 찾아야 원인이 어떤 결과와 만나는지 알 수 있고 부정적인 행동 패턴을 막을 수 있다. 이를 통해 우리는 궁극적으로 삶을 개선할 수 있다.

칼이 아니라, 생각 때문에 상처가 난다

APR
17

상처받았다는 생각을 버려라. 그러면 상처도 없어진다. 피해의식을 버려라. 그러면 피해도 사라진다.

-마르쿠스 아우렐리우스, 명상록, 4.7

어휘 하나가 다양한 의미를 지닐 수 있다. 냉혹할 수 있는 문구 하나가 다른 맥락에 오면 그지없이 순수하게 느껴질 수도 있다. 같은 말이라도 잔인한 비방이 되기도 하고, 정곡을 찌르는 비평이 되기도 한다.

말과 행동은 어떻게 해석하느냐에 따라 다른 결과를 가져온다. 긍정적인 시선으로 바라보면 누군가에 대한 비방도 애처롭게 보이고, 부정적인 시선으로 바라보면 칭찬도 비꼬는 말처럼 들린다.

사람들 사이의 상호작용을 끌어내는 편견과 관점을 통제하는 것이 중요한 이유가 여기에 있다. 당신은 무언가를 보고 들을 때 어떻게 해석하는가? 타인의 의도에 대한 당신의 기본적인 해석 방침은 어떤 것인가?

화가 나 있거나 상처받은 상태에 있을수록 판단을 자제하는 것이 좋다. 감정이 판단을 흐리게 하기 때문이다. 타인의 행동과 외부 사건을 정확하게 추론할 수 있어야 적절하게 반응할 수 있다.

잡초를 제거하는 것처럼

불운이란 무엇일까? 생각이라네. 갈등, 논쟁, 책망, 비난, 불손, 경망스러움 등은 무엇을
말하는 걸까? 이것들 또한 생각이라네. 그리고 이 사실보다 중요한 것은 이런 생각들이
우리의 합리적 선택 바깥에 놓여 있을 때지. 그때 그것들은 선 아니면 악의 모습으로 나
타난다네. 자신의 선택 영역 안에 속하게 할 때만 이 생각들을 바꿀 수가 있다네. 그러면
무슨 일이 일어나든 사람들은 평화로움을 유지할 수 있다네.

-에픽테토스, 대화록, 3.3.18b-19

　　우리는 쉼 없이 생각을 한다. 오늘 하루 당신은 이런저런 생각을
했을 것이다. 오늘은 날씨가 좋을까? 아침 뉴스에 등장한 정치인의 말은
믿을 수 있을까? 아무개가 방금 말한 것은 무례한 것 아닌가? 나는 성공
할 수 있을 것인가? 우리는 쉬지 않고 세상과 사물을 바라보고 있으며 그
것에 대한 자신의 생각을 개진한다. 우리의 생각은 종교적 혹은 문화적
신념에 의해 형성되기도 하며 권리 혹은 기대, 또 어떤 경우에는 무지에
의해 만들어지기도 한다. 생각하다가 자주 분노에 사로잡히는 것은 놀
랍지 않은 일이다.

　　하지만 생각을 놓아 버린다면 어떻게 될까? 잡초를 제거하는 것처
럼 생각을 자르고 솎아내자. 좋거나 나쁘다는 느낌에 사로잡히지 않으
면서 생각이나 판단에 물들지 않는 것이다. 단지 그것뿐이다.

APR 19 — 지혜로운 자의 배우는 자세

에픽테토스가 이렇게 말했다. "우리는 동의하는 기술을 다시 배워야 한다. 그리고 욕망에 대해서도 특별한 주의를 기울여야 한다. 욕망은 적당히 제한받아야 하며, 공익을 증진할 수 있도록 해야 하며, 실제 가치에 부합할 수 있도록 유의해야 한다."

-마르쿠스 아우렐리우스, 명상록, 11.37

최고 권력을 가졌던 황제 아우렐리우스는 노예였던 철학자 에픽테토스에게서 배우기를 주저하지 않았다. 에픽테토스의 사상은 궁극적으로 권리의 포기와 공익의 증진을 지향한다. 그는 욕망을 제어하는 것의 중요성과 권리의 제한에 대해 강조했으며 권력을 가진 모든 사람이 이에 귀를 기울여야 한다고 했다. 그리고 황제는 기꺼이 그의 말에 귀를 기울였다.

권력을 가진 사람과 없는 사람이 동일한 영향력을 지니는 경우는 드물다. 하지만 그럴 수 있을 때 세상이 바뀐다. 링컨 또한 그랬다. 그는 흑인 노예였던 프레드릭 더글러스를 만나 그로부터 세상을 바라보는 지혜와 통찰력을 배웠다.

어떤 경우이든 도덕 원칙을 갖고 살아가는 모든 사람들은 의견을 표현할 수 있다. 그들이 커다란 권한을 갖고 있든 갖고 있지 않든, 중요한 것은 경청하고 배우려는 자세다. 우리는 사회적 지위와 상관없이 다른 누군가로부터 기꺼이 배울 수 있어야 한다.

단순한 것의 미덕

당신이 지혜, 절제, 정의, 용기와 같은 것들을 의심할 바 없이 좋은 것이라고 생각한다면 대중들이 좋다고 평가하는 것에 더는 귀를 기울이지 않을 것이다.

-마르쿠스 아우렐리우스, 명상록, 5.12

사람들이 가치를 두고 있는 것, 그리고 그만한 가치를 두라고 우리에게 압력이 가해지는 것들은 많은 논란을 야기한다. 과연 그것들은 실제 그 정도의 가치가 있는 것일까? 부와 명성에 대한 욕망이 얼마나 많은 사람을 무너뜨리는가?

세네카는 자신의 희곡에서 이렇게 말했다. "부에 대한 열망이 모든 이에게 열려 있다면 얼마나 커다란 공포가 우리 사이에 휘몰아칠 것인가!"

사람들이 가치를 두는 것이 실제로 그만큼의 가치가 있는 것일까? 부와 명성에 대한 욕망이 얼마나 많은 사람을 무너뜨리고 있는가? 여러 세기 동안 사람들은 부가 자신의 불행과 문젯거리를 해결할 수 있는 만병통치약이라고 생각해 왔다. 그래서 부를 획득하기 위해 열심히도 일했다. 하지만 열망하던 돈과 지위를 획득하는 순간, 실제 희망하던 것과 거리가 멀다는 사실을 알게 된다. 우리가 열망하는 많은 것들은 우리의 생각과 다르게 우리를 병들게 하고 황폐하게 만든다. 반면 스토아 철학에서 추구하는 것은 단순하다. 지혜, 절제, 정의, 용기. 이 조용한 덕성을 추구하는 사람들은 세속적인 고통에서 멀리 벗어난다.

APR 21 | 집중은 습관이다

주의 집중을 한순간이라도 소홀히 하게 되면 원하는 때에 사실을 파악할 수 없게 된다네. 명심하게나. 오늘 저지른 실수가 필연적으로 더 나쁜 결과를 불러온다는 것을. (…) 그렇다면 실수로부터 자유로워지는 것이 가능할까? 실수를 회피하기 위해서는 끊임없이 집중해야만 한다네. 주의 집중을 놓지 않는다면 적어도 몇 가지 실수로부터는 자유로워질 수 있다네.

-에픽테토스, 대화록, 4.12.1; 19

위니프리드 갤러거는 자신의 책 『몰입, 생각의 재발견』에서 미시간대학의 인지심리학자 데이비드 메이어의 말을 인용했다. "아인슈타인은 스위스 특허국 사무소에서 일하면서 상대성이론을 창안하지 않았다." 상대성이론은 산만한 일터가 아닌, 주의 집중을 할 수 있는 아인슈타인의 개인적 공간에서 만들어졌다는 의미다.

산만함은 현대 사회를 대표하는 단어가 되었다. 아이들은 물론이고 어른들도 산만함에서 벗어나지 못한다. 당신은 곁에 있는 스마트폰을 얼마나 자주 들여다보는가? 일을 할 때도, 대화를 나눌 때도, 심지어 공부하거나 운전할 때조차도 우리는 스마트폰을 만지작거린다.

집중은 습관이다. 주의 집중을 한순간이라도 소홀히 하는 순간, 나쁜 습관이 형성되고 결국 실수가 유발된다. 주의 집중력은 인간이 보유한 최고의 자산이다. 함부로 낭비해서는 안 된다.

이성적인 사람의 세 가지 특징

합리적인 영혼을 가진 사람에게는 다음과 같은 특징이 있다. 자기인식, 자기반성 그리고 자족적 결정. 이것이야말로 인간에게 풍성한 수확을 가져다준다. (…) 그리고 자기 목적을 달성하게 한다.

-마르쿠스 아우렐리우스, 명상록, 11.1-2

이성적인 사람의 특징은 다음과 같다.

· 자신의 내면을 들여다본다.
· 스스로를 냉혹하게 반성한다.
· 편견이나 통념에 구애받지 않고 스스로 결정을 내린다.

APR
23

이성이 당신의 전부다

인간은 세 부분으로 이루어져 있다. 육체, 숨결, 그리고 이성이다. 이것들 중 앞의 둘은 끊임없는 돌봄이 있어야만 우리의 것이 된다. 유일하게 마지막 세 번째만이 진정한 우리의 것이다.

-마르쿠스 아우렐리우스, 명상록, 12.3

우리 육체는 질병이나 부상, 돌연한 사고로 인해 파괴될 수 있다. 또한 감옥에 가게 되거나 타인으로부터 신체적 고통을 겪을 수 있다. 그리고 숨결은 갑자기 멎을 수 있다. 우리의 생명에는 주어진 시간이 있으며 또 무언가가 우리의 생명을 앗아가거나 질병에 의해 고통받을 수도 있다. 하지만 최후에 이를 때까지 우리의 이성만큼은 전적으로 우리의 것이다.

아우렐리우스는 우리 삶의 두 영역, 육체와 숨결이 중요하지 않다는 말을 한 것이 아니다. 단지 인간의 이성보다 덜 중요하다는 의미다. 육체와 숨결은 우리가 잠시 빌린 방일 뿐이다. 빌린 방을 수리하기 위해 긴 시간을 보내는 사람은 없다. 하지만 자신이 소유한 방을 지저분하게 쓰고 싶지는 않을 것이다. 이성만이 우리가 소유할 수 있는 진정한 방이다.

욕망을 해체하는 법

> 우리 앞에 화려한 음식이 놓여 있을 때 이렇게 생각할 수 있다. '이것은 죽은 물고기이
> 고 저것은 죽은 새 혹은 돼지들이다. 그리고 여기 있는 향기로운 와인은 한 다발의 포도
> 에서 즙을 낸 것이고 저기 화려한 자주색 예복은 조개껍데기에서 추출한 염료로 양털을
> 염색한 것일 뿐이다.' 남녀의 육체 관계도 마찬가지이다. 그것은 그저 내밀한 부분을 서
> 로 문지름으로써 분비물이 따라 나오는 것이라고 생각할 수 있다. 인간의 인식은 이런
> 방식으로 실제 사건을 포착할 수 있고 그렇게 함으로써 우리는 그 사건의 실제 모습을
> 들여다볼 수 있다.
>
> —마르쿠스 아우렐리우스, 명상록, 6.13

      스토아 철학자들은 경멸스러운 것을 세련되게 표현하도록 연습했다. 다른 한편으로는 냉소적인 언어를 사용해 인간이 갈망하는 것들을 해체하곤 했다. 아우렐리우스는 남녀의 은밀한 행위를 왜 이렇게 표현했을까? 잠시라도 이 같은 관점에서 생각할 시간을 갖는다면, 우리가 그것을 추구할 때 부끄럽거나 곤란한 행위를 하지 않게 될 가능성이 있기 때문이다. 이런 성찰적 표현은 스토아 철학자들에게 있어서 쾌락을 추구하는 인간의 욕망을 교란하여 사고의 균형을 맞추는 방법이었다.

      우리의 선망을 불러일으키는 것들에 대해 마찬가지의 방식을 적용해 볼 수 있다. 모두가 더 많이 소유하고 싶어 하는 돈은 얼마나 많은 박테리아와 세균으로 뒤범벅되어 있는가? 소위 성공했다는 사람들의 삶 속에는 정말로 초월적인 통찰력이 있을까? 단 이런 사고법은 냉소적인 인간이 되기 위한 훈련이 아니라 어디까지나 객관성을 확보하기 위한 훈련임을 기억하라.

APR
25 자유인의 태도

누군가 내 생각과 행동이 잘못되었음을 증명하고 지적해 준다면 나는 기꺼이 그 오류를 시정할 것이다. 왜냐하면 나는 진리를 찾고 있으며 진리 때문에 해를 입는 사람은 없기 때문이다. 기만과 무지 속에 체류하는 사람만이 오직 해를 입을 뿐이다.

-마르쿠스 아우렐리우스, 명상록, 6.21

철학자 키케로에게 과거 그가 말했던 것을 지적하면서 논쟁을 벌이려던 사람이 있었다. 그는 키케로에게 과거와 현재의 말에 일관성이 없다면서 따지고 들었다. 그러자 키케로는 이렇게 답했다. "나는 하루하루 불확실성 속에 살아가는 사람입니다. 어떤 생각이 들면 그 생각을 말합니다. 그것이 바로 다른 사람과 달리 나를 자유인으로 남게 하는 것입니다." 마음이 바뀌는 것을 두려워해서는 안 된다. 변화하는 상태가 바로 마음의 본성이기 때문이다.

우리는 평생토록 배워야 한다. 지난 시절 저지른 잘못을 끝내 깨닫지 못하는 것이야말로 부끄러워해야 하는 일이다. 기억하자. 우리는 자유인이다. 우리의 신념, 행동에 흠이 있다고 누군가 타당한 지적을 해 온다면 그 지적은 우리를 단지 비난하는 것이 아니라 보다 나은 대안을 제시하는 것이다. 그러니 수용하는 것이 옳다.

배우는 사람은 싸울 이유가 없다

> 논쟁 상대가 우리를 해코지할 수 있다. 그때 그에게 항의하지 말라. 음모를 꾸미고 있는 놈이라거나 교활한 인간이라 말하지도 말라. 이런 감정을 그 사람에게 드러내서는 안 된다. 단지 그를 계속 지켜보라. 하지만 적으로 생각해서도 안 되며 의혹을 품고 바라보지도 말라. 단지 충돌을 방지하기 위해서 그렇게 해야 하는 것이다. 삶에 있어 모든 행동을 이와 같은 방식으로 해야 한다. 그들과 우리는 모두 함께 배워 나가는 사람들이다. 그러니 조금은 관대해지자. 그렇게 해야 내가 말했던 것처럼 의심과 증오 없이 충돌을 피할 수 있다.
>
> -마르쿠스 아우렐리우스, 명상록, 6.20

하루하루 배워 나가고 어떤 상황 속에서도 최선을 다했지만 결과가 기대 이하일 수 있다. 그때 필요한 것은 비난이 아니라 위로다. 만약 당신이 자신에 대해 그렇게 생각한다면 타인에 대해서도 그렇게 해야 한다. 우리가 인생에서 마주칠 수 있는 모든 불운에 대해 이렇게 행동하는 것보다 더 유연한 자세는 없다.

공정하지 못한 공격을 받더라도 고통을 떨쳐버리기 위해 끊임없이 자신을 돌아보아야 한다. "나는 배우는 중이다. 그들 역시 배우는 중이다. 이것이 우리 모두에게 주어진 과제다. 그것이 전부다. 나는 그들에 대해 조금 더 많이 알 수 있었고 내 반응으로부터 무언가를 배울 수 있었다. 그러니 그들 역시 나에 대해 조금 더 많은 것을 알 수 있었을 것이다."

죽음이 두렵다면 삶을 보라

APR
27

뒤집어서 생각하라. 그리고 그것이 어떤지 보라. 늙은이, 병든 자 혹은 몸을 팔던 자는
어떻게 되었나? 찬양하던 사람과 찬양받던 사람, 기억하는 자와 기억되는 자, 모두 짧은
인생을 살다 갔을 뿐이다. 명심하라. 이런 것들은 아주 작은 부분일 뿐이다. 모두에게 동
일한 방식으로 일어나지 않으며 한 개인에게도 똑같은 방식으로 일어나지 않는다. 그리
고 우리가 사는 이 세상도 작은 얼룩일 뿐이지 않은가!

-마르쿠스 아우렐리우스, 명상록, 8.21

    스토아 철학은 다양한 각도에서 사물을 바라본다. 어떤 상황은 다
른 관점에서 바라보는 것이 이해하기가 더 쉽기 때문이다.

    어떤 사람이 『레미제라블』의 장 발장처럼 빵 한 조각을 훔쳤다고
하자. 만약 병든 노모를 위해 그렇게 했다면 그는 그저 단순한 도둑으로
보아야 하는가? 또 어떤 부자가 수십 억 달러를 기부했다고 하자. 그런
데 그것이 자신의 탈세를 감추기 위함이었다면? 사건의 결과는 원인이
무엇이었느냐에 따라 그 해석이 달라진다. '알고 보니 그게 아니었더라'
가 많은 이유는 우리가 한쪽만 보고 다른 쪽은 보지 않았기 때문이다.

    죽음이 두렵다면 삶을 바라봐야 한다. 불행이 두렵다면 행복을 봐
야 한다. 실패가 두렵다면 성공을 봐야 하고 우울함이 두렵다면 명랑함
을 봐야 한다. 양쪽을 다 바라봐야 우리는 완전한 모습을 볼 수 있다.

강요를 거절하는 법

탄탈로스: 지고의 권력은….

티에스테스: 권력은 없네. 자네가 원하지 않는다면.

-세네카, 티에스테스, 440

　현대인은 고대의 인류보다 강압적 상황에 익숙해지려는 경향이 있다. 우리는 원하면 다른 직업을 가질 수 있는 가능성이 충분함에도 지금 다니는 직장의 압력을 참아 낸다. 주변 사람들이 옷을 입는 격식을 따르며 실제 생각하는 것을 드러내놓고 말하지 않는다. 소속된 집단에서 벗어나는 것이 두렵기 때문이다. 그래서 때로는 잔인한 비난과 무례한 손님을 참아내기도 한다. 그들의 승인과 평가를 얻어야 하기 때문이다. 이들이 가진 힘은 모두 우리가 원하는 것에서 비롯된다. 그러니 우리가 원하는 것을 변화시키면 자유를 얻을 수 있다.

　작고한 패션 사진작가 빌 커닝햄은 종종 작업의 완성도를 이유로 패션잡지의 요청을 거절하곤 했다. 누군가 그 이유를 물었을 때 대답한 커닝햄의 말은 자못 시적이다. "돈을 거절하면 나에게 강요하지 못한다네, 친구." 돈을 원하게 되면 돈을 가진 자의 종이 될 수밖에 없다. 세네카가 지적한 것 같이, 무관심하면 지고의 권력도 힘을 잃게 된다. 적어도 우리 삶에 관한 한 그렇다.

APR 29 삶의 때를 씻어라

별의 운행을 응시하고 우리 자신이 그들과 함께 움직이고 있다고 상상하라. 그 요소들이
서로에게 어떤 변화를 가져다주는지 끊임없이 사색하라. 그렇게 함으로써 속세의 더러
움을 씻을 수 있다.

-마르쿠스 아우렐리우스, 명상록, 7.47

하늘의 별을 바라보면, 무언가 설명하기 힘든 감정들이 느껴진다. 천체물리학자 닐 디그래스 타이슨은 "우주는 우리에게 복잡 미묘한 감정을 환기시킨다"라고 말했다. 누군가는 광대한 우주에 견주어 인간의 유한성을 깨닫고, 또 어떤 이는 우주론적 일체감을 느끼기도 한다.

인간은 육체라는 한계 속에 갇혀 있음에도 자신을 중요한 존재라고 생각한다. 이 편향된 사고는 자연을 응시하면서 교정해 나가야 한다. 자연과 우주에는 우리보다 더 크고 중요한 것들이 있다. 세네카가 쓴 희곡에는 이제는 속담이 되어버린 유명한 말이 있다. "세상은 신들의 거대한 사원이다." 우리는 유한하다. 하늘의 광막한 아름다움을 응시하면 세속적인 인간의 관심사가 얼마나 덧없는 것인가를 깨닫게 될 것이다.

유혹에 휘둘리지 않기 위하여

이성적이냐, 비이성적이냐 하는 것이 사람마다 다른 것처럼 선이냐 악이냐 혹은 유용하냐 무용하냐는 판단도 사람마다 다르다네. 이 때문에 우리에게는 배움이 필요한 것이야. 배움으로써 인간은 자신의 선입견을 버리고 자연의 본성에 맞추어 참된 이성을 갖출 수 있지. 외적 사건과 사물의 가치를 평가할 때, 자신의 관점에만 의존하지 않고 인간의 품성과 조화를 이루는 것들의 규칙도 함께 적용하는 것이네.

-에픽테토스, 대화록, 1.2.5-7

사물 혹은 사건에 대해 자신의 생각을 고집하기는 무척 쉽다. 그저 다른 것을 받아들이지 않으면 그만이다. 먹고 싶은 음식만을 먹고, 듣고 싶은 음악만을 들으며, 읽고 싶은 책만을 읽는 것이다. 하지만 편식하면 탈이 나기 마련이다. 무엇이 좋고 나쁜지 미리 생각해 보지 않은 편식은 큰 병이 될 수 있다. 그런가 하면 배움을 바탕으로 엄격하게 검증해 나가면 자신만의 나침반을 만들 수 있다. 어느 누구에게도 속하지 않는 신념과 사상을 이뤄 나가는 것이다.

인간적 품성은 우리를 유혹하고자 하는 세상의 모든 것으로부터 우리를 지키는 강력한 방어막이다. 자신이 믿는 것과 그것을 믿는 이유를 알고 있다면 유혹에 저항할 수 있다. 독이 되는 인간관계, 적성에 맞지 않는 직업, 사람들을 괴롭히는 수많은 해악을 피할 수도 있다. 이것이 바로 배워야 하는 이유다.

고귀해야 할 날도 오늘이고
선량해야 할 날도 오늘이며
최선을 다해야 할 날도 오늘이다.

May

5월

왜 다른 사람에게
친절해야 하는가?

나와 타인 모두에게 관대하라

누군가의 잘못을 지적하려 할 때마다 자신의 내면을 돌아보고 유사한 결점은 없는지 살펴보라. 돈, 쾌락, 작은 명성과 같은 것들을 탐닉하지는 않았는지 살펴라. 이렇게 반성함으로써 우리는 분노를 빨리 잊게 된다. 충동에 내몰리게 되었을 때 다른 사람들이라고 어쩔 수 있었겠는가? 이렇게 할 수 있다면 우리는 관용을 배움과 동시에 자신의 태만까지 고칠 수 있다. 그리고 그와 같은 충동을 없애도록 다른 사람을 도울 수도 있다.

-마르쿠스 아우렐리우스, 명상록, 10.30

소크라테스는 말했다. "고의로 잘못을 저지르는 사람은 없다." 이 말을 믿을 수 있는 증거는 바로 우리 자신이다. 그 전부를 기억할 수는 없지만 악의도, 의도도 없이 저지른 잘못이 우리에게도 얼마나 많은가? 잠을 충분히 자지 못한 탓에 약속 시간을 맞추지 못했던 기억, 칭찬하려고 했던 것인데 오해를 불러일으켜 상대를 곤란하게 했던 기억, 잘못된 정보를 믿고 그에 따라 행동했던 기억. 항목은 끝이 없다.

자신의 잘못을 용서하는 것처럼 타인을 용서하라. 그들을 평가절하하지도 말고 낙인찍지도 말아야 한다. 우리에게 잠재력이 있는 것처럼 그들에게도 잠재력이 있다. 이를 잊지 말고 나와 타인 모두에게 관대해져라.

MAY 2 어두운 곳에서도 속이지 말라

우리의 소명은 무엇인가? 선한 사람이 되고자 하는 것이다.

-마르쿠스 아우렐리우스, 명상록, 11.5

스토아 철학자들은 무엇보다 선한 사람이 되는 것이 인간에게 주어진 과업이라고 믿었다. 이것은 사람에게 주어진 기본적인 의무이지만 우리는 이를 회피할 핑곗거리를 마련하는 전문가들이다.

호텔에서 수건을 훔쳐 가는 사람, 자동차 수리비를 부풀려서 청구하는 사람, 회사 물건을 사적 용도로 사용하는 사람의 공통분모는 하나다. "다들 그러지 않나요?" 이는 토론토대학의 범죄심리학자 토머스 가버가 간파한, 사소한 범죄를 저지르는 사람들의 심리 기제다.

많은 사람이 선이 무엇인지 알면서도 악을 행한다. 처벌 받을 가능성이 낮을 때 더욱 거리낌이 없다. 이 유혹에 저항하라. 스토아 철학에서는 알면서도 저지르는 부도덕을 경계하라고 했다.

늘 베풀 기회가 있다

호의는 땅에 묻어 둔 보물처럼 다루어야만 한다. 오직 필요할 때만 파내라. (…) 자연은
우리에게 타인을 도우라고 했다. (…) 인간이 있는 곳이라면 우리에겐 늘 친절함을 베풀
기회가 있다.

-세네카, 행복한 삶이란, 24.2-3

오늘 친구 혹은 지인을 만나게 되면 그들에게 친절함을 베풀 기회
가 있을 것이다. 세네카의 말을 옮기면 이때가 우리의 호의를 나누어 줄
기회다. 그들이 필요한 것은 무엇인지, 당신이 그들에게 영향을 끼칠 수
있는 것은 어떤 것인지를 이해하고 있다면 우리는 그들에게 더 나은 친
절을 베풀 수 있다.

물론 우리가 베푼 친절이 되돌아온다는 보장은 없다. 돌려받기 위
한 호의는 우리의 관심사가 아니다. 스토아 철학을 배우는 사람이라면
자신이 통제할 수 있는 것에만 집중해야 한다. 필요한 사람에게 조건 없
이 호의를 베푸는 하루를 보내자.

사라지는 것과 남는 것

사치스러운 생활을 누리는 것보다 더 중요한 것이 많다. 보석과 음식에 돈을 지출하는 것보다 더 가치 있는 일들이 많다. 이 사실을 얼마나 많은 사람들이 알고 있는가? 그럼에도….

-무소니우스 루푸스, 강의록, 19.91.26-28

부자와 유명인의 생활 방식에 대한 뉴스가 끊이지 않는다. 아무개가 수백만 달러의 집을 샀다느니, 아무개가 반려견과 함께 여행하기 위해 비행기 전세를 냈다느니, 아무개가 호랑이와 코끼리를 반려동물로 키우고 있다느니 등등.

로마 시대에도 이런 종류의 가십이 많이 퍼졌다. 연못에 잉어를 키우기 위해 수천 세스테르티우스(로마 시대 화폐 단위)를 지출한 사람도 있고, 매일매일 호화로운 연회를 개최하는 것으로 악명 높았던 사람도 있었다. 유베나리스와 마르티알리스의 작품에는 이와 같은 인간군상을 풍자한 시가 넘쳐 난다.

하지만 그 반대의 경우도 많다. 아우렐리우스 황제는 전쟁으로 인한 부채를 갚기 위해 자신의 재산을 매각했고, 전 우루과이 대통령 호세 무히카는 재임 시절 대통령 연봉의 90퍼센트를 자선기관에 기부했다. 지금 우리의 뇌리에 남아 있는 존재는 누구인가? 아니, 그 전에 누가 더 자신의 삶에 만족했을까?

배움에는 끝이 없다

> 좋은 사람, 훌륭한 사람이 될 수 있도록 자연이 우리에게 준 선물은 이성이네. 우리의 육체는 단지 의사가 고치기 위해, 스포츠 트레이너가 훈련시키기 위해, 그리고 농부의 밭을 갈기 위해 준비된 것이지.
>
> -에픽테토스, 대화록, 3.3.1

전문성을 갖추기는 어렵다. 자기 분야에 대한 재능이 있어야 함은 물론이고 오랜 시간 동안의 경험도 있어야 한다. 하지만 어느 분야이든 전문가의 반열에 오른 사람들을 보면 공통점이 있다. 자기 분야에 대한 확고한 자부심이 있되 오만하거나 교만하지 않다는 것이다. 그리고 자신의 전문성이 완성된 형태라고도 생각하지 않으며 계속해서 배우는 일을 멈추지 않는다.

스토아 철학에 따르면 인간의 이성이야말로 우리가 전문성을 갖추고 훌륭한 사람이 되기 위해 필요한 자산이다. 그러므로 이성을 스스로 통제할 수 있도록 훈련해야 한다.

탁월한 아름다움이란

무엇이 인간을 아름답게 만드는 것일까? 무엇이 인간의 탁월함을 드러내는 것일까? 젊은이여! 만약 그대가 아름답기를 희망한다면 탁월함을 드러내기 위해 부지런해야 한다네. 그러면 어떻게 해야 그럴 수 있을까? 그대가 찬양하는 사람들이 편견이 없는 자들인지 지켜보게나. 공정한 자들인가, 불공정한 자들인가? 그들이 공정한 자들이라면 이제 침착한 자들인지, 규율이 있는지 없는지 살펴보게. 절제력을 갖춘 인간이라면 자네도 그와 같은 사람이 되기 위해 노력하게. 그러면 자네 또한 아름다워질 것일세. 만약 이런 자질들을 조금이라도 무시한다면, 아무리 책을 많이 읽어도 자네는 아름다움을 드러낼 수 없을 것이네.

-에픽테토스, 대화록, 3.1.6b-9

아름다움에 대한 현대의 개념은 우스꽝스럽다. 적당히 솟은 광대뼈, 아름다운 피부, 오똑한 코, 커다란 눈, 탄성을 자아내는 황금비율…. 이런 유전적이고 인위적인 것들이 아름다움의 기준이 되어야 할까? 이런 아름다움은 얼마나 지속될 수 있을까? 우리가 계발해 나갈 수 있는 정의감, 공익에 대한 헌신과 같은 품성이 아름다움의 기준이 되어야 한다. 편견 없는 사고, 정의로운 행동, 고난 속에서의 평정, 격정을 이길 수 있는 절제력. 이런 덕성이 아름답지 않다면 무엇이 아름답겠는가?

신의 선물

신이 인간에게 내린 율법이 하나 있네. "좋은 것을 원한다면 네 자신에게서 찾아라."

-에픽테토스, 대화록, 1.29.4

　오늘도 좋은 하루를 보낼 수 있는 방법이 있다. 바로 좋은 일을 하는 것이다. 우리에게 즐거움을 가져다주는 원천은 대개 통제 밖에 있거나 재생이 불가능한 자원이다. 하지만 오직 한 가지만은 언제나 우리의 것이다. 우리 안에 있는 것은 모두 우리의 것이다.

　그런 의미에서 아메리칸 인디언의 경구는 스토아 철학의 생각과 비슷하다. "신은 악마가 인간의 행복을 앗아가지 못하도록 가장 안전한 장소에 숨겼다네. 그곳은 바로 인간의 마음속이라네."

오직 선택에 집중하라

선은 어디에 있는가? 우리의 합리적 선택 안에 있다네. 그럼 악은 어디에 있는가? 이것
역시 우리의 합리적 선택 안에 있다네. 그렇다면 선도 악도 아닌 것은 어디에 있을까?
젊은이, 그런 것들은 우리의 합리적 선택 바깥에 있다네.

-에픽테토스, 대화록, 2.16.1

어떤 일이 일어나면 우리는 그것이 의미하는 바를 궁금해한다. 마
치 다양한 결정을 내리기 전 깊이 생각하는 것과 같다. 기억하자. 옳은
일은 항상 자신이 내린 합리적 선택으로부터 온다. 그것이 어떤 보상을
갖고 올지는 알 수 없다. 그것이 성공을 담보하는지도 알 수 없다. 다만
옳은 선택이라는 것만 알 수 있을 뿐이다.

에픽테토스의 금언은 이 모든 것으로부터 명료함과 확신을 획득
할 수 있도록 돕는다. 이것은 좋은 것인가, 나쁜 것인가? 옳은 일인가, 잘
못된 일인가? 그 밖의 나머지는 무시하라. 오직 선택에만 집중하라.

카르페 디엠

성심을 다해 시작하도록 하세. 잡념을 불러일으키는 것들은 한쪽으로 치워 두고 단일한 목표를 향해 매진하도록 하게. 시간은 멈출 수 없다네. 그것이 우리를 뒤에 남겨 두고 화살처럼 날아가기 전에 우리는 목표를 향해 매진해야 하네. 하루하루가 모든 날들 중 가장 최고의 날임을 깨닫고 온전히 우리의 소유로 만들어야 하네. 그것이 저 달아나는 것을 붙잡는 유일한 길이라네.

-세네카, 도덕에 관한 서한, 108.27b-28a

오늘은 우리에게 주어진 딱 한 번의 기회다. 이를 소유하기 위해 허락된 시간은 24시간뿐이다. 그런 다음 하루는 사라지고 영원히 다시 돌아오지 않는다. 주어진 하루를 어떻게 살 것인가? 할 수 있는 만큼 최선을 다할 수 있는가?

현재가 손에서 빠져나가 과거가 되기 전에 오늘을 어떻게 관리해야 할까? 어제 무엇을 했냐고 물어올 때 어느 누구도 "아무것도 하지 않았다"라고 대답하고 싶어 하지는 않는다. 카르페 디엠. 이 순간을 잡아라. 그리고 현재를 즐겨라.

우리는 서로를 위해 존재한다

공동체와 고립되어 살아가는 사람을 찾는 것보다 땅에 떨어지지 않는 사물을 찾는 것이 더 빠를 것이다.

-마르쿠스 아우렐리우스, 명상록, 9.9.3

아우렐리우스와 스토아 철학자들은 뉴턴의 역학을 몰랐다. 하지만 그들은 물질이 반드시 땅에 떨어진다는 사실을 알고 있었다. 아우렐리우스는 이 사실을 인간관계의 비유로 활용했다. 상호의존적인 인간 존재들이 중력의 법칙만큼 강하게, 서로를 향해 엮여 있다고 그들은 생각했다.

철학은 내적 성찰이다. 인간 본성에 대한 탐구를 통해 인간적 약점을 자각하고 자연적 질서로부터 인간을 고립시키려는 난관을 극복하려 하는 학문이다. 아리스토텔레스의 말처럼 인간은 사회적 동물이다. 우리는 서로를 필요로 하고, 인간은 서로를 위해 그곳에 있다.

선행 자체가 대가다

좋은 일을 하고 누군가가 그에 대한 혜택을 받을 때마다 당신은 왜 세 번째를 찾는 바보처럼 선행에 대한 타인의 인정과 호의를 되돌려받기를 원하는가?

-마르쿠스 아우렐리우스, 명상록, 7.73

세네카는 타인에게 베푸는 선행이 곧 자기 자신에게 베푸는 선행이라고 했다. 누군가에게 선행을 베풀었다는 것만으로 자부심이라는 선물이 주어지기 때문에, 선행 자체에 이미 대가가 있다고 생각한 것이다. "왜 옳은 일을 하시죠?"라고 질문을 받는다면 그에 대한 답은 "그것이 옳은 일이기 때문이다"가 되어야 한다. 옳은 일을 한 후 그에 대한 타인의 인정과 감사를 바라는 것은 '옳은 일'이라는 본질을 갉아먹는다.

5월 · 왜 다른 사람에게 친절해야 하는가?   151

친절함이라는 무기

친절이야말로 최고의 무기다. 친절함은 오직 신실함에서 나와야지 위선과 거짓에서 나와서는 안 된다. 악의로 가득 찬 사람에게조차 친절함을 보여줄 수 있다면 그렇게 하라. 그리고 기회가 주어진다면 그들의 잘못을 부드럽게 충고하라. 그렇게 한다면 그들이 어떻게 우리를 해치려 하겠는가?

—마르쿠스 아우렐리우스, 명상록, 11.18.5.9a

당신은 부당하거나 비열한 대우를 받았을 때 반격하지 않고 자제할 수 있는가? 성경에서는 "원수를 사랑하라, 원수를 은혜로 갚으라"라고 말하지만 과연 그것이 가능한 일일까?

상대가 화를 내거나 부당하게 대하는 이유를 알게 되면 우리는 적절하게 처신할 수 있다. 무례함, 야비함, 그리고 잔인함은 자신의 연약함을 감추려는 가면일 뿐이다. 진정으로 자신감이 있고 자부심이 있는 사람은 굳이 남을 깔보거나 낮잡아 보지 않는다. 스스로 만족하지 못하고 불안하니 그것을 감추려 하는 것이다.

상대가 거칠게 대하고 화를 낼 때 오히려 친절함으로 응수하라. 가식적인 친절함이 아니라 진실한 친절함으로. 상대는 예상치 못한 반응에 움찔 놀랄 것이고, 자신의 거친 행동이 아무런 쓸모가 없다는 것을 깨닫게 될 것이다. 친절함은 관계를 장악하는 가장 큰 무기다.

습관의 연료

MAY 13

인간의 습관도 역량과 마찬가지로 행동과 상응하여 성장하는 것이네. 걸을 때 걸음걸이
가, 달릴 때 달리기 능력이 향상되는 것과 같지. 그러므로 자네가 어떤 습관을 만들고자
한다면 그에 맞는 행동을 하게. 또 어떤 습관을 원하지 않는다면 그 행동을 하지 말게.
그렇게 함으로써 우리는 서로 다른 습관을 몸에 익힐 수가 있네. 이와 동일한 원칙이 우
리 마음에도 적용되네. 크게 화가 난다면 자네는 분노의 감정을 경험할 뿐만 아니라 나
쁜 습관까지 강화하고 있다는 것을 알아야 하네. 감정 또한 습관의 연료가 된다네.

-에픽테토스, 대화록, 2.18.1-5

　　"우리는 우리가 반복하는 행위 그 자체이다. 그러므로 탁월함은
행동이 아니라 습관이다." 아리스토텔레스의 말이다. 스토아 철학자들
은 인간의 사고 형성도 그와 같다고 주장했다. "습관적인 사고가 그와 같
다면 우리 마음의 면면도 그와 같은 모습을 띠게 된다."

　　지난주 우리가 했던 행동을 떠올려 보자. 그 행동은 '우리가 본보
기로 삼고자 하는 사람'과 '있는 그대로의 우리 모습' 중 어느 쪽과 닮았는
가? 좋은 습관이든 나쁜 습관이든 행동하면 길러지고 행동하지 않으면
사라진다. 당신은 지금 어느 쪽 습관에 행동이라는 연료를 제공하고 있
는가? 공자는 이렇게 말했다. "낳을 땐 같았으나 습관에 의해 달라진다."

행복은 결과가 아니라 실천 속에 있다

명예에 사로잡힌 사람은 자신의 행복을 위해 타인의 배려를 이용한다. 쾌락을 사랑하는 사람들은 자신의 감각에만 매여 있다. 오직 진실한 이해를 추구하는 사람만이 자신의 행동에서 진실을 찾는다. (…) 쾌락을 희망하는 사람의 특징을 떠올려 보라. 그것을 얻기 위해 어떤 수단을 사용하는지, 또 그와 같은 목적을 달성하기 위해 어떤 전략을 사용하는지 생각해 보라. 하지만 시간은 그와 같은 것들을 얼마나 빨리 지워버리는가! 또한 이미 얼마나 많은 것들을 사라지게 했는가!

-마르쿠스 아우렐리우스, 명상록 6:51, 59

사람들은 행복이 어떤 목표를 달성하는 데 달려 있다고 생각한다. 하지만 거부할 수 없는 운명이 간섭한다면? 뜻밖의 사건이 끼어든다면? 혹은 어떤 목표를 달성했는데 어느 누구도 감명을 받지 않는다면? 바로 여기에 문제가 있다. 우리가 통제할 수 없는 것이 행복을 결정하도록 하는 것만큼 어리석은 일은 없다.

만약 우리가 타인의 인정 여부에 맞추어 자신의 목적을 설정한다면 끊임없이 실망하고 마음을 다치게 된다. 하지만 자신의 행위 자체를 사랑한다면 주어진 과제 자체에 만족할 것이며, 자신의 모든 역량을 쏟아부을 수 있게 된다. 우리는 결과가 아니라 행동에서 즐거움을 찾아야 한다.

결과가 아니라 노력 자체에 목적을 두어야 한다. 인정받는 것이 아니라 옳은 일을 하고 있다는 데에 목적을 두어야 한다. 이렇게 했을 때 우리는 항상 만족과 평정을 유지할 수 있다.

부러움의 악순환

> 당신이 갖고 있지 않은 것들은 이미 당신이 갖고 있는 것처럼 관심을 두지 말라. 하지만 당신이 이미 갖고 있는 것들은 만약 그것들이 없었다면 내가 얼마나 그것들을 갈망했을지에 대해 떠올려라. 그러나 동시에 그것들을 언젠가 잃게 되었을 때 수심에 잠길 정도로는 가치를 두지 않도록 하라.
>
> -마르쿠스 아우렐리우스, 명상록, 7.27

우리는 언제나 다른 사람이 가진 것들을 열망한다. 특히 나와 비슷한 지위에 있는 사람이 내가 원하고 있지만 가지지 못한 것을 소유하고 있다면 어떻게든 그것을 가지려고 애쓴다. 그런데 역설적이게도 우리가 부러워하는 그들 또한 그렇다. 부러움은 돌고 돌면서 욕망만 낳을 뿐 만족이라는 것을 모른다.

스토아 철학자들은 타인이 가진 것을 소유하려 애쓰지 말라고 했다. 모으고 비축하려는 충동과 싸우라고 했다. 거기엔 내 삶을 위한 길이 없다. 내가 부러워하는 것을 가지려는 삶은 내 삶이 아니라 타인의 삶이다. 우리가 이미 가진 것을 재평가해야 하고, 그런 태도로 자신의 행동을 이끌어야 한다.

끝까지 계속하게 만드는 힘

성마른 사람이 되고 싶지 않다면 버릇을 들이지 말게나. 고요한 상태로 첫 발걸음을 떼고 이제부터 화를 내지 않은 날들을 헤아려 보게. 나도 처음엔 매일 화가 난 상태였지. 그러다 하루걸러 화가 나고, 그다음은 사나흘 간격으로 (…) 만약 자네가 한 달 동안 그렇게 할 수 있다면 신에게 감사하게. 습관이란 처음엔 약화되다가 그다음엔 아예 사라진다네. 타인의 도발에도 평온을 유지할 수 있다면 자네는 더욱 건강해질 것이야.

-에픽테토스, 대화록, 2.18.11b-14

한번은 코미디언 제리 사인펠드가 젊은 신인 브래드 아이작으로부터 코미디 대본을 쓰는 법과 연기하는 법에 대해 조언해 달라는 부탁을 받았다. 사인펠드의 답은 단순했다. 그는 달력을 집어들고 날짜마다 매일매일 유머를 쓰고 연습하면서 다 하고 나면 X표를 치라고 했다.

계속할 수 있다면 그것만으로 충분하다. 연속성이 끊어지지 않도록 하는 것이 과제다. 그러면 성공은 가속도의 문제로 변한다. 조금이라도 할 수 있다면 계속하기는 더 쉬워진다.

사인펠드는 긍정적 습관을 만들기 위해 연쇄법을 사용했지만 에픽테토스는 부정적인 습관을 제거하기 위해 이를 사용하라고 했다. 화를 참는 법 혹은 일을 미루는 습관 등은 한 번 시작할 수 있으면 두 번 혹은 세 번 하기가 조금 더 쉬워진다.

끝이 없는 길

나에게 보여주게나. 아픈데도 행복한 사람을, 위험한 가운데에서도 행복한 사람을, 죽어 가면서도 행복한 사람을, 추방당했으면서도 행복한 사람을, 불명예 속에서도 행복한 사람을. 신께 맹세코 그와 같은 스토아 현자들을 보는 것이 나에게 얼마나 기쁜 일인가. 하지만 자네가 그런 사람들을 보여줄 수 없다면, 적어도 그렇게 되고자 노력하는 사람을 보여줄 수 없다면 자네가 보여주게나!

-에픽테토스, 대화록, 2.19.24-25a, 28

철학은 열망하는 것을 획득하기 위해 탐구하는 것이 아니라 삶에 적용하기 위해 탐구하는 것이다. 한번씩 이따금 하는 것이 아니라 생의 전반에 걸쳐 끊임없이 정진하며 나아가는 것이다. 또 형상 없는 신을 만나고자 하는 것이 아니라 실천을 지속하고자 하는 것이다.

에픽테토스는 자신의 성과에 우쭐거리는 학생들을 흔들어 놓는 것을 즐겼다. 그는 완벽한 평정으로 다가가기 위해서는 혹독한 훈련과 끊임없는 탐구를 잊지 말라고 학생들에게 당부했다.

자기 수양으로 가는 기나긴 여정에서 우리가 잊지 말아야 할 사실은 결코 그곳에 도달할 수 없다는 것이다. 어떤 상황에서도 완벽한 평정을 유지하는 현자는 스토아 철학자에게도 결코 닿을 수 없는 이상적인 모델이다.

어떤 것을 할 수 있다면 모든 것을 할 수 있다

지금 당신 앞에 놓여 있는 모든 것에 정신을 집중하라. 원칙, 주어진 과제, 던져진 말. 그 모든 것에 집중하라.

-마르쿠스 아우렐리우스, 명상록, 8.22

미래에 대해 생각해 보는 것은 흥미롭다. 과거를 곰곰이 되새겨 보는 것도 쉬운 일이다. 하지만 지금 이 순간 우리 앞에 놓인 과제에 집중하는 것은 어려운 일이다. 특히나 그것이 원하지 않는 일이라면 더욱 그렇다. 흔히 이렇게 생각한다. "이건 단지 주어진 일일 뿐이야. 내가 누구인지에 대해 말하는 것이 아니야. 중요하지 않아." 아니, 중요한 일이다. 누가 아는가, 당신이 늘 하는 일이 마지막 일이 될지?

"어떤 것을 할 수 있다면 모든 것을 할 수 있다." 이 말은 진리다. '오늘을 어떻게 다루느냐'라는 것으로 '다른 날들을 어떻게 다루느냐'를 알 수 있는 것처럼.

MAY 19) 배우고, 익히고, 훈련하라

그것이 바로 철학자들이 우리에게 충고하는 이유라네. 단지 배우는 데만 만족하지 말고 익히고 훈련하게. 시간이 지나면 우리는 배운 것을 잊어버리고 정반대의 행동을 하거나, 해서는 안 되는 생각을 유지하고는 하지.

-에픽테토스, 대화록, 2.9.13-14

사람들은 단지 교육 영상을 반복해서 돌려 보고 설명을 듣는 것만으로 지식을 습득했다고 생각한다. 하지만 정말 습득했는지를 알기 위해서는 여러 번 실제로 그 과정을 따라해 보아야 한다. 무술이나 군사 훈련 그리고 모든 종류의 운동은 훈련 과정이 단순하더라도 수없이 반복하고 나서야 어느 정도 익숙해질 수 있다. 최고 수준의 운동선수는 단지 몇 초 동안의 움직임을 위해 여러 해 동안 같은 동작을 반복한다. 아는 것만으로는 부족하다. 근육과 몸에 이식이 되어야 한다. 우리의 일부가 되어야만 하는 것이다.

철학도 마찬가지이다. 단지 한 번 들은 것만으로는 세상의 불합리와 유혹에 직면했을 때 철학적 원칙을 굳게 지켜나갈 수 없다. 아우렐리우스는 다른 누군가를 위해 『명상록』을 집필한 것이 아니다. 그는 자신을 위해 명상록을 썼다. 현명하고 경험 많은 이 남자는 생의 마지막까지 옳은 판단을 내리고 평정심을 유지하기 위해 자신을 훈육했다. "정진하라. 끊임없이 정진하라. 끊임없이." 깨달음을 얻은 석가모니의 마지막 유언이다.

100권 vs. 한 권

헤아릴 수 없이 많은 책과 도서관이 있으면 무엇하랴? 평생에 걸쳐 읽는다고 할지라도 제목조차 다 읽기 힘들 것을… 수많은 책은 배우려는 자를 가르치지 못하고 오히려 짐 더미만 될 뿐이니, 많은 저자들 사이를 방황하기보다는 소수의 저자들이 뿌린 씨앗에서 지혜의 싹을 틔워라.

-세네카, 마음의 평정에 대해, 9.4

세상에서 가장 열성적인 독자라고 할지라도 지방 소도시에 있는 작은 도서관보다 더 많은 책을 소유할 수는 없다. 책을 많이 읽어야 하는가? 물론이다. 하지만 우리의 수명은 제한되어 있고 읽어야 할 시간 또한 유한하다. 우리는 제한된 시간 동안 좋은 책을 읽어야 한다. 무작위적 독서가 아닌 전략적 독서가 필요하다. 그러므로 읽고 배우는 데 양보다 질을 우선시하자. 새로 나온 책 100권을 훑어보는 것보다 고전의 반열에 오른 책 한 권을 탐독하는 것이 낫다. 책장은 비어 있을지라도 삶은 풍족해질 것이다.

당신은 어떤 선수인가?

철학이란 무엇인가? 단지 앞날을 위해 우리 스스로 준비해야 하는 것을 철학이라 말하는가? 우리 스스로 인내할 준비가 되었다면 어떤 사건에도 맞설 수 있음을 의미한다고 생각하는가? 그렇지 않다면 상대의 공격을 받고 퇴장하고 마는 격투기선수와 같은 것인가? 하지만 그런 비참한 결과가 없어도 우리는 사각의 링을 떠날 수 있네. 그런데 지혜의 추구를 포기함으로써 얻는 이점은 무엇일까? 우리가 마주치는 다양한 시행착오 앞에서 무어라고 말해야 할까? 이것이 내가 훈련한 이유라네. 이 원칙을 위해 훈련했다고 말해야 하지 않겠는가?

-에픽테토스, 대화록, 3.10.6-7

오늘날 우리가 야구와 축구 비유를 들 듯, 스토아 철학자는 권투와 레슬링이 혼합된 판크라티온이라는 스포츠를 자주 언급했다. 이 격투기에 대해 이야기하며 세네카는 부상을 두려워하는 선수는 연약하며 쉽게 패배한다고 썼다. 그리고 "불운과 끊임없이 반목하는 사내야말로 고통으로부터 굳은살을 획득한다"라고 말했다. 이런 선수야말로 바닥에 쓰러져도 절대로 포기하지 않는다.

에픽테토스가 말한 바도 이와 같다. 결정타를 맞았기 때문에 링을 떠나야 하는 선수가 되어야 할까? 스포츠의 본성은 그런 것이 아니다! 지혜를 추구하는 철학의 본성도 마찬가지이다.

시작하기 좋은 날, 바로 오늘

우리는 오늘 어떤 일을 하려 하는 것보다 내일 하는 것을 더 선호한다.

-마르쿠스 아우렐리우스, 명상록, 8.22

나는 시간이 부족하다고 불평하지 않는다. (…) 적게 가졌을지라도 내게는 충분하다. 내일 우리가 무엇을 실패하게 될지 오늘 말할 수 있는 자는 없다. 나는 지금 신들을 포위할 것이고 세상을 흔들어 놓을 것이다.

-세네카, 메데아, 423-425

우리는 항상 무엇이든 옳은 일을 하고자 한다. 분노에 사로잡히면 안 된다는 것도 지나치게 이기적이어도 안 된다는 것도 안다. 인스턴트 식품 섭취를 줄이고 신선 식품을 먹어야 한다는 사실도 알고 있으며 하루에 한 시간 정도 명상하는 것이 좋다는 사실도 알고 있다. 하지만 막상 그 순간이 닥치면 실제 행동에 옮기기가 쉽지 않다.

무엇 때문일까? 스티븐 프레스필드는 이를 '저항의 힘'이라 불렀다. 그는 『예술의 전쟁(The War of Art)』에서 이렇게 말했다. "우리는 결코 자신에게 '나는 결코 교향곡을 작곡할 수 없을 거야'라고 말하지 않는다. 그 대신에 '교향곡을 작곡하겠어. 내일부터'라고 말한다." 시작하기 좋은 날은 내일이 아니다. 바로 오늘이다.

완전한 몰입

좋은 삶이라는 것이 수명과 관련이 없음을 나에게 보여주게나. 그렇게 흔한 일은 아니지만, 삶은 어떻게 사용하느냐에 달려 있다는 것을 보여줄 수 있겠나? 오래 살다간 사람도 결국엔 짧게 살았을 뿐이라는 것이 나는 슬프다네.

-세네카, 도덕에 관한 서한, 49.10b

　세네카에게 보여줄 필요는 없다. 자신에게 보이면 된다. 주어진 수명이 어찌 되든 우리는 길고 충만한 삶을 살았다고 솔직하게 말할 수 있으면 된다. 너무 일찍 길을 잃고 방황하는 사람이 많다. 그들은 다음과 같이 생각하며 다른 이의 삶을 부러워한다. '저들이 한 일의 절반만 할 수 있었다면 내 삶을 정말 잘 살았다고 생각할 텐데.'

　좋은 삶에 도달하는 최고의 길은 지금 바로 여기, 우리 앞에 놓인 과제에 집중하는 것이다. 그것이 크든 작든, 원대하든 보잘것없든 개의치 말아야 한다. 세네카의 말처럼 "현재에 완전히 집중하는 것만이 시간의 가파른 비행을 부드럽게 만든다."

MAY 24 행운은 무작위로 찾아온다

> 당신은 이렇게 말한다. "행운은 우리가 구석에 몰릴 때 마주치는 녀석이다." 하지만 스스
> 로에게 행운을 가져다주는 사람이 운이 좋은 사람이라는 것을 명심하라. 행운은 잘 조율
> 된 영혼이자 좋은 충동이며, 좋은 행동인 동시에 좋은 습관이기 때문이다.
>
> —마르쿠스 아우렐리우스, 명상록, 5.36

'행운'이란 무엇인지 좀 더 생각해 보자. 하나는 완전히 우리의 통제 바깥에 있는 것으로, 무작위로 발생한다. 또 다른 하나는 비록 확실하지는 않지만 올바른 결정과 준비를 통해 일어날 가능성을 증가시키는 것이다. 후자는 어느 정도 우리가 통제할 수 있다. 하지만 사람들은 행운을 마치 중력에 이끌려 오는 듯한 미스터리한 무엇으로 바라본다.

스토아식 행운의 개념은 16세기 속담에 그 흔적이 남아 있다. "근면은 행운의 어머니다." 1920년대 작가인 콜먼 콕스는 이 말에 현대적인 감각을 보태서 이렇게 말했다. "나는 행운의 거룩한 신봉자다. 더 열심히 일할수록 더 많은 행운이 찾아온다."

이런 말에는 여전히 통제하지 못하는 마법적인 행운에 대한 기대가 담겨 있다. 하지만 행운은 무작위적이다. 행운은 선과 악, 근면과 불성실을 가리지 않고 사람에게 다가오는 눈먼 천사와 같다. 적절한 때에 적절한 행동을 하는 데 집중하여 행운을 얻을 수 있도록 준비하자. 아이러니하게도 이 경우 행운은 쓸모가 없어지게 된다.

MAY
25 즐거움을 어디서 찾을 것인가?

즐거움은 올바른 일을 할 때 우리에게 찾아온다. 올바른 일은 다음과 같은 것으로 구성된다. 타인에게 친절한 행동을 하는 것, 감각이 우리 마음을 움직이지 못하도록 조심하는 것, 느낌의 참된 가치를 식별하고 자연의 질서와 그에 따라 일어나는 모든 일에 대해 묵상하는 것이다.

-마르쿠스 아우렐리우스, 명상록, 8.26

장애가 있거나 우울증에 빠진 개를 훈련시키는 조련사는 다음과 같은 질문으로 훈련을 시작한다. "우리 산책할까?" 그들이 이렇게 말하는 이유는 개들이 특정한 임무를 수행하도록 길들여져 있기 때문이다. 자연이 부여한 본성을 빼앗기면 누구나 고통과 상실감을 겪게 된다.

인간도 예외는 아니다. 우리가 스토아 철학을 공부하며 특정한 감정과 물질적 화려함을 무시하려고 노력하는 것은 그것이 즐거움을 가져다주기 때문이 아니다. 스토아적 삶은 행복과 재미의 상실을 의미하지 않는다. 스토아 철학은 단지 자연이 부여한 기본적인 본성을 찾아가는 수단이다. 올바른 일을 하며 즐거움을 경험할 때 우리는 인간의 본성을 찾을 수 있다.

MAY 26 신경 끄기의 기술

나는 다른 무엇보다 인간이 자기 자신을 가장 사랑한다는 것에 놀라고는 한다. 그럼에도 인간은 자신에 대해서만큼은 자신의 판단보다 다른 사람의 판단을 더 신뢰한다. (…) 어떻게 나의 생각이 아니라 다른 사람의 판단을 더 신뢰할 수 있다는 말인가!

-마르쿠스 아우렐리우스, 명상록, 12.4

자신의 느낌을 무시하고 다른 사람의 판단을 받아들이는 일이 얼마나 많은가! 어제 산 셔츠가 마음에 들어도 배우자나 동료가 무뚝뚝하게 반응하는 순간 구매를 후회하는 일이 얼마나 잦은가? 자신의 성취나 재능에 대해서도 제삼자의 평가가 있기 전까지 확신하지 못하는 것이 현대인이다. 다른 사람의 반응이 실제 나의 의견만큼 중요하지 않다는 것을 안다면 우리는 더 많이 행복해질 수 있다.

스토아 철학을 배운다는 것은 자기 생각을 통제하는 법을 배우는 것이기도 하지만 내가 통제할 수 없는 타인들의 생각에 관심을 두지 않는 법을 배우는 것이기도 하다. 타인의 생각에 자비를 구하고 타인의 허락을 얻는 것에 정열을 쏟는 것만큼 위험한 노력은 없다.

어떤 일에 대한 다른 사람의 생각을 알기 위해 너무 많은 시간을 소비하지 말라. 내가 생각하는 것이 무엇인지 알기 위해 노력하라. 결과에 대해 생각하는 대신 가져올 효과에 대해, 그리고 그것이 옳은 일인지 아닌지에 대해 더 생각하라.

깨달음은 모방에서 시작된다

사람들을 지배하는 원칙을 눈여겨보라. 특히 지혜로운 사람들의 원칙을 보라. 그들이 무엇으로부터 멀리 달아나려 하고 무엇을 추구하는지에 대해서.

-마르쿠스 아우렐리우스, 명상록, 4.38

세네카는 말했다. "통치자에 대항하지 않고서 구부러진 것을 똑바로 펼 수는 없다." 우리 삶에 영향을 미치는 현자들의 규칙도 이와 같다. 이들은 삶의 모델이면서 영감을 주는 존재들이다. 생각을 점검하게 하며 주제넘은 행동을 반성하게 한다.

현자들이 무엇을 던져 줄 수 있는지는 우리에게 달렸다. 어떤 이들에게는 그 현자가 자신의 아버지와 어머니일 수 있다. 또 철학자, 작가, 사상가일 수도 있다. 아니면 "예수님이라면 어떻게 하셨을까?"와 같은 생각도 훌륭한 모델이 될 수 있다.

그 누가 되었든, 누군가를 선택하여 그들이 하는 일을 지켜보자. 혹은 그들이 하지 않은 일을 지켜봐도 좋다. 그들이 한 것처럼 우리도 최선을 다하는 것이다.

결정할 때 필요한 것

무엇보다 먼저 상심하지 말라. 모든 일은 자연의 본성에서 비롯된다. 우리는 짧은 시간 안에 무의미한 존재가 될 수 있다. 위대한 황제 하드리아누스와 아우구스투스도 시간을 이기지 못했다. 그다음은 우리에게 주어진 과제에 대해 주의 깊게 생각하라. 우리의 목적은 선한 인간이 되고자 하는 것임을 환기하라. 자연의 본성이 우리에게 요구하는 대로 행하라. 그리고 친절함과 성실함, 겸손함과 함께 우리가 본 그대로를 말하라.

-마르쿠스 아우렐리우스, 명상록, 8.5

잠깐 아우렐리우스 황제의 삶이 어떠했을지 상상해 보자. 원로원에서 그는 경험이 많고 교활하기도 한 상원위원들을 회유하거나 설득하며 국정을 주재해야 했고, 전쟁에서는 최고 지휘자로서 전략을 세워 군대를 통솔해야 했다. 또한 행정의 최고 수반으로서 시민들의 목소리, 법률가들의 쟁점, 외국 정부의 호소도 들어야 했다. 그의 삶은 결정의 연속이었다.

결정한다는 것은 그에게 전시 상황에서 취해야 하는 행동과 다름없었다. 말 그대로 결정은 승리 혹은 패배의 갈림길이었다. 이것이 바로 우리가 결정하기 전에 신중해야 하는 이유이다.

이때 우리는 두 가지 사항을 지켜야 한다. 첫째, 화를 내어서는 안 된다. 결정에 부정적인 색깔이 더해지면 필요한 것보다 더 힘든 일을 할 수 있다. 둘째, 목적과 원칙에 부합해야 한다. 화를 내지 말 것, 바르게 행동할 것. 이것이 전부다.

진짜 일을 찾아라

고귀한 영혼은 노동을 양식으로 삼는다.

-세네카, 도덕에 관한 서한, 31.5

늘 하던 운동을 며칠 쉬게 되었을 때 어떤 기분이 드는가? 둔해진 듯한 기분, 과민해진 신경, 답답한 느낌, 원인이 불분명한 죄책감···. 너무 긴 휴가를 보냈거나 은퇴를 한 직후에도 이와 유사한 감정이 일어난다. 비록 생산적인 결과물을 산출하지 못할지라도, 몸과 마음은 움직이도록 만들어져 있다.

상당히 많은 사람이 일상생활에서 이런 종류의 혼란을 겪고 있다는 것은 비극이다. 우리가 일을 통해 충족감을 느끼지 못하는 대부분의 이유는 진짜 하고 싶은 일이 아니기 때문이다. 때로는 우리에게 너무 많은 시간이 주어져 있기 때문이기도 하다. 더 나쁜 것은 충족되지 못한 감정의 빈틈을 메우기 위해 먹고, 소비하고, 여행하고, 드라마를 보는 데 시간을 할애하고 있다는 사실이다. 하지만 그렇게 해도 허전함은 여전히 남는다. 해법은 간단하다. 감사하게도 우리 손안에 있다. 거기서 벗어나 진짜 일을 찾는 것이다.

이유 없는 행동은 무의미하다

나는 단지 읽고 쓴다고 해서, 심지어 밤새도록 그렇게 했다고 해서 자네들을 열심히 했
다고 평가할 수는 없네. 무엇을 위해 하는지 알지 못하는 이상 성실하다고 말하지 않겠
네. (…) 자신의 지배적인 도덕 원칙을 위해 그것을 할 때에야 비로소 자연이 우리에게
준 본성과 끊임없이 조화를 이루고 있다고 말하겠네.

-에픽테토스, 대화록, 4.4.41; 43

세상에서 가장 바쁜 사람이 가장 생산적인 사람일 가능성은 얼마
나 될까? 우리는 무언가에 항상 쫓기며 산다. 직장에서 수많은 시간을
보내며 바쁜 만큼 그에 대한 보상이 이루어져야 한다고 믿는다. 하지만
안타깝게도 어수선하다 싶을 정도로 눈코 뜰 새 없이 분주하게 움직이면
서 그에 합당한 보상을 받는 경우는 실제로 많지 않다. 게다가 스스로 만
족하는 경우도 드물다.

'하고 있는 일'로 자신을 평가하지 말고, '왜 하는가?' 그리고 '무엇
을 성취하려 하는가?'로 평가하라. 여기에 좋은 답을 할 수 없다면 그 일
을 그만두어도 좋다.

품성으로 내가 누구인지를 말하라

MAY 31

철학은 밖으로 드러나는 것에 관심이 없다. 단지 필요한 것에 주의를 기울이고, 마음에 담아둘 것에만 관심을 둔다.

-무소니우스 루푸스, 강의록, 16.75.15-16

승려는 승복을 입는다. 가톨릭 사제는 로만 칼라가 달린 신부복을 입는다. 은행원은 값비싼 양복과 서류 가방을 들고 다닌다. 하지만 스토아 철학자들은 법복이 없었으며 이들을 규정할 수 있는 일관된 양식도 없었다. 보이는 외양으로 이들을 규정하거나 구별할 수 없었다. 그렇다면 이들을 알아보는 유일한 방법은 무엇이었을까? 오직 품성뿐이다.

June

6월

삶이라는 전쟁터에서
어떻게 나를 지킬 것인가?

구덩이를 파지 말라

세상의 많은 고통은 우리의 분노와 비탄의 직접적인 결과물들이다. 우리 안에 있는 분노와 비탄을 일으키는 조건에서 비롯되는 것이 아니다.

-마르쿠스 아우렐리우스, 명상록, 11.18.8

대부분의 사람들은 어떤 일이 잘못되어 갈 때 감정적 영향을 받아 상황을 계속 악화시키고 만다. 분노와 공격적인 감정에 사로잡혀 잘못된 계획을 바로잡기는커녕 마구잡이로 움직인다.

이런 모습과 관련된 속담이 있다. "구덩이에 빠진 걸 알았다면 땅을 파지 마라." 여기서 구덩이란 감정적 반응이다. 구덩이를 파지 않으면 구멍이 더 이상 깊어지지 않듯이, 감정도 저 멀리 내버려 두면 더는 커지지 않는다.

어떤 일이 일어나든, 분노를 표출하거나 부정적인 감정에 사로잡히지 않아야 한다. 반응하기 위해서 반응하지 말라. 후벼 파지 말고 그대로 두라. 그런 다음에야 계획이 출구가 되어 준다.

위험한 자기평가

JUN
2

> 인간에게는 무엇보다도 참된 자기평가가 필요하다. 우리는 흔히 실제로 할 수 있는 것보다 더 많은 것을 할 수 있다고 생각하지만 말이다.
>
> -세네카, 마음의 평정에 대해, 5.2

많은 사람이 객관적인 자기평가를 두려워한다. 아마도 자신이 대단한 사람이 아니라 별 볼 일 없는 사람일지도 모른다는 두려움 때문일 것이다. 괴테는 "자신의 가치를 기대 이상으로 바라보는 것은 위대한 실패"라고 했다. 자신의 약점을 직시하지 않는다면 어떻게 진실한 자기인식에 도달할 수 있겠는가?

자기평가를 두려워하지 말라. 있는 그대로의 자기 모습을 인정하는 것은 결코 두려운 일이 아니다. 그래서 괴테의 그다음 말에도 주목해야 한다. 그는 "자신을 실제 가치 이하로 바라보는 것 또한 아주 위험한 일"이라고 했다.

자신에 대한 과대평가도 위험하지만 과소평가 또한 위험하다. 우리는 성공했을 때 스스로를 과대평가하기 쉽고, 실패했을 때 과소평가하기 쉽다. 실제로는 그 반대가 되어야 한다. 우리는 자신이 할 수 있는 것, 그리고 자신이 가지고 있는 잠재성을 포착하기 위해 내면의 성찰을 이어가야 한다.

JUN 3 하늘의 시선으로 바라보라

플라톤의 이 말은 얼마나 아름다운가. "무릇 사람에 대해 이야기하고자 한다면 하늘을 나는 새와 같은 시선으로 세상의 모든 것을 한번에 조망해야 한다. 재산, 무기, 농장, 결혼과 이혼, 탄생과 죽음, 법정에서의 소란, 불모의 땅, 외국인들, 축제, 장례식과 시장 등등. 뒤섞여 있는 모든 것 속에 숨어 있는 이면의 질서를 바라보라."

-마르쿠스 아우렐리우스, 명상록, 7.48

풍자 시인 루키아노스는 '하늘을 나는 이카루스의 시선'이라는 유명한 시를 남겼다. 밀랍과 새의 깃으로 만든 날개를 달고 하늘을 날게 된 이카루스가 지상에 있는 것들이 얼마나 보잘것없는지 여실히 보게 된다는 내용이다. 인간이 벌이는 전투와 각종 이전투구는 하늘의 시선으로 보면 그저 사소할 뿐이다.

고대에 이런 말을 하는 것은 비유일 뿐이었지만, 지금은 기술의 발전을 통해 인간이 실제로 새의 시선을 갖게 되었다. 우주로 진출한 우주비행사 중 한 사람이었던 에드거 미첼은 다음과 같은 말을 남겼다. "지구 바깥으로 나가는 순간 우리는 즉시 전지구적 의식을 갖게 된다. 사람들의 관심, 세상에 만연한 불평등, 그리고 이 모든 것을 가능케 하는 요인들. 달 위에 서서 지구를 바라볼 때 국제정치의 이해관계는 정말 사소하기 이를 데 없다. 당장 정치인들의 목덜미를 움켜쥐고 이곳으로 데려와 이렇게 말하고 싶다. '저길 내려다봐, 이 빌어먹을 놈들아!'"

그가 했다면 당신도 할 수 있다

어려움에 처할 때마다 떠올려라. 힘든 시기는 좋아질 수 있으며, 압력은 느슨해질 것이고,
무거운 짐은 가벼워질 수 있다. 사람들은 언제나 적절한 방법을 생각해 내기 때문이다.

-세네카, 마음의 평정에 대해, 10.4b

완전히 망쳤다고 생각했던 일이 갑자기 좋아졌던 경험이 있는가?
틀림없이 망칠 거라 생각했던 시험이었지만 밤샘 공부와 약간의 운으로
그런대로 괜찮은 점수를 받은 기억이 다들 한번쯤은 있지는 않은가? 다
른 사람들이 포기할 거라고 짐작했던 일을 끝까지 밀고 나갔더니 뜻밖의
결과가 나온 적은 없는가?

무엇보다도 자신에 대한 신념을 사수하는 것이 에너지를 유지하
고 창의성을 유발할 수 있는 기초가 된다. 어떤 일에서도 패배주의에 사
로잡히지 말아야 한다. 약간이라도 여지가 있다면 모든 노력을 기울여
라. 36대 미국 대통령이었던 린든 존슨은 패배를 예감하는 자신의 보좌
관에게 이렇게 말했다. "모든 것을 할 수 있다면 이길 수도 있다." 그리고
그는 이겼다. 아우렐리우스 황제도 비슷한 말을 했다. "인간의 능력으로
가능하다면 당신도 할 수 있다."

JUN 5 직업과 당신을 분리하라

누군가의 서열이나 지위에 변동이 생기고 누군가의 이름이 대중의 입에 오르내릴 때 질투하지 말라. 그와 같은 일에는 상응하는 대가가 따른다. 누군가는 성공으로 가는 길목에서 첫발을 떼지 못하고 죽고 또 누군가는 정상에 도달하기 전에 죽는다. 오직 자신의 야망에 도달한 극소수만이 생의 마지막에 가서야 비석에 새길 한 줄의 글을 위해 수천 번의 모욕을 감수했다는 사실을 깨닫게 된다.

-세네카, 삶의 덧없음에 대해, 20

때때로 직업에 헌신하는 모습 그 자체가 목적이 되는 경우가 있다. 정치인은 공무 수행에 몰두한다는 핑계로 가족에게 소홀히 대하는 것을 정당화한다. 작가는 자신의 재능으로 자신의 비사교적인 태도와 이기적인 행동을 변명할 수 있다고 믿는다. 하지만 실제로 정치인은 명성을 더 사랑하는 것뿐이고 작가는 우월감을 즐기고 있는 것뿐이다.

일에 대한 몰입은 그에 따른 성취로 정당화되는 듯하지만 그 성취에는 반드시 대가가 따른다. 우리는 인간으로서 존재하는 것이지 일하기 위해 존재하는 것은 아니다. 그래서 세네카는 이렇게 말했다. "곡괭이를 손에 쥐고 죽는다고 해서 즐거울 이유는 없지 않은가?" 소설가인 알렉산드르 솔제니친도 비슷한 말을 했다. "노새는 일만 하다가 죽는다. 모두가 그 사실을 알아야 한다."

고집할 때와 변화해야 할 때

> 일관성이 결여되어서가 아니라 노력의 부족하여 자신이 바라는 안정된 삶을 살지 못하는 사람을 생각해 보라. 그리고 시작할 때의 모습 그대로 사는 사람들을 생각해 보라.
>
> ─세네카, 마음의 평정에 대해, 2.6b

　　작가 세스 고딘은 슈퍼마켓에서 줄을 서는 사람을 세 가지 유형으로 분석했다. 첫 번째 유형은 자기가 선 줄의 계산이 느리고 옆줄의 계산이 빨라도 그에 상관없이 자기 줄을 고수한다. 두 번째 유형은 몇 초를 절약할 수 있는지를 생각하며 끊임없이 줄을 바꾼다. 세 번째 유형은 오직 자기 줄의 계산이 분명하게 지체되고 있다고 판단했을 때 딱 한 번 줄을 바꾼다. 세스 고딘은 우리에게 묻는다. "당신은 어떤 유형인가?"

　　세네카는 우리에게 세 번째 유형이 되라고 충고한다. 선하고 성실한 삶을 악하고 부정직한 삶으로 바꾸라는 의미가 아니다. 선하고 성실한 삶을 살고 싶은데 방해물이 너무 많다면 길을 바꾸라는 것이다.

　　삶의 목적지에 이르는 길이 하나만 있는 것은 아니다. 그런데 그 길을 너무 자주 바꾸게 되면 그것만으로도 많은 시간을 낭비하게 된다. 또한 길이 분명히 정체되어 있는데도 바꾸지 않는 것 또한 낭비이다. 정체된 길에서 벗어나는 것은 경솔한 것도 변덕스러운 것도 아니다. 그것은 용기 있는 일이다.

JUN 7 당신의 삶은 부모가 아닌 당신의 몫이다

> 우리는 흔히 부모는 선택할 수 없다고, 그냥 우연에 의해 맺어지는 것이라고 말한다. 그러나 우리는 적어도 자신이 원하는 사람은 될 수 있다. 이것도 진리다.
>
> -세네카, 삶의 덧없음에 대해, 15.3a

당신은 현재의 삶에 얼마나 만족하는가? 만약 만족스럽지 못하다면 그것은 누구의 탓이라고 생각하는가? 그 탓 가운데 어느 정도가 부모 때문이라고 생각하는가?

당신은 부모를 선택할 수 없다. 그런데 그 사실이 만족스럽지 못한 삶에 대한 핑계가 될 수는 없다. 삶이 부모로부터 결정되는 것이었다면, 우리는 아무리 잘살아도 기껏해야 부모만큼만 잘살 수 있었을 것이며 삶의 발전도 없었을 것이다. 후세대가 전세대보다 나은 삶을 살 수 있는 것은 부모 세대의 도움을 받았든 못 받았든 그보다 더 나은 삶을 살려고 노력했기 때문이다.

다시 말하지만 당신은 부모를 선택할 수 없다. 그러나 어떻게 살지는 당신만이 선택할 수 있다. 부모는 그저 삶을 던져 준 존재일 뿐이다. 그 삶을 살아가는 것은 오로지 당신의 몫이다.

벽돌을 쌓는 것처럼

당신의 행동 하나하나가 당신의 삶을 만들어 갈 것이다. 각자 가능한 범위 내에서 목표를 달성했다면 그것으로 만족하라. 누구도 그런 당신을 막을 수 없다. 어떤 외적 장애물이 있을 수 있지만 정의로움, 자제력, 지혜로움과 함께했다면 장애물도 없앨 수 있다. 하지만 누군가 내 행동의 어떤 부분을 좌절시키려고 한다면? 그런 경우에는 기꺼이 그 장애물을 받아들이고 주어진 조건에 주의를 기울여라. 그리고 즉시 삶을 만들어가는 데에더 도움이 되는 다른 행동을 취하라.

-마르쿠스 아우렐리우스, 명상록, 8.32

앨라배마대학의 미식축구 감독 닉 세이번은 '절차'라고 알려진 철학 개념을 스포츠에 적용했다. 그는 선수들에게 '중요한 경기', '챔피언십에서의 승리', '라이벌의 성적'과 같은 큰 그림은 무시하라고 가르쳤다. 그 대신 최선을 다한 훈련이나 약속된 플레이 습득, 공수 위치 전환과 같은 아주 작은 것들에 집중하라고 했다.

시즌은 여러 달 지속되고 경기는 몇 시간씩 치러진다. 중요한 것은 한 경기나 한 번의 우승이 아니라, 경기가 치러지는 동안 연습한 대로 최선을 다하는 것이다. '절차'는 난관에 집중하지 않음으로써 난관을 극복하는 방법이다. 절차를 따른다면 승리나 우승은 저절로 따라온다. 우리 인생도 마찬가지이다.

강을 가장 쉽게 건너는 법

변명 없는 부도덕은 없네. 중요하거나 쉽게 개입할 수 없는 곳에서 그런 일은 일어나지 않지. 하지만 한번 시작되면 문제는 넓게 확산된다네. 자네가 이를 허락한다면 결국엔 통제할 수 없을 것이야. 모든 감정은 처음엔 약한 법이지만 이후엔 스스로 분발하여 힘을 모으면서 따라오게 되네. 이를 대체하는 것보다 처음부터 하지 않는 것이 쉬운 법이지.

-세네카, 도덕에 관한 서한, 106.2b-3a

　　　로마의 작가 푸블릴리우스 시루스는 다음과 같이 말했다. "강물을 가장 쉽게 건너는 방법은 강의 시작점에서 건너는 것이다." 세네카가 말하고자 했던 바가 바로 이것이다. 격렬하게 흐르는 강물도 처음 시작은 미미하지만, 갈수록 거대한 물결이 된다. 나쁜 습관, 형편없는 규율, 엉망진창이 되어버린 일, 병리적 장애 등도 아주 작은 흐트러짐에서 시작된다.

　　　잘못된 일이라는 생각이 든다면 아예 시작하지 않는 것이 좋다. 그 일이 계속될수록 빠져나오기가 더 힘들어진다. 만약 잘못된 일이었는지 모르고 이미 시작한 일이라면 그것이 잘못되었다고 판단되는 즉시 빠져나오면 된다. 결정이 늦어질수록 피해는 기하급수적으로 커진다.

타인의 성공에 대한 두 가지 관점

스스로를 위해 아주 어려운 일을 하고자 한다면 그것이 불가능하다고 상상하지 말라. 그것이 가능한 일이라 생각하라. 인간의 본성에 적절한 일이라면 당신 또한 쉽게 성취할 수 있다.

-마르쿠스 아우렐리우스, 명상록, 6.19

성취와 관련해서 세상에는 두 종류의 사람이 있다. 첫 번째 부류는 무언가를 성취한 사람을 볼 때 이렇게 생각한다. "내가 아니고 왜 그 사람이지?" 반면 두 번째 부류는 이렇게 생각한다. "그도 했는데 나라고 왜 안 되겠는가?"

첫째 부류는 성취를 제로섬게임과 같은 것으로 생각한다. "자원은 한정되어 있다. 그가 가지면 나는 못 가진다." 두 번째 부류에게 성취는 제로섬게임이 아니다. "그가 먼저 가졌지만 내가 가질 자원도 여전히 풍부하다." 그는 타인의 성취를 통해 좌절이 아닌 영감을 얻는다. 어떤 관점이 우리를 비탄과 절망으로 몰아갈까? 어떤 태도가 우리를 앞으로 나아가게 할까? 어떤 태도가 좋을지는 너무나도 분명하다. 당신은 어떤 사람이 될 것인가?

JUN
11

적은 내 안에 있다

> 진실로 우리 이성의 목적을 좌절시킬 수 있는 것은 없다. 불, 칼, 폭군, 치욕 혹은 그 밖의 어떤 것들도 우리 이성에 상처를 줄 수는 없다.
>
> -마르쿠스 아우렐리우스, 명상록, 8.41

살아가면서 배신을 당한 경험이 한두 번쯤은 있을 것이다. 그런데 그 배신이 우리의 인생을 얼마나 망가뜨릴 수 있을까? 우리는 이렇게 생각해 보아야 한다. 배신을 당한 후에 인생이 훨씬 더 힘들어졌다면 그것은 배신 때문이 아니라 자신이 무너졌기 때문이 아닐까?

배신당한 경험은 오히려 인생을 더 단단하게 만들기도 한다. 배신의 경험은 이제껏 살아온 내 삶을 되돌아보게 만들고, 인생을 더 이성적이고 철두철미하게 살도록 만든다.

삶은 평탄한 꽃길로만 이루어져 있지 않다. 머피의 법칙이 말하는 것처럼 "잘못될 가능성이 있는 것은 잘못된다." 하지만 잘못된 것에 연연할 필요는 없다. 연연할수록 더 잘못될 뿐이다. 오히려 잘못된 것을 거름으로 삼아 더 나은 인생을 만들어야 한다. 진실로 우리의 목적을 좌절시키는 것은 외부에서 오지 않는다. 언제나 적은 내 안에 있다.

JUN 12 | 인생에 교과서는 없다

이렇게 말하는 것이 얼마나 우스꽝스러운지 반드시 이해하게나. "이제 어떻게 해야 할지 제게 말해 주세요." 이렇게 말하는 친구에게 내가 무슨 조언을 할 수 있을까? 가능한 답변은 이것이네. "어떤 상황에도 적응할 수 있도록 마음을 훈련하라." (…) 답이 주어지지 않는 상황이 있기 마련이네. 그런 상황에서 절망만 하고 있을 것인가?

-에픽테토스, 대화록, 2.2.20b-1; 24b-25a

모든 상황에서 적절하게 행동할 수 있도록 조언해 주는 사람이 있다면 더할 나위가 없을 것이다. 하지만 그런 사람은 없다. 그래서 우리는 예측하기 힘든 미래를 대비하기 위해 계획을 세운다. 무언가를 대비하고 배우는 데 삶의 많은 부분을 할애하는 이유도 이 때문이다. 하지만 권투선수 마이크 타이슨의 말처럼 "누구나 그럴싸한 계획을 갖고 있다. 처맞기 전까지는."

스토아 철학자 또한 세상에 존재하는 모든 의문에 답했던 것은 아니다. 직면할 사태를 대비하기 위해 어떤 계획을 세워야 하는지에 대해서도 말하지 않았다. 하지만 그들은 미래를 걱정하지 않았다. 조건이 어떻게 바뀔지라도 그에 적응할 든든한 자신감이 있었기 때문이다. 삶의 지침서를 찾는 대신 그들은 창조성, 독립성, 자존감, 창의력과 같은 문제 해결 능력을 기르는 데 주의를 기울였다.

우리의 삶을 평화로운 방향으로 안내하는 인생 지침서 같은 것은 없다. 운명 앞에서 원칙을 가지고 탄력적으로 대응해야 한다.

JUN 13 — 삶이라는 전쟁터

> 자네는 우리 인생이 군사 작전과 같다는 것을 모르는가? 누군가는 당직을 서야 하고 또 누군가는 정찰해야 하고 다른 누군가는 최전선에 서야 하는 것처럼 모두가 그렇다네. 사람의 일생은 길고 다양한, 저마다의 전투라고 할 수 있지. 군인처럼 망을 봐야 하고 명령대로 움직여야 하네. (…) 자네는 요충지에 주둔해야 해. 평생에 걸쳐.
>
> -에픽테토스, 대화록, 3.24.31-36

작가 로버트 그린은 "전쟁처럼 인생도 그와 마찬가지"라고 말했다. 우리 인생은 글자 그대로도 그렇고 비유적으로도 전쟁이다. 목표를 획득하기 위해 싸워야 하고, 충동과 싸워야 하고, 원하는 사람이 되기 위해 싸워야 한다.

이 수많은 전쟁에서 이기기 위해서는 어떤 태도가 필요할까? 원칙, 불굴의 의지, 용기, 명석함, 이타심, 희생정신이다. 그렇다면 전쟁에서 패배하게 하는 태도는 어떤 것인가? 비겁함, 경솔함, 무질서, 자만심, 유약함, 이기주의이다. 전쟁에서나 인생에서나 승패를 가르는 마음가짐은 똑같다. "산다는 것은 투쟁하는 동시에 사랑하는 것이다."

다른 손잡이를 잡아라

모든 사안에는 두 개의 손잡이가 있다. 열 수 있는 것과 열 수 없는 것. 형제가 당신에게 잘못을 저질렀다면 '잘못'이라는 손잡이를 움켜쥐지 말라. 그 손잡이로는 아무것도 열 수 없다. 그 대신 다른 손잡이를 잡아라. 당신이 형제와 함께 자랐다는 것을 의미하는 손잡이를 잡았다면, 당신은 열 수 있는 손잡이를 잡은 것이다.

-에픽테토스, 엥케이리디온, 43

유명한 저널리스트 윌리엄 시브룩은 1933년 만성 알콜중독으로 큰 고통을 겪은 후 정신병원에 입원했다. 당시에는 중독치료를 할 수 있는 유일한 곳이 정신병원이었다. 그는 『정신병동(Asylum)』이라는 회고록을 통해 병동 시설에서 자신의 삶을 바꾸려 했던 투쟁을 들려주었다. 처음에는 중독자의 사고방식에서 벗어나지 못했다. 그는 자주 문제를 일으켰고 병원 관계자와의 반목도 끊이지 않아 어떤 진전도 없이 퇴원해야 하는 위기에 처해 있었다. 그러던 어느 날, 그는 "모든 사안엔 두 개의 손잡이가 있다"라고 말한 에픽테토스의 말을 떠올렸다. 훗날 그는 이렇게 회상했다. "다른 손잡이를 쥐었죠. 그리고는 문을 열었답니다. 갑자기 모든 것들이 경이롭고 낯설면서 동시에 아름답게 느껴졌습니다. 그리고 명징하게 다가왔지요." 닫힌 문을 여느냐 열지 못하느냐는 오로지 당신이 어떤 손잡이를 잡느냐에 달려 있다.

두 개의 귀와 한 개의 입

JUN
15

제논은 항상 허튼소리 같은 말로 젊은이들을 놀라게 했다. "우리에게 두 개의 귀와 한 개의 입이 있는 이유가 뭔지 아는가? 말하는 것보다 듣는 것이 두 배로 중요하기 때문이야. 그래서 현자들은 말하는 것보다 듣는 걸 좋아한다네."

-디오게네스의 강의, 탁월한 철학자들의 삶, 7.1.23

현명한 사람은 평범한 사람에 비해 곤란한 문제를 덜 겪는다. 거기에는 몇 가지 단순한 이유가 있다. 첫째, 현명한 자는 가능한 만큼만 기대한다. 가능하지 않은 것에 기대하는 법이 거의 없다. 둘째, 현명한 자는 항상 최상과 최악의 시나리오를 동시에 고려한다. 바라는 대로 되는 것만을 생각하지 않고, 바라지 않는 것들이 현실적으로 일어날 수 있다는 것을 알고 있다. 셋째, 현명한 자는 반면교사를 통해 행동을 수정해 나간다. 그들은 실패하지 않기 위해 실패로부터 무언가를 배운다. 그들에게 있어 실패란 탁월함과 덕성을 갖출 수 있는 또 다른 기회다.

사랑의 작동법

남의 도움을 받는 것을 부끄러워하지 말라. 우리는 성벽을 넘어야 하는 의무를 지닌 군인이나 마찬가지이다. 부상당했을 때 어떻게 다른 군인의 도움 없이 성벽을 오를 수 있겠는가?

-마르쿠스 아우렐리우스, 명상록, 7.7

세상의 어느 누구도 인생에서 직면하는 모든 문제를 풀 수 있는 만능 도구를 갖고 태어나지 않았다. 신생아들만 부모의 도움이 필요한 것은 아니다. 우리는 성인이 되어서도 타인의 도움 없이 살아갈 수 없다. 누군가에게 도움을 준 경험이 있다면 필요한 순간 도움을 청할 수도 있다는 것을 받아들일 줄 알아야 한다. 그것이 우리가 우리 자신을 사랑하는 방법이기도 하다.

자신을 여전히 사랑한다면 타인에게 도움을 요청할 수 있어야 한다. 스스로 모든 것을 감당할 수도 없고 그럴 필요도 없다. 필요하면 요청하라. 형제애도, 우정도, 사랑도 그렇게 작동한다.

운명 대신 철학에 의지하라

> 운명의 여신은 우리 생각만큼 팔이 길지 않네. 그는 그저 자신에게 매달리려는 자들을
> 잡을 수 있을 뿐이야. 그러니 우리, 그로부터 가능한 한 멀리 떨어져 있도록 하세.
>
> -세네카, 도덕에 관한 서한, 82.5b-6

일이 잘되든 못되든 그 원인을 운명의 탓으로 돌리는 것은 삶에 아무런 도움이 되지 않는다. 일의 성패를 운명 때문이라 여기는 순간 우리는 더 이상 노력할 필요가 없어지기 때문이다.

삶에 있어 운의 작용을 완전히 무시할 수는 없다. 하지만 스토아 철학자들의 말처럼 운은 우리가 통제할 수 있는 범위 밖에 있다. 그렇기에 운이란 관심을 가질 필요가 없는 외적 요소에 불과하다.

세네카에게 운명은 싸워서 쟁취하는 것이 아니었다. 그는 운명과 싸울수록 인간은 더 취약해진다고 보았으며 오히려 난공불락과 같은 철학에 의지하는 것이 더 나은 길이라고 생각했다. 세네카에게 있어 철학이야말로 '미칠 듯한 탐욕과 바닥 모를 두려움을 길들일 수 있도록 인간을 돕는' 것이었다.

운명과 싸우지 말라

> 운명이 우리를 찾아낼 때 준비되어 있어야 하고 그에 따를 수 있어야 하네. 운명을 받아들이는 자, 거기에 바로 위대한 영혼이 있네. 그에 반해 연약하고 타락한 자들은 운명과 싸우려 들고 세상의 질서를 무시하려 들지. 그들은 자신을 바꾸려고 하지 않고 신의 실수를 바로잡으려 드는 자들이라네.

-세네카, 도덕에 관한 서한, 107.12

어떤 일이 일어나더라도 준비되어 있어야 하고, 또 이를 따를 수 있어야 한다. 골칫거리, 난관, 사람들의 실망스러운 행동, 혼란스러운 사건에 맞닥뜨리더라도 받아들일 준비가 되어 있어야 한다. 시간을 되돌리고 싶은 헛된 희망에 사로잡히지 말아야 하며 세상의 섭리에 대해 우리의 기호에 맞게 논평하지도 말아야 한다. 우리가 바꿀 수 있는 것은 세상의 섭리가 아니라 우리 자신이다.

JUN 19 지금, 여기에 집중하라

인생 전반이 어떤 모습으로 다가올지 생각하지 말라. 아직 일어나지 않은 나쁜 일에 대해 걱정하지도 말라. 단지 현 상황에 초점을 맞추어 스스로 물어 보라. 지금 여기에서 참고 견딜 수 없는 이유, 살 수 없을 것 같은 이유가 무엇인지 물어 보라. 그러고 나면 그럴 이유를 찾지 못한다는 사실에 부끄러워질 것이다.

-마르쿠스 아우렐리우스, 명상록, 8.36

큰 그림을 그려 보는 것은 중요하다. 스토아 철학자들도 이 사실을 알고 있었다. 그러나 감당할 수 없을 정도로 지나치게 큰 그림에만 몰두한다면 이것저것 모든 것을 고려해야 한다. 때문에 우리는 있지도 않은 상황에 압도당하고 헤어날 수 없는 부작용에 질식하고 만다. 오직 현재에 집중할 때에만 막연한 미래가 불러일으키는 부정적인 생각과 위협에서 벗어날 수 있다.

두려움을 불러일으켰던 사건을 회상하면 우리가 어떻게 그 일을 견디어 내고 이겨 냈는지 의아할 때가 있다. 삶의 전반을 미리 상상하지 말라는 아우렐리우스의 당부를 유념해야 할 이유가 바로 여기에 있다. 외줄 타기를 하는 사람이 자신이 얼마나 높은 곳에 있는가를 생각하지 않는 것처럼, 패배하지 않는 팀이 연승에 집착하지 않는 것처럼, 현재에 집중하는 것이 최선이다.

침묵 속에 답이 있다

JUN
20

> 추구하거나 회피하려는 것들은 스스로 우리에게 다가오지 않는다. 우리가 그것에 다가
> 가는 것이다. 그러므로 그것을 판단하지 말라. 그렇게 하면 그것은 조용히 침묵 속에 머
> 물러 있을 것이다. 그러면 우리가 추구하려는 것이나 도망치려는 것도 남의 눈에 띄지
> 않게 될 것이다.
>
> -마르쿠스 아우렐리우스, 명상록, 11.11

    미국의 해군 특전대 네이비 실에는 교관에서 교관에게로, 생도에게서 생도에게로 전해 내려오는 교훈이 있다. 혼돈의 한가운데, 전운이 감도는 긴장 속에 있을 때 그들의 야전 지침은 이렇게 충고한다. "침묵은 전염이다."

    사람이 자신의 재능을 잃어버리고 집단이 다음에 무엇을 해야 할지 확신하지 못할 때, 리더의 임무는 단 하나다. "침묵을 유지하라." 모든 것을 포기했다는 체념으로서의 침묵이 아니다. 그다음 무엇을 해야 할 것인가를 탐색하기 위한 침묵이다.

    어떤 상황에서도 놀라지 않고 걱정하지 않으려면 침묵을 통해 평정심을 유지해야 한다. 시끄러운 상태에서는 답을 찾을 수 없다. 침묵하게 되면 답은 스스로 찾아온다.

모르고 행한 것이니 용서하라

JUN 21

> 플라톤이 말한 것처럼, 모든 영혼은 자신의 의지와 상관없이 진리를 빼앗긴다. 정의, 자제력, 타인에 대한 선한 의지, 그리고 그 밖의 모든 덕목도 마찬가지이다. 이와 같은 생각을 우리의 마음속에 지속적으로 유지하라. 이것만으로도 우리는 모두에게 친절하게 대할 수 있을 것이다.
>
> -마르쿠스 아우렐리우스, 명상록, 7.63

골고다 언덕 위로 십자가를 끌고 가야 했던 예수는 실로 엄청난 고난을 겪었다. 십자가를 짊어지고 언덕을 오르는 내내 주먹과 막대기로 맞았으며 꼬챙이에 찔려야 했다. 언덕에 도착했을 때는 두 명의 일반 범죄자가 십자가형에 함께 처해지기 위해 예수를 기다리고 있었다. 거기서 예수는 자신의 옷을 갖기 위해 주사위를 굴리는 군인들과 자신을 비웃고 조롱하는 군중을 본다. 그리고 이렇게 말한다. "아버지, 저 사람들을 용서하여 주십시오. 저 사람들은 자기네가 무슨 일을 하는지 알지 못합니다."

플라톤도 몇백 년을 앞서 비슷한 의미의 이야기를 했고, 예수 사후 200년이 지나 아우렐리우스도 비슷한 맥락의 말을 했다. "용서하라. 저들은 진리를 빼앗겼다. 빼앗기지 않았다면 저들은 저렇게 행동하지 않았을 것이다." 진리와 영혼을 지키는 것은 그만큼 어려운 일이다. 하지만 그것을 지킬 수 있다면 우리는 용서도 할 수 있다.

제2의 천성

> 한 번 좌절했다면 스스로에게 이 정도야 극복할 수 있다고 말할 수 있지. 그러나 예전에도 그와 같은 일이 있었다면 우리는 서서히 약해진다네. 결국에는 자신의 실수를 되돌아보려고도 하지 않고 종국에 가서는 자신의 행동을 합리화하기 시작한다네.
>
> -에픽테토스, 대화록, 2.18.31

미치광이란 "같은 일을 반복하면서 매번 다른 결과를 기대하는 사람"이라는 말이 있다. 그런데 사실 대부분이 그렇다. 사람들은 생각을 고치려 하지 않고 행동을 바꾸려 하지도 않으면서 희망만은 그대로 유지하려고 한다. 칸트가 '자기합리화와 변명은 제2의 천성'이라 꼬집은 이유도 여기에 있다.

많은 사람은 "오늘은 그렇게 하지 않을 거야"라고 다짐해 놓고 동일한 생활 습관을 반복한다. 그리고는 오늘만큼은 아무 일이 없기를 희망한다. 이런 희망은 허황된 바람일 뿐이다.

실패했다는 것이 완전히 잘못된 인생을 살았다는 의미는 아니다. 실패와 좌절은 우리가 피할 수도, 선택할 수도 없는 삶의 한 부분이다. 하지만 실패로부터 배울 것인지 말 것인지는 전적으로 우리의 선택에 달려 있다.

먼 길을 돌아가는 어리석음

스스로 박탈하지 않는다면 당신은 먼 길을 돌아 당신이 얻으려 희망하는 모든 것들을 지금 이 순간에 거머쥘 수 있다. 과거는 버려두고, 미래는 섭리에 맡기고, 지금 이 순간에 집중하면 된다.

-마르쿠스 아우렐리우스, 명상록, 12.1

당신은 지금 무엇을 위해 일하는가? 그 분야의 최고 전문가가 되기 위해서? 아니면 백만장자가 되기 위해서? 또는 다른 사람으로부터 존경받기 위해서?

그 대답이 무엇이든 그다음 질문에 답해 보자. 그런 것들을 왜 얻으려 하는가? 그러면 대부분 이렇게 대답한다. "그것이 나에게 행복을 가져다주기 때문에."

행복을 얻기 위해 왜 그렇게 돌아가고 왜 그렇게 많은 시간을 투자하는가? 당신이 얻으려는 행복은 지금 바로 당신이 하는 행위 속에 있다. 행복만이 아니다. 모든 것이 바로 앞에 놓여 있다. 그것을 얻기 위해 먼 길을 돌아갈 필요는 없다.

배운 자는 싸우지 않는다

JUN
24

아름답고 선한 사람들은 그들이 할 수 있다 하더라도 다른 사람과 싸우려 하지 않으며
타인의 싸움을 허용하지도 않는다네. 이것이 바로 교육을 받았다는 의미지. 내 문제인지
그렇지 않은지를 아는 것, 이 사실을 알고 있다면 어디에 싸움의 여지가 있겠는가?

-에픽테토스, 대화록, 4.5.1; 7b-8a

     소크라테스는 아테네를 배회하면서 오랜 시간 토론을 벌여 사람들의 통념을 깨부수는 것으로 유명했다. 대화의 상대들은 소크라테스의 질문을 받다가 끝내는 짜증과 분노로 폭발하고 말았다. 이렇게 아테네 시민들의 분노를 유발하고 다닌 대가로 아테네는 소크라테스에게 사형을 선고했다. 하지만 소크라테스는 한 번도 분노에 휩싸인 적이 없었다. 삶과 죽음에 관해 토론을 벌였을 때도 그는 언제나 냉정한 상태였으며 심지어는 자신의 죽음 앞에서도 그러했다.

     정치적인 논쟁, 개인적인 의견 불일치와 마주하면 자신에게 이렇게 질문을 던져 보자. "이것이 우리가 싸워야 할 이유가 되는가?" "이 말싸움이 문제 해결에 도움이 되는가?" 현명한 사람은 문제를 해결하기 위해 대화하지 싸우기 위해 대화하지 않는다.

현자의 혀

이것이 바로 현자에게 그들의 기대에 어긋나는 일이 일어나지 않는 이유이다.

-세네카, 마음의 평정에 대해, 13.3b

시인 헤시오도스는 "최고의 보물은 인색한 혀"라고 말했다. 또한 작가 로버트 그린은 『권력의 법칙』에서 "항상 필요한 것보다 적게 말할 것"이라고 했다.

우리는 타인을 도와야겠다는 생각으로 많은 말을 한다. 그래서 배우자나 친구가 어떤 얘기를 토로할 때 우리는 그들에게 무엇을 해야 하는지 알려 주고 싶어 한다. 하지만 좋은 의도와 달리 말을 많이 하면 일을 더 어렵게 만들곤 한다.

사람들은 자신의 말을 들어 달라고 요청하지만 우리는 그와 같은 요청을 조언해 달라는 것으로 착각하곤 한다. 게다가 우리가 들려 주는 이야기는 그들이 듣고 싶은 이야기가 아니라 내가 하고 싶은 이야기일 가능성이 크다. 말은 충분히 들은 다음에 해도 늦지 않다. 문제에 대한 답은 이미 말하는 사람의 마음속에 존재하고 있기 때문이다.

JUN 26 의도적으로 반대로 하라

나쁜 습관을 바꾸려 할 때 우리가 즉시 실천할 수 있는 행동은 무엇일까? 반대로 하는 것이다!

-에픽테토스, 대화록, 1.27.4

탁월한 심리학자이면서 홀로코스트의 생존자였던 빅터 프랭클은 공포증과 신경질환에 고통받는 환자를 위한 새로운 치료법을 개발했다. 불면증 환자가 있을 때 기존의 의료계에서는 이완 기술을 가르치는 것이 일반적인 처방이었다. 하지만 프랭클은 환자들에게 "잠들려고 하지 마세요"라고 말했다. 그는 문제에 초점을 맞추지 않는 방법으로 환자의 강박관념을 해방시켰다.

원하는 일이 이루어지지 않을 때 우리는 강박관념에 휩싸인다. 그때의 강박관념은 겉으로는 성공에 대한 의지인 듯 보이나 실제로는 장애물이다. 성공하고 싶다면 성공에 대한 '가짜 의지'를 버려야 한다. 성공에 대한 진짜 의지는 역설적으로 성공을 생각하지 않는 것이다. 실패에 대한 두려움도 마찬가지이다. 실패하고 싶지 않다면 실패에 대한 생각 자체를 버려야 한다.

JUN 27 역경이 드러내는 것

어떻게 도와줄 수 있다는 말인가? 불평할수록 불운은 더욱 무거워지는 것을. 역경에 포획당하는 것보다 왕에게 어울리는 것이 어디 있는가? 그의 지위가 흔들릴수록, 권좌에서 금방이라도 떨어질 것 같을수록 지키고 싸워야 하는 것이 분명하거늘. 운명 앞에서 물러서는 것이 어찌 용맹한 일인가!

-세네카, 오이디푸스, 80

증권 회사 CEO인 월터 베팅거는 이사회의 인물을 채용하기 위해 매년 수백 명 이상을 인터뷰했다. 사람들은 그가 인재 채용에 실패하지 않기 위해 여러 가지 인터뷰 기법을 체득했을 거라고 생각했다. 하지만 그는 나이가 들면서 딱 한 가지 기법만을 사용했다고 한다. 바로 자신의 아침 식사 자리에 후보자를 초대하는 것이다. 그리고 식당 매니저에게 고의적으로 후보자의 식사 주문을 엉망으로 만들 것을 부탁했다. 후보자들의 반응을 보기 위해서였다.

후보자가 화를 내거나 무례하게 반응하며 사소한 일로 중요한 자리를 망치는가? 아니면 우아하고 세련된 태도로 이 불편함을 다루는가? 작은 역경과 부딪혔을 때 아무렇지도 않게 반응하는 것은 결코 사소한 능력이 아니다. 거기서 모든 역량이 드러난다.

JUN 28 당신이 무엇을 가졌는지 인식하라

> 어떤 이는 예민하지만 어떤 이는 둔하다. 어떤 이는 비교적 좋은 환경에서 양육되지만 어떤 이는 최악의 환경에서 자란다. 후자의 경우 가르치고 훈육하기 위해서 주의 깊은 지도가 필요하다. 우리 육신도 마찬가지이다. 병들고 열악한 건강 상태에 있을 때는 완전한 건강을 찾을 수 있을 때까지 더 많은 주의를 기울여야 한다.
>
> -무소니우스 루푸스, 강의록, 1.1.33-1.3.1-3

인생이 원래 불공평하다는 사실을 받아들이는 것은 매우 중요하다. 당신이 가진 이점을 모두가 누리는 것은 아니다. 누군가에게는 당연한 권리이지만 누군가에게는 시혜를 받아야만 가능한 일이다. 타인을 이해하고 인내하는 것이 인간에게 주어진 고유한 의무가 되는 이유가 바로 이 때문이다.

철학은 정신을 훈육하고 영혼을 돌본다. 신진대사가 남보다 활발한 사람, 키가 남보다 더 큰 사람이 있는 것처럼 어떤 이에게는 더 많은 관심이 필요하다. 타인을 더 많이 용서하고 더 많이 인내하려면 자신이 누리고 있는 특권이 무엇인지 생각해 보라. 나의 특권이 무엇인지 이해할 때 타인의 결핍에 대한 이해도 함께 높아진다.

누군가 했다면 모두가 할 수 있다

거만함을 억제하는 것은 가능하다. 쾌락과 고통을 극복하는 것도, 야망에 초연해지는 것
도 가능하다. 어리석고 은혜를 모르는 사람들에게 화를 내지 않는 것도 가능하다. 심지
어 그들을 보살펴 주는 것도 가능하다.

-마르쿠스 아우렐리우스, 명상록, 8.8

"제가 원래 그렇게 생겨먹은 걸요."

"이렇게 하는 방법을 배운 적이 없어요."

"자식 입장에서 우리 부모님은 최악이에요."

"모두가 그렇게 하지 않나요."

이 모든 말은 전부 변명이다. 개선과 향상을 추구하기보다 그 자리
에 머물러 있는 자신을 정당화할 때 사용하는 것이다. 세상에 완벽한 부
모는 없으며, 유혹과 분노에 면역을 갖추고 태어나는 사람도 없다.

한편 거만함을 억제하는 것, 분노를 조절하는 것, 심지어 배은망덕
한 사람을 돌보는 것도 가능하다. 누군가는 그렇게 한다. 사소한 문제를
푸는 것처럼 그들은 그렇게 해결책을 찾아갔다. 해법을 찾기 위해 헌신
하고 자신을 갈고닦기 위해 노력했다. 어떤 사람이 했다면 모두가 할 수
있는 일이다. 변명은 해결책이 아니다.

장애물은 도약을 위한 발판이다

누군가가 우리의 행동을 지연시킬 수 있다. 그러나 주어진 조건에 적응하고 유연하게 반응하는 힘이 있는 한, 우리의 의도와 태도까지 지연시키지는 못한다. 왜냐하면 우리 마음이 가진 유연성은 어떤 장애물도 성취를 향한 수단으로 변환시킬 수 있기 때문이다. 그렇기에 우리를 지연시키는 행동이 결국에는 향상을 위한 행동으로 바뀐다. 길 위에 있는 장애물은 또 다른 길이다.

-마르쿠스 아우렐리우스, 명상록, 5.20

오늘 하루 당신의 계획에 반하는 일이 일어날 수 있다. 오늘이 아니면 내일 일어날 수도 있다. 장애물과 마주하면 모든 계획이 틀어지는 것처럼 느껴지지만, 겉보기보다 나쁘지 않을 수 있다. 인간의 마음은 무한히 탄력적이며 적응력이 강하기 때문이다. 스토아적 사고를 훈련함으로써 우리는 장애물을 전복시킬 수 있다. 우리에게 닥친 부정적인 사건은 품성을 기르고 탁월함을 드러내는 또 다른 기회이기도 하다.

누군가가 나에게 상처를 준다면 관용을 연습할 기회이고, 어떤 과제가 어렵다면 인내력을 기를 기회이며, 자녀가 큰 실수를 저질렀다면 그에게 가치 있는 교훈을 가르쳐 줄 기회다. 덕과 품성을 함양할 수 없고 진보를 이끌어 내지 못하는 상황은 없다. 세상의 모든 걸림돌은 도약을 위한 또 다른 형태의 발판이다.

내 안의 불꽃을 지키는 것만으로도
세상의 빛은 꺼지지 않는다.

3부

지치고 불안한 마음에
용기를 더하는 말들

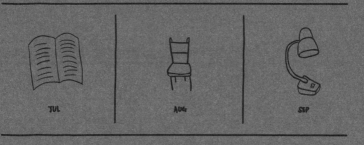

JUL   AUG   SEP

문득 삶이 불안하고 허무하게 느껴질 때가 있는가? 아마 많은 사람이 공감할 것이다. 이유
는 간단하다. 인생은 어느 것 하나 내 뜻대로 되지 않고, 손에 쥐었다고 생각한 행복이나 성
공도 언제든 모래알처럼 빠져나가기 때문이다. 30년 노예 생활을 겪고도 오늘날 위대한 철
학자로 기억되는 에픽테토스는 이렇게 조언한다. "이미 지나갔는가? 그렇다면 붙들지 마
라. 아직 오지 않았는가? 그렇다면 열망을 불태울 때가 아니다. 묵묵히 다시 올 때를 기다려
라. 그러다 보면 언젠가 신들의 연회에 참석할 자격을 얻게 될 것이다."

July

7월

몸과 마음의 평온은
어디에서 오는가?

운명을 내 편으로 만드는 두 단어

지나간 과거는 내버려 두어라. 위대한 섭리에 미래를 맡겨라. 그리고 오직 현재만이 경건함과 정의로움을 향해 갈 수 있도록 몰두하라. 경건함이란 우리에게 부여된 운명을 사랑하는 것이다. 왜냐하면 자연이 우리에게는 운명을, 운명에게는 우리를 가져다주었기 때문이다. 정의로움이란 우물쭈물 회피하지 않고 자유롭게 진실을 말하는 것이다. 그럴 때에야 우리는 법대로 행동할 수 있으며 사물에게 요구되는 가치대로 움직일 수 있다.

-마르쿠스 아우렐리우스, 명상록, 12.1

로마 시대 저술가 아우룰스 겔리우스는 에픽테토스가 이렇게 말했다고 기록을 남겼다. "만일 누군가가 두 단어를 마음에 새긴 뒤 그것으로 마음을 다스리고, 자신을 돌본다면 그는 더할 나위 없이 완벽한 평정심의 길로 들어설 수 있다. 그 두 단어란 바로 집요함과 저항이다."

그렇다면 어떤 원칙으로 지속하고 저항해야 하는 걸까? 아우렐리우스 황제는 그 물음에 이렇게 답했다. "경건함으로 지속하고 정의로움으로 저항하라."

평온의 바다에 이르는 방법

모든 것이 우리의 판단에 달렸다. 그리고 판단할 수 있는 능력은 우리에게 있다. 성급한 판단을 하지 않는다면, 우리는 암초를 돌아서 먼 바다로 나아가는 배처럼 잔잔한 물결과 좋은 날씨, 그리고 안전한 항구를 찾을 수 있다.

-마르쿠스 아우렐리우스, 명상록, 12.22

미국의 법학도들에게 가장 존경받는 인물인 대법원장 올리버 웬들 홈스 주니어는 재판관들이 저지르는 법리 해석의 모순과 성급한 판결을 수없이 목격하고 이런 말을 남겼다. "개도 발에 걸려 넘어지는 것과 차여 넘어지는 것을 구분할 수 있다." 합리적 이성을 갖고 있다면 명백히 잘못된 판결을 내리지 말라는 의미다. 우리가 개만도 못하기 때문에 이런 실수를 저지르는 것이 아니다. 오히려 개에는 없는 편견, 무지, 아집, 질투가 있기 때문에 잘못된 판결을 내린다.

덕이 있는 사람은 이렇게 판단한다. "사고는 일어날 수 있으며 그가 잘못을 모를 수도 있다. 만약 알고 있다면 다시 일어나지 않을 것이다." 악의적인 추측과 성급한 판단은 인내와 관용을 발휘하기 어렵게 한다. 신중해야 할 때 우리는 아우렐리우스가 말한 완전한 평온을 발견할 수 있다.

JUL 3 느긋하게 흐름을 타라

> 철학자의 임무는 인간의 의지와 일어나는 사건이 조화를 이루도록 전환시키는 것이네. 그렇게 함으로써 우리 의지에 반하여 일어나는 것이 없게 되고, 희망하지 않는 것 또한 일어나지 않게 되는 법이지.
>
> ―에픽테토스, 대화록, 2.14.7

자신의 의지를 세상에 관철시키기란 대단히 힘들다. 대신 세상의 흐름을 수용하고 이에 반응하는 것은 그리 어려운 일이 아니다. 교통 체증으로 도로 위에 갇혀 있다면 긴장을 풀고 느긋하게 앉아 기다리는 것이 필요하다. 오랫동안 천천히 운전했다고 차가 고장 나는 것은 아니다. 오히려 지름길을 찾아 차를 돌리는 순간 기다림은 더 길어지고 사고까지 일어날 수 있다.

인간의 현존은 언제나 불안정하다. 뜻대로 되지 않는다고 해서 분노에 사로잡히는 것만큼 어리석은 일은 없다. 세상에 의지를 관철시키는 방법은 세상과 맞서는 것이 아니라 세상의 흐름을 타는 것이다. 그것도 느긋하게.

JUL 4 불행을 부르는 단 한 가지

짧게 말하겠네. 이 사실을 반드시 기억하게. 합리적 선택의 범위를 벗어난 것을 소유하려고 한다면 자네의 선택 능력이 파괴될 것이야.

-에픽테토스, 대화록, 4.4.23

인도 출신의 예수회 수도사 앤서니 드 멜로는 이렇게 말했다. "딱한 가지가 불행을 일으킨다. 그 한 가지란 집착이다." 우리가 집착하는 것은 부와 명예일 수도 있으며 장소나 시간, 혹은 직업이나 생활 습관일 수도 있다. 우리가 집착하는 모든 것이 위험한 이유는 딱 하나다. 바로 이 모든 것들이 우리가 합리적으로 선택할 수 있는 영역에서 벗어나 있기 때문이다.

에픽테토스도 같은 생각을 했다. "집착으로 인해 인간은 변화를 받아들이지 못한다." 한번 갖게 되면 손에서 놓지 않으려는 것이 인간의 본성이다. 그렇게 계속 유지하려다가 인간은 소유한 것의 노예가 된다.

모든 것은 변한다. 잠깐 가지거나 잠시 누리는 것만이 우리에게 허락된 전부이다. 영원한 것은 스토아가 말한 합리적 선택 능력, 오직 그것 뿐이다.

좋은 일이란 그 자체로 좋은 것이다

선한 사람들은 훌륭하다 생각되면 힘들고 불결한 일일지라도 행할 것이네. 자신에게 부
상을 가져올지라도 위험을 야기할지라도 멈추지 않을 것이네. 하지만 그 반대의 경우라
면 돈과 쾌락과 권력을 가져다주는 일이라도 하지 않을 것이야. 그들은 어떤 경우에도
훌륭한 일이라면 물러서지 않고, 부끄러운 일이라면 현혹되지 않아.

-세네카, 도덕에 관한 서한, 76.18

어떤 일이 힘든 것은 그것이 불순한 의도를 가지고 있기 때문인 경
우가 많다. 누군가를 속이거나 배신하려고 할 때 우리는 수많은 거짓말
을 하고 거짓 행동을 해야 한다. 반대로 좋은 일을 하기는 어렵지 않다.
그것이 힘든 일일지라도 좋은 일은 즐기면서 할 수 있기 때문이다.

좋은 일과 나쁜 일의 기준은 무엇인가? 그것은 바로 기꺼이 즐기
면서 할 수 있는 일인가, 아니면 마지못해 억지로 하는 일인가에 달렸다.
지금 하는 일에 거리낌이 없다면 좋은 일일 가능성이 크다. 그러나 조금
이라도 머뭇거리게 된다면, 그것이 혹시 나쁜 일이 아닌지 의심해 봐야
한다.

JUL
6

배움의 목적

배움을 통해 우리가 얻을 수 있는 결실은 무엇일까? 배움을 통해 얻을 수 있는 가장 아름다운 결실은 평온함과 대담함, 그리고 자유라네. 자유로운 사람만이 배울 수 있다고 말하는 인간을 신뢰하지 말게나. 지혜로운 사람들은 오직 배운 자만이 자유롭다고 말한다네.

-에픽테토스, 대화록, 2.1.21-23a

　　당신은 왜 이 책을 집어 들었는가? 보다 똑똑해지기 위해서, 계획적으로 시간을 보내기 위해서, 당신이 원하는 말을 듣기 위해서라면 이 책을 읽는 것보다 더 좋고 쉬운 선택지가 있을 것이다.

　　그럼에도 당신이 이 책을 집어 든 이유는 어떻게 살아야 하는지를 배우고 싶기 때문이다. 우리는 좀 더 자유롭고 싶고, 삶의 두려움을 떨치고 싶으며, 평온을 유지하며 세상을 살아가고 싶다. 모든 배움은 그 자체로 끝나는 것이 아니다. 배움에는 목적이 있다.

　　반드시 해야 할 일이 있을 때 집중력을 흩트리는 것들이 있음을 기억하자. 텔레비전을 보고 수다를 떠는 것이 책을 읽고 철학을 공부하는 것보다 시간을 더 유용하게 쓰는 것처럼 느껴질 테지만, 자유에 이르는 유일한 길은 배움뿐이다.

JUL 7 결과는 신의 영역이다

나는 한 번도 내 의지를 방해받은 적이 없네. 내 의지를 강제하는 일을 겪지 않았어. 어떻게 그것이 가능할 수 있을까? 내 선택을 신의 의지와 함께하도록 묶어 놓으면 된다네. 신의 의지가 나를 아프게 하는 것이라면 그것이 바로 나의 의지야. 신의 의지로 무언가를 선택해야 한다면 나는 그렇게 할 것이야. 그가 나로 하여금 무언가를 갖게 하고 무엇을 주고자 한다면 나는 그와 동일한 것을 희망할 것이야. 신이 바라지 않으면 나 또한 희망하지 않네.

-에픽테토스, 대화록, 4.1.89

　　제2차 세계대전의 판도를 바꾼 노르망디 상륙작전이 실시되기 전날, 아이젠하워 장군은 아내에게 보내는 편지에 이렇게 썼다. "우리가 생각할 수 있는 모든 것을 짜내어 연합군이 자신이 맡은 역할을 다하도록 했어. 하지만 답은 신의 무릎 위에 있겠지." 그는 자신이 할 수 있는 모든 것을 했다. 그리고 에픽테토스가 말한 것처럼 어떤 일이 일어나더라도 그것을 수용할 자세를 갖추었다.

　　그는 작전이 실패로 돌아갔을 경우에 보낼 편지도 밤새 써 두었다. 결과는 운명 혹은 신, 그것을 무엇이라고 부르든 자신보다 큰 무언가에 달려 있다는 것을 알 만큼 그는 겸손했던 것이다. 우리도 그러해야 한다. 아무리 많은 계획을 세우고 숙련된 기술이 있다 할지라도 궁극적인 결과는 내 생각과 다를 수 있다는 사실을 받아들여야 한다.

불평은 시간 낭비다

비참하고 우울한 인생으로도 충분하다. 어리석은 행동은 그만하라. 왜 투덜거리는가? 뭔가 새로운 것이라도 있는가? 왜 혼란스러워 하는가? 책임감이 문제인가? 잘 살펴보라. 혹은 사건 자체가 문제인가? 그것도 잘 살펴보라. 그것들 외에는 어떤 것도 생각할 가치가 없다. 이제 신들 앞으로 나아가듯 더 솔직하고 선량한 존재가 되도록 노력하라. 100년, 아니 고작 3년을 심사숙고해도 결론은 마찬가지이다.

-마르쿠스 아우렐리우스, 명상록, 9.37

작가인 조앤 디디온은 자신의 에세이에서 "인격이란 자신의 삶을 책임지려는 의지로 자기 존중감이 샘솟는 원천"이라고 했다. 아우렐리우스는 우리에게 자신이 갖지 못한 것, 제대로 되지 않는 일 때문에 불평하면서 시간을 낭비하지 말 것을 당부했다. 이 같은 어리석음을 저지르지 않아야 우리는 삶의 주인으로 바로 설 수 있다. 인격은 계발할 수 있는 것이며, 인격이 계발되어야 자기 존중감도 따라온다. 그 시작은 책임감을 갖는 것이다.

이러한 인격적 특질 없이 살아가는 것이야말로 모든 운명 중 최악이다. 디디온은 이것 없이 살아가는 삶을 "따뜻한 우유 한 잔이나 수면제 한 알도 없이 담요 한 자락을 부여잡고, 배반당한 신뢰와 깨진 약속, 태만과 비겁과 부주의함으로 낭비한 재능을 헤아리며 불면의 긴 밤을 보내는 것"이라고 했다.

우리는 모두 철학자가 되어야 한다

나는 훌륭한 왕이 되려면 철학적 사고가 필수적이라는 것을 믿기 때문에 철학자야말로
처음부터 왕다운 인간이라고 생각한다.

-무소니우스 루푸스, 강의록, 8.33.32-34

　　플라톤은 자신의 책 『국가』에서 철학자가 통치하는 것이 가장 이
상적인 사회의 모습이라 상상했다. 그는 이렇게 말했다. "철학자가 왕이
되어야 한다. 그렇지 않으면 진실로 철학을 탐구한 자를 왕이라 불러야
한다." 플라톤의 이상을 제대로 구현한 사람은 아우렐리우스 황제였다.
그는 철학적 사고로 나라를 다스렸다.

　　철학적 사고가 왕에게만 필요한 것은 아니다. 현대를 살아가는 우
리 모두 어느 정도 왕과 같은 리더의 역할을 수행해야 한다. 가정에서,
직장에서, 모임에서 우리는 다른 의견을 조율하고 실행할 수 있는 리더
십이 필요하다. 합리적 이성과 도덕률로 올바른 방향을 설정하고, 사람
들 사이의 생각을 하나로 모으고, 계획적으로 행동하는 데 철학만큼 좋
은 수단은 없다.

진정한 강함이란 무엇인가?

> 화가 치밀어 오르는 순간이 오면 그 생각을 가볍게 유지하라. 화가 증폭되지만 않으면
> 된다. 상냥함과 공손함이 인간의 본성에 가깝다. 분노와 불만에 스스로를 무너뜨리지 않
> 는 인간이야말로 강인하며 진정한 용기와 참을성을 지녔다고 할 수 있다. 마음은 평정심
> 을 유지할 때 더욱 강인해진다.
>
> ―마르쿠스 아우렐리우스, 명상록, 11.18.5b

      운동선수들은 왜 틈만 나면 경쟁자를 향해 공격적인 언사를 퍼붓고 심판이 보지 않을 땐 야비한 짓도 서슴지 않는 것일까? 상대를 자극해서 분노를 유발하면 경기를 원하는 대로 쉽게 풀어갈 수 있음을 알기 때문이다.

      분노에 휩싸일 때마다 기억하도록 하자. 분노는 강렬한 인상을 주지도 못하고 당신의 강함을 증명하지도 않는다. 분노는 그저 패착일 뿐이며 연약함의 다른 이름이다. 무엇을 하든 누군가는 자신의 승리를 위해 이런 함정을 우리 앞에 깔아 놓는다.

      분노에 휩싸이지 않는 사람을 겁먹게 할 수는 없다. 격정이 그들을 통제하는 것이 아니라 그들이 격정을 통제하기 때문이다. 강함이란 평정심을 유지하는 능력임을 기억하라.

충동의 노예가 되지 말자

생각의 틀을 이렇게 형성하라. 더 이상 충동의 노예가 되지 않도록, 꼭두각시처럼 행동하지 않도록 하라. 오늘의 행운에 대해 품평하는 것도 미래의 두려움에 대해 한탄하는 것도 그만두어라.

-마르쿠스 아우렐리우스, 명상록, 2.2

　누군가 당신에게 동의할 수 없는 말로 충고를 건넨다면 내면에서 논쟁을 벌이고 싶다는 충동이 일어날 것이다. 또한 우리는 앞에 쿠키가 한 접시 놓여 있다면 꼭 하나는 집어먹어야 한다. 누군가 싫어하는 행동을 하고 있다면 화내는 게 당연한 것 같고, 나쁜 일이 일어났다면 슬퍼하거나 우울해하거나 걱정한다. 그러나 시간이 지난 후 좋은 일이 생기면 갑자기 행복해하고 즐거워하며 더 좋은 일들을 기대하기도 한다.

　하지만 외적인 사건과 사물이 우리를 충동질하도록 내버려 두지 말아야 한다. 줄에 매달린 꼭두각시처럼 움직이지 말고, 마땅히 그렇게 해야 하기 때문에 움직여야 한다. 우리는 독립적인 존재이며 자기 충족적인 존재다. 감정에 휘둘리지 않고 감정을 통제하는 삶을 살자.

대안은 얼마든지 있다

군대에 복무할 수 없을 것 같은가? 그럼 공공사무소를 찾아가도록 하게. 개인적인 영역에서 살아야 하는가? 그럼 대변인이 되도록 하게. 침묵하도록 선고받았는가? 그러면 침묵하는 대중 옆에서 동료 시민을 도울 수 있도록 하게. 광장에 발을 들여놓는 것이 위험하다고 생각하는가? 집이나 극장, 연회장에서 좋은 동료, 신실한 친구, 신중한 손님으로 자신을 드러내면 되네. 시민으로서의 의무를 상실했는가? 그렇다면 인간으로서의 의무를 실천하도록 하게.

-세네카, 마음의 평정에 대해, 4.3

남북전쟁의 승리가 눈앞에 다가왔을 때, 정부 요직을 차지하기 위해 한 남자가 링컨에게 접근했다. 먼저 그 남자는 링컨에게 외무부 장관이 될 수 없겠느냐고 물었다. 링컨이 거절하자 그는 장관만큼은 아니지만 조금 중요한 자리를 요청했다. 그것도 거절당하자 그는 그보다 직급이 낮은 자리를 부탁했다. 그것조차 받아들여지지 않자 그는 마침내 링컨에게 낡은 청바지 하나를 부탁했다. 링컨은 이 이야기를 군 장성들에게 들려주며 말했다. "사람이 유연하다는 것은 좋은 일이야."

우스갯소리지만 이 이야기는 스토아 철학에서 말하는 유연함과 결단이 무엇인지 보여준다. 우리는 어떤 일을 원할 때 꼭 그것이 아니면 안 될 듯이 생각한다. 하지만 그렇지 않다. 대안은 얼마든지 있다. 아무것도 남아 있지 않다고 생각되는 순간에도 우리에게는 여전히 '삶'이라는 대안이 남아 있다.

증오심을 다루는 법

누군가 나를 경멸한다면? 그렇게 보도록 놓아두어라. 하지만 나는 경멸받을 만한 어떠한 행동도 말도 하지 않도록 조심할 것이다. 누군가 나를 증오한다면? 그들이 그렇게 보도록 놓아두어라. 하지만 나는 친절과 온화로 모두를 대하도록 조심할 것이다. 그리고 그들이 잘못했을 때 그 잘못을 지적할 준비를 할 것이다. 하지만 비난하지 않을 것이며, 내가 인내하고 있음도 드러내지 않을 것이다. 단지 진솔하고 참되게 대할 것이다.

-마르쿠스 아우렐리우스, 명상록, 11.13

어떤 일에 대해 확고한 의견을 가진 사람은 그 의견을 드러낼 기회가 있으면 필요 이상으로 많은 말을 한다. 특히 누군가를 증오하고 있을 경우에는 더 그렇다. 하지만 아이러니한 사실은 그런 편견을 가진 사람이야말로 자신이 비난을 퍼붓는 상대에게 종종 비밀스러운 매력을 느낀다는 점이다.

스토아 철학자들은 타인에 대한 증오나 나쁜 감정과 마주했을 때 다음과 같이 자문했다. "이 감정이 내 통제 안에 있는가?" 만약 그 사람에 영향을 줄 수 있고 변화의 가능성이 있다면 그들은 그 느낌을 받아들였다. 하지만 그렇지 않을 경우 스토아 철학자는 증오를 증오로써 받아치지 않았다. 스토아 철학자들은 타인을 있는 그대로 받아들였다.

얕은 지식은 위험하다

초심자에게는 위대한 힘이 오히려 위험하다네. 자네는 할 수 있다면 갖고 있는 모든 것을 휘두르려고 할 것이야. 하지만 그 힘은 반드시 자연과 조화를 이루어야 한다네.

-에픽테토스, 대화록, 3.13.20

위대한 스승들은 가장 전도유망한 제자에게 더 엄격했다. 그들은 제자의 잠재성을 알아보고 완전히 깨우치기를 바랐다. 하지만 스승은 타고난 능력과 빠른 이해력이 제자를 위험에 빠뜨릴 수 있음도 잘 알고 있었다. 탁월한 재능은 자만심과 허영이라는 나쁜 습관을 이끌어낼 수 있다. 빨리 받아들이는 사람은 기초적인 것과 기본적인 사실을 무시하는 것으로 악명 높다. 그러니 조바심을 가지지 말고 천천히 하자. 겸손은 느림에서 얻어진다.

JUL 15 마음의 감옥

> 마음의 평화를 불러오는 최고의 처방은 잘못된 일을 하지 않는 것이라네. 오직 자제력이 부족한 사람만이 방향감각을 잃고 치욕스러운 삶을 살아간다네.
>
> -세네카, 도덕에 관한 서한, 105.7

경찰관을 살해하고 도망치다가 10년 만에 자수한 범죄자가 있었다. 또 일본의 어떤 여성은 아이들 넷을 유기한 뒤 20년 만에 자수하기도 했다. 너무도 오랜 시간이 흘렀기에 자수하지 않았다면 잡히지도 않았을 이들이 왜 자수한 것일까? 그것은 양심 때문이다. 비록 잡히지는 않았으나 10년, 20년이라는 세월 동안 그들은 단 하루도 마음 편할 날이 없었을 것이다.

우리 주변에서도 이러한 일을 쉽게 볼 수 있다. 부모의 지갑에서 돈을 훔친 아이들이 얼마 지나지 않아 죄를 털어놓기도 하고 남편이나 아내 몰래 외도를 저지른 배우자가 어느 순간 갑자기 잘못을 깨닫고 되돌아오기도 한다.

잘못된 행위에는 그만한 비용이 따른다. 그 잘못이 클수록 그 비용 또한 커진다. 감옥은 사회에만 있는 게 아니다. 우리 마음속에도 있다. 잘못을 어느 누구에게 들키지 않았더라도, 마음은 그 잘못이 정당한 대가를 치를 때까지 마치 교도관처럼 두 눈을 크게 뜨고 지켜본다. 그 눈길을 피할 수 있는 사람은 아무도 없다.

JUL 16 자신의 영혼에게 질문하라

> 내 영혼은 무슨 일을 하고 있는 것일까? 끊임없이 질문하자. 지배적인 도덕원칙을 기준
> 으로 나 자신을 돌이켜 보자. 지금 나는 누구의 영혼을 가지고 있는가? 어린아이의 것인
> 가, 젊은이의 것인가? 아니면 폭군이나 반려동물, 들짐승의 것인가?
>
> —마르쿠스 아우렐리우스, 명상록, 5.11

　　지금 당신은 무엇을 하고 있는가? 무슨 이유로, 어떤 임무를, 어떤 목적을 위해 하고 있는가? 더 중요한 질문이 남아 있다. 왜 그 일을 하는가? 매일 하고 있는 일이 당신의 가치를 어떻게 반영하고 있는가? 어떤 점에서 이 행동이 당신의 가치와 일치하는가? 자신의 포부보다 다른 이의 시선에 매여 있는 것은 아닌가?

　　이런 질문에 고민하다 보면 다소 불편한 답을 얻게 될 수도 있다. 그래도 좋다. 질문은 교정을 위한 첫 발걸음이다. 아우렐리우스가 언급한 들짐승의 영혼은 이런 반성을 하지 못한다. 실문은 우리에게 주어진 소명을 찾아가는 과정이기도 하다. 그 소명을 찾을 수 있다면 충만한 삶에 조금 더 가까워진다.

반대에 부딪혀도 단념하지 말라

우리가 이성의 길을 따라 앞으로 나아갈 때, 타인이 막아설 수 있다. 하지만 그들은 결코 우리의 타당한 행동을 막을 수는 없다. 그러므로 그들에게 선한 의지로 대하라. 그리고 다음 두 가지를 유념하라. 옳은 판단과 행동을 유지할 뿐만 아니라 우리 앞길을 방해하는 사람과 난관에도 친절하게 대하라. 분노에 사로잡힌다는 것은 약하다는 반증이다. 과업을 포기하지도, 공포에 사로잡히지도 말라. 무서워하는 자들, 부모와 친구에게서 멀어지는 자들 모두가 의무로부터의 탈영한 병사들이다.

-마르쿠스 아우렐리우스, 명상록, 11.9

우리가 자신의 삶을 개선하려고 할 때 우리 주변의 다른 사람은 거부반응을 보일 수 있다. 이는 식이습관을 교정하는 것과 비슷하다. 모두가 공통된 식이습관을 갖고 있다면 그것은 모종의 자연적 합의가 바탕에 있기 때문이다. 만약 한 사람이 새로운 식이습관을 시작한다면 갑자기 모든 사람이 그 반대편에 서게 된다. 그러면 식사를 할 때마다 불가피하게 논쟁이 일어난다.

다른 사람이 낯설게 느낀다고 해서 자신의 길을 포기하지 말라. 사람은 저마다 문제점을 갖고 있다. 우리가 타인을 버리고 갈 수 없는 이유도 그 때문이다. 타인의 생각을 평가절하해서도 안 되며, 화를 내거나 싸우려 해서도 안 된다. 오래지 않아 결국 그들도 같은 자리에 있게 될 것이다.

JUL 18 자유의 전제 조건

나의 합리적 선택은 내 이웃의 합리적 선택과 무관하다. 이는 그의 호흡과 육신이 나와 관련이 없는 것과 마찬가지이다. 그럼에도 우리는 서로 협력하지만, 저마다의 지배적 이성은 나름의 독자성을 갖는다. 그렇지 않다면 이웃의 악덕은 나에게 고통이 될 것이다. 신은 다른 사람이 내 불행을 지배하는 것을 원하지 않는다.

-마르쿠스 아우렐리우스, 명상록, 8.56

"당신이 팔을 휘두를 권리는 다른 사람의 코앞까지다"라는 격언은 자유국가의 토대가 되는 말이다. 즉 자신이 좋아하는 것을 할 권리는 타인의 신체와 공간을 침해하지 않는 한에서 성립된다는 말이다. 이는 개인에게도 마찬가지로 적용된다.

여기에는 두 가지 중요한 전제가 필요하다. 첫째, 우리는 타인에게 부정적인 영향을 미치지 않는 선에서 자신의 삶을 살아야 한다는 것. 둘째, 열린 마음으로 나와 타인의 동등한 권리를 인정해야 한다는 것.

만약 타인의 선택이 나와 심각하게 불일치하는 경우에도 이런 태도를 유지할 수 있는가? 그들에게는 그들의 삶이, 나에게는 나의 삶이 있다는 것을 인정할 수 있는가? 그리고 타인에게 신경 쓰지 않으면서 오롯이 자신의 문제와 씨름할 수 있는가?

산책의 힘

야외로 나가 정처 없이 산책하도록 하라. 신선한 공기와 깊은 숨만으로도 마음의 자양분이 될 수 있으니.

-세네카, 마음의 평정에 대해, 17.8

고대 로마는 악명 높게 소란스러운 도시였다. 그곳에서 평화와 고요를 찾기란 거의 불가능했다. 마차들의 소음, 행상인들의 호객 소리, 대장장이들의 망치질, 하수시설에서 뿜어져 나오는 악취는 말할 것도 없었고 거리마다 폭력적인 소음이 가득했다. 이 때문에 철학자들은 머리를 식히고 신선한 공기를 마시기 위해 교외로 산책하러 나가곤 했다. 철학자들뿐 아니라 작가, 시인 그리고 사색가들도 산책이 가져다주는 좋은 점을 얘기했다. 니체가 훗날 회고를 통해 "산책에서 얻은 아이디어만큼 값진 것은 없었다"라고 말한 것도 같은 이유다.

산책의 효과가 현대 과학을 통해서 밝혀지고 있다. 산책은 기분전환을 유도하여 정서적 균형을 이루게 한다. 산책을 하면 뇌가 지속적인 자극을 받음으로써 창의성도 향상되며, 스트레스 호르몬인 코르티솔의 수치를 떨어뜨려 스트레스 완화 효과도 있다.

몸과 마음에 활력을 가져다주고 골칫거리를 풀 수 있는 해법은 멀리 있지 않다. 가까운 야외로 나가 한나절 걷는 것만으로도 충분하다.

이기심과 이타심

JUL 20

> 불공정한 인간은 신의 의지에 반하여 행동한다. 인간은 서로를 위해 이성적으로 행동하
> 도록 창조되었다. 이것이 우주의 섭리다. 합리적 인간은 참된 가치에 기반하여 서로의
> 이익을 지향하며 상대에게 결코 해를 끼치려 하지 않는다. 오직 자연적 본성이 파괴된
> 자들만이 신들 중에서도 최고신의 의지에 반하여 행동한다.
>
> ―마르쿠스 아우렐리우스, 명상록, 9.1.1

우리는 인간의 본성에 반하는 범죄를 악랄하다고 표현한다. 또 인류애를 모독하는 행위를 보게 되면 우리가 사랑하는 모든 것이 파괴되는 느낌을 받는다.

우리는 종교, 교육관, 정치색, 계급, 성이 다름에도 불구하고 일체감을 도모할 수 있다. 어떻게 그럴 수 있을까? 인간은 정의감으로 그 간극을 메운다. 남을 속이고 이익을 독점하려는 사람을 싫어하는 이유는 그 때문이다. 반대로 약자를 배려하고, 세금과 기부금을 내고, 자원봉사 활동을 하는 것도 마찬가지이다. 만약 우리에게 이 정의감이 사라진다면 사회는 지옥이 될 것이다.

이기심은 인간의 본성이다. 그러나 이타심 또한 인간의 본성이다. 인간이 다른 생물보다 우월하다면 그것은 이타심이 이기심을 적절하게 제어했기 때문이다.

이성의 일곱 가지 기능

> 이성이 제대로 기능하려면 선택하고, 거절하고, 갈망하고, 혐오해야 할 때가 언제인지 알아야 하네. 또한 준비해야 하는, 나아가야 하는, 승인해야 하는 순간이 언제인지 알 수 있도록 훈련해야 하지. 그렇다면 이성의 정상적인 기능을 오염시키는 것은 무엇이겠는 가? 바로 부도덕한 결정이라네.
>
> -에픽테토스, 대화록, 4.11.6-7

이성은 아래와 같은 기능을 하기 위해 존재한다. 우리는 이성의 목적을 분명히 해야 하며 그 밖의 것들은 이성의 오염과 부패일 뿐이다.

선택: 옳다고 생각하는 것을 택하라.

거절: 유혹을 거부하라.

갈망: 보다 나은 것을 열망하라.

혐오: 부정적인 것들, 해악을 끼치는 것들,
진실이 아닌 것들을 혐오하라.

준비: 앞으로 일어날 수 있는 일에 대비하라.

목적: 더 높은 자질로 이끄는 원칙들을 목적으로 삼아라.

승인: 통제할 수 있는 것과 통제 밖에 있는 것으로부터
자유로워져라. 그리고 후자를 수용하라.

자기 머리에 총을 겨누는 사람은 없다

JUL
22

비자발적인 행동이나 타인의 강제가 있는 곳에 고귀함이란 없네. 모든 고귀한 행동은 자발적이라네.

-세네카, 도덕에 관한 서한, 66.16b

기억하라. 우리는 올바른 행동을 하지 않을 수 있다. 이기적이고 무례하며 경악스럽고 편견에 사로잡힌 행동을 선택할 수도 있으며, 해롭고 어리석은 범죄를 저지를 수도 있다. 하지만 이런 사고방식이 사람들에게 어떤 영향을 미칠까? 그렇게 살아가는 삶은 무슨 의미가 있을까? 주어진 의무를 다하지 않는 것처럼 올바른 일을 하지 않을 수는 있다. 당신이 진정으로 그것을 원한다면 말이다.

JUL 23 생각이 삶을 물들인다

> 인간의 마음은 어떤 생각을 자주 하느냐에 의해 그 모양을 갖춰간다. 인간의 영혼과 정신은 생각에 의해 착색되기 때문이다.
>
> -마르쿠스 아우렐리우스, 명상록, 5.16

어떤 이의 얼굴을 보면 그 사람의 삶이 상상될 때가 있다. 한없이 맑고 평화로운 얼굴을 보면 그는 얼마나 평온하고 겸손한 삶을 살았을까 궁금해지고, 주름이 깊게 파이고 잔뜩 화가 난 것 같은 얼굴을 보면 그의 삶 자체가 갈등과 혼란과 고난으로 점철되었을 것 같다는 생각이 든다. 삶의 모든 것을 반영하는 것은 아니겠지만 얼굴은 그 사람의 삶에 대해 생각보다 많은 것을 알려 준다.

인간의 마음도 마찬가지이다. 끊임없이 부정적인 생각을 한다면 마음속에서 마주치는 모든 것들이 부정적인 꼴을 하게 될 것이다. 옹졸하고 남 탓만을 하는 사람은 아무리 좋은 사람과 기회가 나타나도 여전히 좋지 않다고 여길 것이다. 넓은 아량과 긍정적인 생각을 가진 사람은 삶의 모든 순간을 기회로 여기고 소중하게 생각할 것이다. 생각이 마음을 만들고 마음이 삶을 만든다. 생각하는 대로 마음에 물이 들고, 곧 우리의 삶도 같은 색으로 물이 든다.

JUL 24 비극을 마주하는 법

불쾌한 소식이 자네에게 전해질 때면 그 소식이 자네의 합리적 선택과 관련이 없다는 것을 기억하게. 어느 누가 자네의 기대나 욕망이 잘못되었다는 소식을 전할 수 있겠는가? 그런 일은 일어날 수가 없네! 하지만 그들은 누군가 죽었다는 소식을 전할 수는 있네. 그렇다 할지라도 그것이 무슨 의미가 있겠는가?

-에픽테토스, 대화록, 3.18.1-2

비극을 목도한 친구가 우리에게 물어 온다. "어떻게 생각해?" 선의로 가득한 친구의 말에 우리는 이렇게 대답한다. "끔찍하다는 생각이 드는군." 실제 비극으로부터 고통을 겪는 당사자를 위해 우리가 선택할 수 있는 것은 없다. 세상이 전해 오는 끔찍한 소식에 심란해지는 것은 인간으로서 당연한 일이다.

이런 경우 스토아 철학자의 반응은 개의치 않는 것이 아니라 마음에 두지 않는 것이었다. 무의미한 동정심이란 없다. 하지만 대부분의 동정심은 마음의 평정을 깬 대가이다. 고통을 겪고 있는 사람에게 실질적으로 무언가를 할 수 있다면 해야 한다. 그런 경우에만 불쾌한 소식은 합리적 선택과 연관성이 생긴다.

"끔찍해!" 이렇게 감정을 과장되게 드러내는 것만이 관여할 수 있는 전부라면 우리는 자신의 삶으로 다시 돌아와야 한다.

JUL
25 무릎 꿇지 말고 일어서라

인간은 전지전능한 신을 향해 운다네. "신이시여! 어떻게 해야 이 고통에서 벗어날 수 있습니까?" 이런 생각은 어리석다네. 이미 손에 쥐고 있지 않은가? 혹시 신이 우리에게 공정함을 주는 것을 잊었다고 생각하는가? 그렇다면 무릎 꿇고 앉아 코가 땅에 닿도록 다시 기도하게. 그렇게 하기 싫거든 콧물을 닦고, 희생양을 찾는 짓은 그만두게.

-에픽테토스, 대화록, 2.16.13

　　세상은 불공평하다. 조작된 게임처럼 보인다. 누군가는 우리보다 늘 앞서간다. 또 누군가는 더 많은 재능과 부유한 환경 속에서 태어난다. 내가 짊어진 십자가는 언제나 타인의 것보다 더 고통스럽다. 세상에 대한 이런 생각이 진실에 더 가까워 보인다. 이에 대한 위로는 헛된 거짓말 같다. 하지만 이런 생각을 하는 것이 도대체 무슨 도움이 되는가?

　　우리에게는 두 가지 선택지가 있다. '왜 이렇게 고통스러운가'에 집중하면서 누군가 우리를 구원해 주기를 기다리는 것이다. 그렇지 않을 거라면 '지금 주어진 조건을 어떻게 활용할 것인가'에 집중하면서 스스로를 구원해야 한다. 아우렐리우스는 인간적 의지에 권능이 있다며 이렇게 말했다. "스스로를 구원하기 위해 일어서라. 자신을 사랑한다면 할 수 있는 만큼 그렇게 하라."

JUL 26 운명보다 강한 영혼

영혼은 어떤 운명보다도 강하다네. 영혼은 선과 악 어디로든지 자신을 스스로 이끌어가며 행복하거나 불행한 삶의 원인이 되기 때문이야.

-세네카, 도덕에 관한 서한, 98.2b

소 카토는 넉넉한 돈이 있는데도 종종 맨발로 로마를 돌아다녔다. 그는 지나가는 사람이 자신을 어떻게 생각하는지에 대해 무심했다. 늘 좋은 음식을 먹을 수 있었음에도 간단하고 소박한 식사를 즐겼으며, 여느 귀족과 달리 비가 오거나 폭염이 내려쬐는 날씨에도 아랑곳없이 맨몸으로 돌아다녔다.

왜 그는 재력에 걸맞은 삶을 선택하지 않았을까? 카토는 자신을 강하고 회복력이 높은 영혼으로 단련하고자 했다. 특히 '무심'을 수련하는 것이 그의 목표였다. 세속적 욕망의 가치 판단에서 자유롭고자 전선의 참호 속에서도 권모술수가 넘치는 원로원과 정치 토론의 장에서도 자신만의 생활과 사고방식을 유지했다. 카토는 어떤 조건이나 어떤 불운이 닥쳐와도 자신을 준비하려 했다.

스토아 철학에서 말하는 무심이란 결코 즐거움 없는 삶을 뜻하지 않는다. 좋은 순간이 찾아와도 우리 곁에 오래 머물지 않음을, 나쁜 때가 와도 오래 머물지 않음을 아는 것이다. 그 속에 일희일비하지 않는 강인한 의지가 들어 있다.

JUL 27 슬픔을 정복하려면

슬픔을 속이는 것보다 정복하는 것이 더 나은 일입니다.

-세네카, 어머니 헬비아에게 보내는 위로, 17.1b

누구나 인간관계에서 상실을 경험한다. 어떤 이들은 그 상실에 고통받고 또 어떤 이들은 최선을 다해 그 슬픔에서 벗어나려 한다. 그렇지만 이것 모두 잘못된 방식이다.

스토아 철학에서는 자신의 감정을 억누르는 것을 정형화된 고정관념이라 여겼다. 그들은 감정으로부터 달아나려 하지 말고 직면하라고 가르쳤으며 그 감정을 잘 처리하라고 했다. 슬픔과 같은 강력한 감정을 회피하려는 태도는 상실의 고통에서 잠깐 벗어나는 것일 뿐 상황을 악화시킨다는 것이다. 세네카는 슬픔을 자각하고 이해하는 것이 더 나은 태도라고 설명하며 이렇게 말했다. "쾌락으로 속이고 분주함으로 덮어둔 슬픔은 다시 일어납니다."

지금 느끼는 감정을 회피하지 말아야 한다. 그 감정 속에서 불쾌감을 제거하고 상황 속에서 긍정적인 면을 찾아라. 하지만 고통은 오롯이 받아들여라. 그리고 고통이 삶의 일부임을 인정하라. 이것이 스토아 철학이 말한 슬픔을 정복하는 방법이다.

자책하지 말라

철학은 단지 검소한 삶을 요구하는 것이지 속죄하는 삶을 바라는 것이 아니네. 함부로 살지 않으면서 검소하게 사는 것은 가능하다네.

-세네카, 도덕에 관한 서한, 5.5

아우렐리우스의 『명상록』은 자기비판으로 가득 차 있다. 다른 스토아 철학자들의 저작물도 마찬가지이다. 하지만 분명히 기억할 것은 거기까지였다는 사실이다. 거기에는 자책이 없었다. 속죄를 바라지도 않았다. 자기혐오도 없었다. 스스로를 무가치하다고 한 적도 없었고 중세 시대 수도사처럼 자신의 실수를 단죄하기 위해 단식하지도 않았다. 그들의 자기비판은 건설적이었다.

과도하게 자신을 압박하는 것과 자신에게 벌을 주려는 의도가 있는 모든 것은 자책이다. 자책은 어떤 향상도 개선도 가져오지 않는다. 자신에게 가혹하게 굴 필요는 없다. 불가능하지 않을 만큼 높은 도덕적 기준을 유지하라. 그리고 행여 실수했을 때 용서할 수 있는 여유를 가져라.

JUL
29 철학의 힘

자신을 치료하기 위해 철학을 하는 사람은 위대한 영혼을 갖게 되네. 그는 자기 확신으로 가득 차 있어서 넘어서기 어렵지. 당신이 그에게 가까이 다가갈수록 위대한 사람임을 더 잘 알게 된다네.

-세네카, 도덕에 관한 서한, 111.2

세네카가 말한 '자기 치료'란 무엇을 의미하는 것일까? 아마도 자연적 본성에 의거해 자신만의 독특한 인격적 특질을 계발해야 한다는 의미일 것이다. 우리의 인격에는 긍정적 특성과 부정적 특성이 함께 존재한다. 특히 부정적 특성은 삶에 중대한 문제를 야기하는데, 그것이 심해지면 우리는 병원을 찾아 상담하고 약까지 먹어야 한다.

철학은 가장 오랫동안 인간의 부정적 특성을 치료하는 역할을 했으며 많은 이들에게 실질적인 도움을 주었다. 정신질환, 신경증의 영향력을 경감시켰을 뿐만 아니라 인간성을 함양하는 역할도 했다. 게다가 철학은 누군가의 도움 없이 스스로 이 모든 것을 해낼 수 있게 한다.

풍요로움을 갈망하는가? 확신으로 가득 찬 위대한 영혼, 난공불락의 강인한 정신력을 소유하고 싶은가? 그렇다면 철학을 하라.

진정한 즐거움

나를 믿게. 진실한 즐거움은 엄격한 것이야. 자네 생각은 어떤가? 매력적이고 가벼운 말로 죽음을 묵살할 수 있다고 생각하는가? 혹은 기꺼이 가난의 문을 열어젖혀 그 속에서 즐거움을 누리고 온갖 삶의 쾌락을 억제하거나, 또는 고통을 인내하는 가운데 명상에 잠길 수 있다고 생각하는가? 하지만 그런 와중에도 안락함을 느낄 수 있는 사람만이 진실로 즐거움을 만끽하는 자일세. 이와 같은 즐거움을 자네가 얻을 수 있기를 바라네. 그와 같은 즐거움은 한번 찾으면 결코 고갈되는 법이 없으니.

-세네카, 도덕에 관한 서한, 23.4

우리는 '즐거움'이라는 말을 이렇게 사용한다. "나는 요새 사는 게 즐거워." "참 즐거운 행사야." 하지만 이런 말로 참된 즐거움을 표현하기에는 역부족이다. 우리가 '즐겁다'라고 하는 표현은 쾌활함 혹은 발랄함의 의미에 더 가깝다. 이는 모두 표면적인 즐거움일 뿐이다.

반면 세네카가 말하는 즐거움은 존재의 깊은 상태를 뜻한다. 이는 내면에서 느껴지는 것이며 웃음과는 거의 관련이 없다. 우리 삶을 완전한 충족에 이르게 하고, 삶의 모든 국면과 용감하게 마주하며, 온갖 종류의 역경을 딛고 일어서게 하고, 타인에게 영감과 힘의 원천이 되는 것이야말로 진정한 즐거움이 아닐까?

스토아가 추구하는 즐거움이 바로 이것이다. 자연에서 부여받은 본연의 목적과 탁월함, 그리고 의무로부터 오는 '즐거움.' 세네카의 말처럼 그것은 아주 엄격한 것으로 웃음과 명랑한 목소리 너머에 존재한다.

유리는 이미 깨졌다

JUL 31

> 불운이란 기대하지 않은 순간에 우리에게 떨어지는 법입니다. 망루에서 항상 지켜보는
> 자만이 쉽게 인내할 수 있지요.
>
> -세네카, 어머니 헬비아에게 보내는 위로, 5.3

아름다운 유리컵을 가진 선승이 있었다. 그는 스스로에게 늘 이렇게 말했다. "컵은 이미 깨졌다." 그는 컵을 아끼고 즐겨 사용했으며, 방문객들에게 그 아름다움을 자랑하는 일에도 스스럼이 없었다. 그러던 어느 날 정말로 컵이 깨졌다. 선승은 이렇게 말했다. "당연한 일이지."

에픽테토스와 램프에 관한 이야기도 이와 비슷하다. 에픽테토스에게는 아주 값비싼 램프가 있었다. 그런데 평소에 문단속을 잘 하지 않았던 그는 어느 날 그 램프를 도난당하고 만다. 에픽테토스는 미련 없이 싼 것으로 교체했다. 다시 도둑맞아도 될 만큼 아주 싼 램프였다.

파괴, 손상, 분실에 따라오는 감정은 불쾌한 것이다. 하지만 겨울철에 눈이 왔다고 혹은 장마철에 비가 왔다고 마음이 만신창이가 되는 사람은 없다. 그와 같은 사건이 일어나리라는 사실을 마음속에서 이미 인지하고 있기 때문이다. 이와 같이 생각한다면 어떤 일이 우리를 놀라게 할 수 있겠는가? 가능성을 충분히 숙지하고 있는 사람에게 어찌 상실감이 있을 수 있겠는가?

August

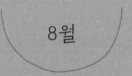

8월

내 마음의 주인으로 살고 있는가?

AUG 1

탓하지 말라

신을 비난하지 말게. 다른 사람도 운명도 탓하지 말게. 자네의 욕망을 완벽하게 통제하고 자네의 합리적 선택 안에 놓여 있는 것을 회피하려고 하지 말게. 분노도, 억울함도, 질투도, 후회의 감정도 더 이상 갖지 말게.

-에픽테토스, 대화록, 3.22.13

넬슨 만델라는 남아프리카의 인종분리정책에 저항한 대가로 27년 동안 옥살이를 했다. 대소변을 받을 작은 양동이 하나와 딱딱한 침대만이 그가 감옥에서 소유할 수 있는 전부였고 1년에 단 한 번 이뤄지는 30분간의 면회가 유일하게 허락된 바깥공기였다. 이 잔인한 처분은 만델라를 고립시켜 무너뜨리기 위한 것이었다. 하지만 이런 비인간적 대우에도 감옥 안팎에서 그는 존엄의 상징이 되어 갔다.

그는 창조적인 방식으로 자신의 의지를 이루어 나갔다. 동료 양심수 가운데 하나였던 네빌 알렉산더는 『전선(Frontline)』이라는 책에서 그를 이렇게 묘사했다. "만델라는 항상 자신의 주장을 굽히지 않았다. 그들이 우리에게 '뛰어!'라고 하면 걸었다. 그들이 우리에게 '빨리 걸어!'라고 하면 그는 더 천천히 걸었다." 만델라는 건강을 유지하기 위해 섀도복싱으로 몸을 단련했으며 그것조차 여의치 않으면 상상 속에서라도 훈련을 했다. 그는 다른 양심수를 격려하기 위해 늘 머리와 허리를 꼿꼿이 세우고 다녔고 자기 확신에 찬 표정을 잃지 않았다.

자기 확신은 우리에게도 필요하다. 무슨 일이 일어나든 어디에 있든 자신의 본 모습을 찾을 수 있어야 한다. 그것이 곧 인간의 존엄을 지키는 길이다. 지금 있는 곳에서 할 수 있는 일을 하면 된다.

불행이 닥쳤을 때

어떻게 추방당했다는 사실이 자신을 함양하는 데 방해가 될 수 있겠는가? 그렇지만 배움을 중단한다면 어떻게 덕목을 수련할 수 있겠는가?

-무소니우스 루푸스, 강의록, 9.37.30-31, 9.39.1

인생의 마지막 무렵, 시어도어 루스벨트는 휠체어에 앉아 남은 생애를 보냈다. 격정적인 성격으로 유명했던 그는 이렇게 말했다. "좋았어! 이 방식으로도 일을 할 수 있겠어!" 루스벨트처럼 갑작스러운 운명의 개입으로 불구가 되는 일은 드물지만, 이와 비슷하게 어려운 처지에 놓이는 것은 드문 일이 아니다. 그럴 때 당신은 어떻게 하겠는가? 불행한 처지에 대해 한탄만 하고 있을 것인가?

무소니우스 루푸스는 세 번이나 추방을 당했다. 두 번은 네로 황제로부터, 한 번은 베스파시아누스 황제로부터. 하지만 조국과 인생으로부터 그를 추방하고자 했던 권력자들조차 배움에 대한 루푸스의 열정을 막을 수는 없었다. 추방을 당할 때마다 그 또한 루스벨트와 비슷한 말을 했다. "좋군. 공부만 할 수 있다니!" 실제로 그는 망명자들 사이에서 철학을 탐구하고 가르쳤다. 그중에는 에픽테토스라는 이름의 제자도 있었다. 그는 그렇게 스토아 철학을 세상에 알리는 데 공헌했다.

어디든 좋은 삶이 있다

> 그와 같은 순간이라면 자네는 여행하는 것이 아니네. 단지 이곳저곳을 방황하고 있는 것일 뿐. 그럼에도 찾고자 한다면 곳곳에서 찾을 수 있네. 광장보다 더 혼잡한 장소가 어디 있는가? 그래도 필요하다면 그곳에서도 우리는 평화와 함께 지낼 수 있네.
>
> -세네카, 도덕에 관한 서한, 28.5b-6a

한 작가가 성공을 거두자 부유한 친구들로부터 초청을 받았다. "남프랑스에 있는 우리 집에 들러 주겠나?" "스위스에 있는 우리 집은 글쓰기에 완벽한 장소가 될 걸세." 작가는 화려한 저택과 넓은 영지를 거닐면 영감과 창의성이 더 차오를 거라 생각했다. 하지만 그런 일은 일어나지 않았다. 오히려 그곳은 항상 잡념을 불러일으키고 글쓰기를 방해하는 것들로 가득했다.

우리는 어떤 일에 본격적으로 뛰어들고 진지하게 전념하기 위해서는 적절한 시작점이 필요하다고 생각한다. 또 관계를 개선하고 삶의 질을 향상시키기 위해 휴가가 필요하다고 말한다. 하지만 이것은 자기 기만일 뿐이다. 우리는 언제 어디서라도 필요로 하는 것을 얻을 수 있고 삶의 질을 개선시킬 수 있다. 바람직한 삶을 살아가기 위해 어떤 일을 할 수 있는 장소는 바로 당신이 지금 있는 이곳이다. 세네카는 이렇게 말했다. "어디를 가느냐가 중요한 것이 아니다. 그곳에 가는 내가 어떤 사람인지가 더 중요하다."

AUG 4 완벽을 기대하지 말라

저 오이는 쓰다. 그렇다면 내다 버려라! 길 위에 가시덤불이 있다. 그러면 그곳에 가까이 가지 말라! 그것만으로 충분하다. 그런데 우리는 이렇게 말한다. "이렇게 귀찮은 존재들은 왜 있어야 하는가?" 하지만 이렇게 생각한다면 자연의 진실한 탐구자인 우리는 웃음거리가 될 뿐이다. 이는 마치 목수나 구두 수선공의 가게에 톱밥과 가죽 조각이 있다는 것을 지적하여 그들의 비웃음을 사는 것이나 마찬가지이다. 그들은 그것들을 처리하기 위한 쓰레기통이 있지만 자연은 그와 같은 것이 필요 없다.

-마르쿠스 아우렐리우스, 명상록, 8.50

우리는 어떤 일이 완벽하게 흘러가기를 원한다. 그래서 좋은 조건에서 시작하기를 희망하고 영향력을 유지하기를 바란다. 하지만 그보다 더 중요한 것은 일을 어떻게 다룰 것인지에 집중하는 것이다.

아우렐리우스는 스스로에게 되뇌었다. "플라톤의 『국가』와 같은 완벽을 기다리지 마라." 그래서 그는 세상이 자신이 원하는 바대로 흘러갈 것이라고 기대하지 않았다.

세상을 있는 그대로 이해할 필요가 있다. 해야 할 일 앞에는 언제나 사소한 골칫거리와 크고 작은 장애물이 존재한다. 그것들 또한 일의 일부다. 아무런 문제없이 저절로 이루어진다면 이미 일이 아니다.

여전히 침묵은 금이다

침묵이야말로 삶의 수많은 고통으로부터 배울 수 있는 교훈이다.

-세네카, 티에스테스, 309

최근 정말 멍청이 같은 말을 한 적이 언제인가 떠올려 보자. 왜 그렇게 말했을까? 단지 똑똑해 보이고 싶고, 멋있어 보이고 싶었을 뿐이다. 혹은 그 집단의 일원이라는 걸 확인하고 싶었을지도 모른다. 그런데 왜 그렇게 말했을까?

작가 로버트 그린은 말했다. "말이 많을수록 어리석은 말이 튀어나올 가능성도 커진다." 여기에 한 마디를 더 보태면 이렇다. "말이 많을수록 기회를 날려버리게 되고, 상대의 반응을 무시하게 되며, 훗날 고통의 원인이 될 가능성은 커지게 된다."

경청하는 능력은 보기 드문 미덕이다. 말하려는 사람은 많지만 들어주는 사람은 드물다. 오랜 속담이 말한 것처럼 여전히 침묵은 금이다.

역경과 강인함

왜 기분이 상했는가? 왜 불평하는가? 그것이 바로 우리가 여기 있는 이유다. 우리는 참고 견디도록 태어났기 때문이다.

-세네카, 섭리에 대해, 5.7b-8

삶이 쉽다고 말하는 사람은 없다. 공정하다고 말하는 사람도 없다. 하지만 잊지 말자. 우리는 상상할 수 없는 역경과 어려움, 그리고 고난 속에서도 살아남았던 우리 아버지와 어머니, 할머니와 할아버지, 그들보다 훨씬 오래 살았던 선조들의 후손이라는 사실을. 그들의 유전자와 피가 우리 몸에 흐르고 있다는 것을. 그들이 없었다면 우리도 여기 없었을 것이라는 사실을.

수많은 선조들은 그야말로 적자생존의 환경에서 살아남는 것 자체가 목적인 삶을 살았다. 그리고 그 살벌한 환경 속에서도 지금의 우리가 누리는 것들을 아주 조금씩 만들고 키워 나갔다. 역경이 없었다면 강인함도 없었을 것이다. 선조들이 할 수 있었다면 우리도 할 수 있다. 우리는 그렇게 키워졌다. 당신이 지금 난관 속에서 어려움을 겪고 있다면, 이 사실을 되새기자.

AUG 7 소유할 수 없는 것

> 빼앗길 수 있는 것, 혹은 강제될 수 있는 것은 우리의 것이 아니라네. 우리 힘으로 차단할 수 없는 것들은 우리 것이 아니지.
>
> -에픽테토스, 대화록, 3.24.3

환경운동가 대니얼 오브라이언은 그가 소유하고 있는 수천 에이커의 버팔로 목장을 자신의 소유가 아니라고 말한 적이 있다. 은행에서 대출받은 만큼만 그곳에서 잠시 머무는 것일 뿐이라고 말이다. 목장 경영의 현실적인 문제에 대한 풍자인 동시에 토지가 개인의 소유물이 될 수 없음을 보여주는 말이다. 땅은 우리와 우리 후손들보다 더 오래 지속되기 때문이다. 그래서 아우렐리우스도 이와 유사한 말을 자주 했다. "자신의 삶을 신뢰하고 있는 동안에도 우리는 그 어떤 것도 가질 수 없다."

우리는 무언가를 소유하기 위해 일하고 싸우고 긁어모으지만 이렇게 '내 것'이라고 말할 수 있는 것은 사실 불안정한 것들이다. 지위, 건강, 재산, 인간관계 등 모든 것은 변한다. 운명, 불운 혹은 죽음 같은 것이 느닷없이 찾아와 모든 것을 앗아가기 때문이다. 단지 우리의 삶만이 우리의 것이다. 그것조차 오래 가질 수 없지만.

AUG 8 영원한 쾌락

그렇다. 우리가 소망하는 것이 진실로 좋은 것일 수도 있다. 하지만 그것이 바로 쾌락이 우리를 속이는 방식이 아닌가? 그런 생각 대신 위대한 영혼, 자유, 정직, 친절, 숭고함과 같은 것이 진실로 좋은 것일 수 있다고 생각해 보라. 이해와 지식의 결과물에 확고한 기반을 두었을 때 지혜만큼 우리에게 즐거움을 가져다주는 것은 없다.

-마르쿠스 아우렐리우스, 명상록, 5.9

쾌락은 유혹적이다. 그것은 어떤 식으로든 우리를 기쁘게 한다. 하지만 아우렐리우스는 쾌락으로 덕목을 바로 세우기 힘들다는 사실을 일깨우고자 했다. 예를 들어 성적 유희로 비롯되는 도파민은 순간적일 뿐이다. 성취의 영광, 군중의 갈채로 비롯되는 도취감도 마찬가지이다. 이와 같은 쾌락은 강력하지만 더 많은 것을 갈망하게 만든 채 순식간에 우리 곁을 떠나간다. 인간의 통제 안에 있으면서 오랫동안 머무는 진실한 쾌락은 지혜, 좋은 품성, 성실함, 그리고 친절과 같은 덕성이라고 스토아 철학은 가르친다.

첫인상에 머물러라

첫인상이 전달해 주는 것 이상으로 생각하지 말다. 누군가 당신을 험담한다는 이야기를
들었다면 너에게 전해진 것은 그 이야기일 뿐이다. 그것으로 네가 피해를 입은 것은 아니
다. 나는 우리 아들이 병에 걸린 것을 보았다. 병에 걸렸을 뿐 생명이 위태로운 것은
아니었다. 그러므로 첫인상 안에 머물러라. 머릿속에 어떤 것도 보태지 말라. 이것이야
말로 아무 일도 일어나지 않게 하는 방법이다.

-마르쿠스 아우렐리우스, 명상록, 8.49

언뜻 보기에 아우렐리우스의 말은 우리가 배웠던 사실과 완전히
다른 것 같다. 이성적이고 비판적인 사고를 기르기 위해서는 눈앞에 펼
쳐진 사실을 있는 그대로 받아들이지 말라고 하지 않았던가? 맞다. 대부
분의 경우에는 이 말이 옳다. 하지만 이런 식의 사고는 때때로 부작용을
불러일으킨다.

철학자들이 소유하라고 한 능력은 다른 것이 아니다. 니체는 말했
다. "대담하게 멈추어 서서 표면에만 머물러라." 평범한 시선으로 객관
적인 형태를 관찰하라는 의미이다. 그 이상도, 그 이하가 되어서도 안 된
다. 스토아 철학자들은 '표면적'이라고 했고, 니체는 '깊이에서 벗어나기'
라고 표현했다. 우리는 지나치게 몰두하지 않는 법을 훈련해야 한다. 이
것은 실용주의의 일종이다. 최초로 주어진 인상 그 너머에는 진실이 아
닌 다른 것이 도사리고 있을 수 있다.

완벽하려고 하지 말라

단지 추구하는 것을 포기하지 않으면 되네. 완벽을 바라는 순간 그 속엔 절망만 있을 뿐 이야.

-에픽테토스, 대화록, 1.2.37b

'인지 왜곡'이라는 심리학 용어가 있다. 우리 삶에 파괴적인 영향을 미치는 과장된 사고방식을 뜻한다. 그중 가장 잘 알려진 것이 '이분법적 사고'로 흔히 '모 아니면 도'라고 불리는 인지 장애다. 이 장애를 가진 사람들은 대체로 다음처럼 생각한다.

· 우리 편이 아니라면 적
· 좋은 사람이 아니면 나쁜 사람
· 완벽하지 않으면 완전한 실패

이와 같은 극단적 사고는 우울증이나 좌절감을 유발한다. 완벽주의가 완벽을 잉태하는 경우는 없다. 오히려 실망을 잉태할 뿐이다. 실용주의는 이와 거리가 멀다. 그저 할 수 있는 것을 취하는 방법이다. 에픽테토스가 우리에게 환기시키는 것이 바로 이것이다. "완벽하려고 하지 마라. 우리는 인간이다. 그것이 전부다. 우리는 진전을 목표로 삼아야 한다."

나를 지키는 법

> 자네가 나에게 폭력을 행사한다면 내 몸을 가질 수는 있겠지. 하지만 내 마음은 여전히 나의 스승 스틸포와 함께 있을 것이야.
>
> -제논, 디오게네스의 강의에서 인용, 탁월한 철학자들의 삶, 7.1.24

1960년 미국에서 스토아 철학도, 제논도 모르는 사내가 국가 폭력이라는 거대한 시련과 마주하게 된다. '허리케인'이라는 별명을 가진 권투선수 루빈 카터이다. 그의 혐의는 일급살인이었고 판결은 종신형이었다. 단지 흑인이 싫었던 백인의 거짓 증언과 경찰의 증거 조작 때문에 그는 이와 같은 판결을 받았다. 백인으로 구성된 배심원들은 그에게 유리한 증거들을 무시했다.

세계 챔피언의 문턱에서 하루아침에 살인자가 되어 투옥되었지만, 그는 이에 굴하지 않았다. "수감 규칙을 지키는 것은 스스로 유죄를 인정하는 것이다"라며 죄수복과 갱생 프로그램을 거부했다. 그리고 감옥 안에서 법을 공부하며 무려 22년이라는 긴 시간 동안 스스로 구명활동을 펼쳤다.

우리에게도 이와 같은 힘이 있다. 어떤 역경이라도 우리의 신체에 위해를 가할 수 있을지언정 '내면의 성채'까지 침범하지는 못한다. 제논의 스승인 스틸포는 이 내면의 성채가 외적 요인에 의해 파괴될 수 없으며 단지 굴복할 뿐이라고 했다. 굴복하지 않으면 여전히 우리의 것이다. 나는 여전히 나일 수 있다.

AUG
12

오직 행동으로 말하라

플라톤, 제논, 크리시포스, 포시도니우스 그리고 이들과 마찬가지로 훌륭했던 스토아 철학가들이 한 말이 많이 남아 있네. 어떤 철학가가 한 말이 그의 것인지 어떻게 증명할 수 있을까? 방법을 말해 주겠네. 그가 설교한 내용을 실행했는가로 그것을 알 수 있지.

-세네카, 도덕에 관한 서한, 108.35; 38

스토아 철학을 비판하는 사람들이 흔히 지적하는 것 중 하나가 비슷한 말이 반복된다는 것이다. 그래서 아우렐리우스의 초기 저작은 여러 스토아 철학자나 다른 이들의 말을 인용했다는 이유로 강단에서 사라지기도 했다. 하지만 이런 비판은 요점을 놓치고 있다. 스토아 철학에 중복과 인용이 많은 것은 당시의 철학자들이 현대적 의미의 저작권에 대해 관심이 없었던 탓도 있지만, 그보다는 그들이 말보다 행동을 중시했기 때문이라고 이해해야 한다.

우리는 위대한 철학자들의 말을 기꺼이 배우고 개인적 취향대로 인용한다. 그들은 죽었고 신경도 쓰지 않는다. 마음대로 수정하고 편집해서 실제 응용하는 것은 우리의 몫이다. 하지만 '말하고 쓴 것을 올바르게 이해했는가'는 '그것을 실행했는가'에 달려 있다. 그것이 우리를 고유한 존재로 만든다. 그러니 행동으로 말하도록 하라.

치료보다 예방이 중요하다

> 당신은 헤아릴 수 없는 고통을 겪었다. 그것은 합리적 이성이 자신의 본성대로 해야 할
> 일을 하지 않았기 때문이다.
>
> -마르쿠스 아우렐리우스, 명상록, 9.26

어떤 일이 일어날지 몰라 두려움에 떨었던 적이 있는가? 후회할 방식으로 행동하고 나서 걱정에 사로잡힌 적은 몇 번이나 있는가? 질투와 혼란, 탐욕으로 이끄는 길로 접어든 적은 또 얼마나 되는가?

벤저민 프랭클린은 말했다. "약간의 노력으로 예방하는 것이 훗날 많은 수고를 들여 치료하는 것보다 낫다." 즉 문제를 수습하는 것보다는 애초에 문제될 일을 만들지 않는 편이 낫다는 의미다. 어떤 것이 문제가 될지 안 될지는 이미 이성이 알고 있다. 그런데 우리는 이성을 무시하고 문제가 터진 다음에 수습하기 바쁘다.

중요한 일과 중요하지 않은 일, 급하게 처리해야 할 일과 느긋하게 처리해야 할 일의 구분도 이성은 이미 알고 있다. 모든 문제는 우리가 이성적 판단을 무시하는 데서 비롯된다.

삶의 무기로서의 철학

> 철학은 재주도 마술도 아니라네. 말에 대해 생각하는 것이 아니라 사실에 대해 고민하는
> 것이지. 하루가 가기 전에 어떤 즐거움을 누리려는 것도 아니고 여가의 불편함을 제거하
> 기 위한 것도 아니라네. 영혼을 만들고 살찌우기 위한 것이지. 삶에 질서를 부여하고, 행
> 동을 안내하고, 해야 할 것과 하지 말아야 할 것이 무엇인지 구분하기 위한 것이라네. 운
> 명의 불분명함에 흔들리기 마련인 우리를 안내하는 방향타이지. 철학 없이 두려움 없는
> 삶, 자유로운 삶을 살아갈 수 있는 사람은 없네. 매시간 일어나는 수많은 사건에 대한 조
> 언이 필요하지. 그런 조언은 철학에서 찾아야 하네.
>
> -세네카, 도덕에 관한 서한, 16.3

훗날 로마인의 표상이 된 소(小) 카토에게는 대(大) 카토라 불렸던 증조부가 있었다. 어느 날 대 카토는 정의의 중요성을 시적으로 웅변하는 회의론자 카르네아데스를 보았다. 그런데 그다음 날 카르네아데스는 정의의 문제점을 열정적으로 웅변하고 있었다. 카르네아데스는 단지 하나의 주제를 논쟁거리로 만드는 것만이 목적이었다. 대 카토는 이에 경악하고 세네카의 힘을 빌려 카르네아데스를 아테네로 쫓아보냈다. 화려한 수사로 로마의 젊은이들을 타락시키는 것을 참을 수 없던 것이다.

스토아 철학자에서 있어 모순되는 개념이나 믿음에 대해 한가하게 토론한다는 것은 시간과 에너지를 낭비하는 터무니없는 짓이었다. 세네카의 말처럼 철학은 유희가 아니라, 삶을 위해 사용해야 하는 것이기 때문이다.

우리는 우리가 한 행동의 총합이다

AUG 15

이는 몇 가지 말로써 빠르게 가르칠 수 있다네. 덕이 유일한 선이라네. 덕이 없다면 선도 없지. 덕은 우리 안의 고귀한 곳에 거주하는데 그곳을 이성이라고 부른다네. 덕이란 무엇일까? 진실과 변함없는 판단력이지. 이것으로부터 모든 정신적 작용이 일어나며, 이로 말미암아 우리에게서 일어나는 충동을 맑고 깨끗한 것으로 만들 수 있다네.

-세네카, 도덕에 관한 서한, 71.32

당신이 어떤 사람을 믿고 있다면, 그 이유는 무엇인가? 물론 여러 가지 이유를 생각할 수 있겠지만, 그중 가장 중요한 것은 일관성이다. 상황에 따라 이랬다저랬다 하는 사람은 신뢰할 수 없다. 일관적인 사람은 편안하고 정직하다. 급할 때에는 우리를 위해 늘 그곳에 있어 준다. 사람들이 시어도어 루스벨트를 존경하는 가장 큰 이유는 한때 용감했기 때문도, 한때 강인했기 때문도 아니다. 그가 인생 전반에 걸쳐 일관성이 있었기 때문이다.

우리는 우리가 한 행동의 총합이다. 정신에서 흘러나오는 모든 것이 우리의 행동에 반영된다. 그러니 매 순간 현명하고 신중하게 선택해야 할 것이다.

AUG
16
단점은 장점이 될 수 있다

자연의 섭리가 자신의 힘을 모든 사물에 나누어 준 것처럼 우리 또한 그에게서 이성을 나누어 받았다. 자연이 목적을 위해 어떤 장애물에도 질서를 부여하여 모든 경쟁물을 자신의 편으로 끌어들이는 것처럼, 이성적 인간인 우리도 모든 장애물을 목적을 위해 바꾸어야 한다.

-마르쿠스 아우렐리우스, 명상록, 8.35

신장 160센티미터의 먹시 보그스는 NBA 프로 농구 역사상 최단신이었다. 그는 비웃음거리였고 늘 과소평가 되었으며, 출전에서 가장 먼저 제외되는 선수였다.

하지만 샬럿 호니츠로 팀을 옮기면서 그는 전국적으로 유명해졌다. 모두가 그의 작은 신장을 저주라고 여길 때 그는 저주를 축복으로 바꾸었다. 단점 안에 포함된 장점을 본 것이다. 2미터 이상의 거인들이 득실한 농구 코트에서 그는 스피드와 민첩성에 탁월한 능력을 보여주었고 예상하지 못하는 순간 볼을 가로채며 실력을 발휘했다.

우리의 신체 조건이나 처한 환경은 크게 중요하지 않다. 삶의 목적이 분명하다면 사람들이 단점이라 부르는 것조차 장점으로 바꿀 힘이 있다.

AUG 17 │ 책임은 나에게 있다

> 합리적 선택에 속하지 않은 것들은 우리를 방해하고 해를 입힐 수 있지만, 합리적 선택은 모든 것을 혼자 해낼 수 있다네. 만약 우리가 실패했을 때, 혹은 자신을 탓하고자 할 때, 불안과 걱정의 원인을 끊임없이 되뇌일 때 합리적 선택에 기댈 수 있다면… 신께 맹세코 나는 우리가 진보할 수 있다고 생각하네.
>
> -에픽테토스, 대화록, 3.19.2-3

남탓하지 않고, 다른 것에 실패의 원인을 돌리지 않고 싶다면 생각해 보라. 누군가 지시대로 하지 않고 일을 망쳐 놓았다면, 그에게 다른 결과를 기대한 것은 누구의 책임인가. 주식시장에서 큰 손실을 보았다면 누구를 탓해야 하는가? 펀드 매니저인가, 나인가?

나쁜 일은 어디에서든 일어날 수 있다. 하지만 그에 대한 책임 소재는 대부분 불분명하다. 살면서 벌어지는 일의 결과는 대개 여러 원인이 복잡하게 얽힌 경우가 많다.

똑같은 실수를 반복하지 않기 위해 잘못된 결과의 원인을 분석하고 명확히 하는 것은 중요하다. 그러나 그 과정에서 우리는 무의식적으로 자신을 제외하고 다른 이를 문제의 원인으로 보려 한다. 하지만 그렇게 하면 삶의 방식은 결코 나아질 수 없다. 다른 이를 탓하지 않을 때에야 잘못된 삶의 방식을 개선할 수 있다.

당신은 어떤 전장에 서 있는가

선한 사람들은 난공불락이라네. 왜냐하면 자신이 최고가 아닌 곳에서는 경쟁에 뛰어들지 않기 때문이지. 자네가 그들의 자질을 원한다면 갖게나. 그들의 지팡이, 직업, 신체 모두를 갖게나. 하지만 자네는 그들을 움직이도록 강요할 수 없을 것이네. 그들이 회피하고자 하는 것에 함정을 팔 수도 없을 것이야. 선한 사람들이 참여하는 경쟁은 오직 그들 자신의 합리적 선택에 따른 것이기 때문이야. 그러니 어떻게 그와 같은 사람을 천하무적이 아니라고 할 수 있겠는가?

-에픽테토스, 대화록, 3.6.5-7

무술의 가장 기본 원칙 중 하나는 '강함으로 강함을 상대하려 해서는 안 된다'라는 것이다. 즉 상대가 가장 강할 때 맞서려 하지 말라는 의미다. 하지만 감정이 앞서고 욕심이 앞서는 우리는 이기기 힘들다는 것을 알면서도 함정에 빠지고 만다. 또 난처한 상황에 처해 있거나 과시욕에 불타 있을 때 그 함정에 빠지기도 한다.

병법의 지침 중 '전투 현장을 먼저 선택하라'라는 내용이 있다. 내가 싸울 만한 곳인지 아닌지, 먼저 생각하라는 의미이다. 속담처럼 "신중함이야말로 더 나은 용기"이다. 스토아 철학자들은 이를 '합리적 선택'이라고 불렀다. 그러니 결정하기 전에 이성적으로 깊이 생각하라. 그것이 우리를 난공불락으로 만든다.

울타리 안에 가둬야 할 것들

마음이 평화를 유지하려면 최소한의 일만 하라는 말이 있다. 그러나 공익을 위해 이성적 존재에게 요구되는 일과 우리가 해야 할 일을 하는 것이 더 낫다고 말하는 편이 더 좋지 않을까? 일을 적게 함으로써 얻어지는 마음의 평화도 좋지만 옳은 일을 행함으로써 얻어지는 평화는 더욱 위대하다.

사실 우리의 말과 행동의 상당 부분은 불필요하다. 우리는 그것들을 울타리에 가두어 풍부한 여가와 평정을 얻을 수 있다. 매 순간 '이것은 불필요한 것이 아닌가'라고 질문하는 것을 잊지 말아야 한다. 하지만 우리는 불필요한 행동뿐만 아니라 불필요한 사고까지 울타리 안에 가두어야 한다. 불필요한 행동은 불필요한 사고에 뒤따라오는 것이기 때문이다.

-마르쿠스 아우렐리우스, 명상록, 4.24

스토아 철학자는 수도승이 아니었다. 그렇기에 수도원이나 사원과 같은 성소를 찾지 않았다. 그들은 정치인, 사업가, 군인, 예술가들이었다. 마치 지금 이 책을 읽는 당신처럼, 바쁜 일상을 살아가는 와중에 자신의 철학을 연마해야 했다.

성취와 달성의 핵심은 우리 삶에서 기본적이지 않은 것들을 가차 없이 몰아내는 데 있다. 자만심이 요구하는 것, 탐욕이 주장하는 것, 잘못된 원칙으로 몰아가는 것, 용기의 부족으로 거절하지 못하는 것. 이 모든 것들을 울타리 안에 가두어야 한다.

극단을 피하라

> 우리의 내적인 성향은 모든 면에서 달라야만 하네. 하지만 우리의 외양만은 저 군중들과 매한가지여야만 하네.
>
> -세네카, 도덕에 관한 서한, 5.2

금욕을 강조하고 향락을 거부했던 디오게네스는 거지꼴을 하고서 길거리에서 논쟁을 일삼고 다녔지만 수천 년이 지난 후에도 우리에게 생각할 거리를 던져줄 만큼 깊이 있는 사유를 했던 철학자였다. 그때도 그랬지만 우리들도 당시 그의 모습을 보았다면 이렇게 생각했을 것이다. "저 미친 노인은 누구지?" 그는 속이 빈 통나무에서 잤으며 다 떨어진 옷 한 벌 외에는 어떤 것도, 심지어는 밥그릇조차 소유하지 않았다.

철학과 사상, 혹은 신념을 극단으로 추구하는 모습은 우리를 유혹한다. 그런데 누구를 위해서 그렇게 해야 하는 것일까? 사실 사회의 기초적 규율과 질서, 풍습을 거부하는 것은 타인과의 거리를 멀어지게 할 뿐만 아니라 타인에게 위협이 될 수도 있다. 차림새와 같은 외양은 피상적이기에 근본적인 내면의 변화가 더 중요하다. 자신의 철학을 극단으로 추구했던 디오게네스와 스토아 철학자는 이 지점에서 달랐다.

미리 비참해하지 말라

미래에 대해 걱정하는 영혼은 비참하다네. 고통이 오기 전에 먼저 고통스러워하지. 그들이 그렇게 불안에 휩싸이는 이유는 가진 것을 끝까지 소유하고 싶은 욕망 때문이야. 하지만 그와 같은 영혼에게는 결코 안식이 있을 수 없다네. 오히려 갈망함으로써 누릴 수 있는 현재를 잃어버리고 말 뿐이지.

-세네카, 도덕에 관한 서한, 98.5b-6a

누구나 희미하고 낯선 불안감에 시달리는 때가 있다. 그러나 아무리 기다려도 그 어떤 일도 일어나지 않는다. 바로 이 지점에서 기분 나쁜 감정이 완전히 자발적인 것임을 알 수 있다. 하지만 그렇다고 하더라도 이 감정은 쉽게 가라앉지 않는다.

행동하는 실용주의자는 너무 바빠서 그와 같은 어리석음에 빠지지 않는다. 실용주의자는 가능성 때문에 미리 걱정하지 않는다. 불필요한 걱정에 낭비한 시간은 돌아오지 않기 때문이다. 예상했던 최악의 시나리오가 그대로 일어나도 마찬가지이다. 우리는 그만큼 더 많은 고통의 시간을 보내야 했던 것뿐이다. 그것도 자발적으로.

그날 하루가 우리에게 주어진 마지막 하루라면 걱정으로 시간을 보내고 싶지 않을 것이다. 다가올 운명을 수동적으로 기다리면서 좌불안석에 시달릴 시간에, 다른 영역에 집중하며 전진을 이루어 나가자. 걱정이 현실이 될 때까지 내버려 두어라. 관심사에 시간을 쏟아 붓기에도 우리의 생은 짧다.

AUG 22 사소한 것에 목숨 걸지 말라

우리가 주의를 기울이는 행동에는 그에 걸맞은 가치가 있어야 한다. 그럴 때 우리는 지치지도, 포기하지도 않는다. 사소한 것으로 바쁘지 않아야 허락된 것 이상을 해낼 수 있는 법이다.

-마르쿠스 아우렐리우스, 명상록, 4.32b

1997년 심리치료사 리처드 칼슨은 『사소한 것에 목숨 걸지 마라』라는 책을 출간했다. 이 책은 그해 가장 많이 팔린 책 중 하나였으며 수많은 언어로 번역 출간될 만큼 크게 명성을 얻었다. 칼슨의 책 제목에서부터 알 수 있는 그의 아이디어는 기억할 만한 가치가 있다. 아우렐리우스 황제의 수사학 스승이었던 코르넬리우스 프론토 또한 "중요하지 않은 일에 시간을 낭비하지 말라"라고 가르쳤다. 그렇다면 중요하지 않아도 의무적으로 해야 할 일이라면 어떻게 할까? 그 일에는 가능한 한 적은 시간을 투자해야 한다!

가치 이상으로 시간과 에너지를 투자하게 되면 더는 사소한 것이 아니게 된다. 역설적으로 시간을 쏟는 만큼 중요해지는 것이다. 그것은 가족, 건강, 진실한 인간관계처럼 삶에서 진정으로 중요한 것에 투자해야 할 자원을 낭비하는 행위다.

설득하려면 이기심에 호소하라

그러므로 현명한 사람은 왜 술에 취하면 안 되는지를 설명할 수 있네. 추태와 무례함의 측면에서 말일세. 소위 우리가 쾌락이라고 부르는 것이 무엇인지 증명하기가 가장 쉽다네. 적당한 수준을 넘어가면 반드시 고통이 따르니까.

-세네카, 도덕에 관한 서한, 83.27

사람을 설득할 때 장광설을 늘어놓는 것만큼 덜 효과적인 방법은 없을 것이다. 마찬가지로 추상적인 개념만큼 사람의 흥미를 떨어뜨리는 것도 없다.

스토아 철학자들은 "그만하시오. 그것은 죄입니다"라고 말하지 않는다. 대신 "하지 마시오. 비참해질 것입니다"라고 말했다. 또한 그들은 "쾌락은 즐거운 것이 아닙니다"라고 하지 않는다. 대신 "쾌락에는 고통이 따라옵니다"라고 했다.

만약 누군가를 변화시키고 싶거나 좀 더 어려운 과제에 도전하도록 설득하고자 한다면, 기억하라. 이기심이 가장 효과적인 지렛대다. 즉, 그들의 이해관계를 다른 방식으로 보여 주는 것이다. 설교가 되어서는 안 된다. 자신의 행동에 대해서도 이와 같은 방법을 적용해 볼 수 있을 것이다.

AUG 24 진리는 반대편에도 있다

> 악명 높은 작가일지라도 배울 만한 좋은 말을 했다면, 나는 그를 인용하는 것이 전혀 부끄럽지 않다.
>
> -세네카, 마음의 평정에 대해, 11.8

　　세네카의 저술에서 두드러진 점이 있다면 그가 에피쿠로스를 상당히 많이, 그것도 긍정적으로 인용했다는 것이다. 이 점이 묘하게 느껴지는 이유는 스토아 철학과 에피쿠로스 철학은 사상적으로 대척점에 있기 때문이다.

　　세네카는 지혜와 진리를 찾아다닌 사람이다. 그에게는 진리의 출처가 어디인지가 전혀 중요하지 않았다. 종교, 철학, 정치 그리고 사상에 있어 원칙주의자들은 종종 이 점을 간과한다. 스토아 철학, 불교, 기독교, 이슬람교, 힌두교 등등 진리의 출처가 어디이든 중요한 것은 그 진리가 우리의 삶을 윤택하게 하는 데 도움이 되느냐이다. 종교적 신념, 명성, 권위 등을 고려하지 말고 인간에게 도움을 줄 수 있는 지혜가 무엇인지를 찾아라. 인간적 가치를 우선시할 때 우리는 진리를 볼 수 있다.

낡은 것과 새로운 것

자네는 선조의 발자취를 따라가지 않겠는가? 나는 기꺼이 이 오래된 길을 걸어갈 것이
네. 그리고 더 짧고 더 밝은 길을 찾을 수 있다면 그 오솔길을 태워버릴 것이야. 이 길을
개척한 선조들은 우리의 주인이 아니라 안내자이기 때문이지. 진리는 독점할 수 없으며
모두에게 열려 있다네.

-세네카, 도덕에 관한 서한, 33.11

　　전통은 오랜 시간의 시련을 통과한 것이기에 종종 훼손될 수 없는
가치를 갖는다. 하지만 기억하자. 오늘날 우리가 보수적이라고 부르는
모든 것들도 한때는 논란을 일으키던 첨단이자 혁신이었다. 그렇기에
우리는 새로운 사고를 실험하고 탐구하기를 두려워하지 않아야 한다.
　　세네카 또한 제논과 클레안테스의 사고를 깊이 탐구해 새로운 통
찰을 남겼다. 지금 우리에게는 에픽테토스, 세네카, 아우렐리우스의 저
작이 그러한 역할을 할 것이다. 2천 년 전 배우기를 주저하지 않았던 그
들 또한 우리의 주인이 아니라 안내자일 뿐이다.

AUG 26 난파선에서 찾은 것

나는 배에 승선하기도 전에 난파당하고 말았네. 하지만 그 여행이 나에게 가르쳐 주었지. 우리가 얼마나 불필요한 것들을 많이 갖고 있는지를, 그리고 상실의 고통 없이 그것들을 얼마나 쉽게 내다 버릴 수 있는지를.

-세네카, 도덕에 관한 서한, 87.1

스토아 학파의 창시자로 널리 인정받고 있는 제논은 철학자가 되기 전에 상인으로 일했다. 한번은 페니키아 반도와 피레우스 사이를 오고 가던 그의 상선이 침몰하는 사고가 일어났고, 파산한 제논은 어쩔 수 없이 아테네에 머물게 되었다. 이때 잠깐 서점에 들른 그에게 우연히 크라테스라는 철학자가 소크라테스의 철학을 소개해 주었다. 이 경험으로 그의 삶이 극적으로 바뀌었고 우리가 알고 있는 스토아 철학이 탄생하게 되었다.

고대 전기 작가 디오게네스 라에르티오스가 남긴 기록에 당시를 회상하는 제논의 말이 남아 있다. "난파의 고통을 겪고 있을 때 나는 정말 훌륭한 여행을 하고 있었다." 다른 기록에서는 이런 말을 남겼다고 한다. "출세한 것이다. 운명이 나를 철학으로 데려갔으니!"

스토아 철학자는 우리에게 전환점이 왔을 때 행동하라고 말한다. 가장 불운한 사건이라도 최상의 것으로 변모할 수 있기에.

264

웃으면서 절망과 싸워라

> 헤라클레이토스는 대중 속으로 갈 때마다 울었고 데모크리토스는 웃었다. 한 사람은 세
> 상을 불행의 연속이라 보았고 다른 사람은 어리석음의 연속이라 보았다. 그러므로 우리
> 는 가벼운 관점으로 세상을 바라보아야 한다. 유연한 정신과 함께해야 삶을 인내할 수
> 있다. 삶을 애도하는 것보다 웃는 것이 더 인간적인 것이다.
>
> -세네카, 마음의 평정에 대해, 15.2

　실망스러운 소식을 접할 때 우리는 이런 식으로 표현한다. "웃어
야 할지 울어야 할지 모르겠다." 스토아 철학자는 우리의 의지와 상관없
이 벌어지는 사건들 때문에 분노와 슬픔에 사로잡히는 것을 어리석은 것
이라고 보았다. 그들은 최악의 상황에서도, 절망과 분노로 눈물을 쏟기
를 바라는 운명 앞에서도 웃음을 선택했다.

　데모크리토스처럼 웃자. 증오와 슬픔이 가득한 상황 속에도 웃을
수 있는 유머가 숨어 있다. 게다가 유머는 생산적이다. 무거움을 가볍게
만들 수 있는 건 유머뿐이다.

AUG 28 부에 대한 올바른 태도란?

> 우주의 창조자는 우리에게 삶의 법칙을 부여했고 올바르게 살도록 규정했네. 향락과 사치에 빠져 살라고 하지 않았지. 행복에 필요한 모든 것들은 바로 우리 앞에 놓여 있네. 사치와 향락에 빠진 삶은 불행과 걱정을 그러모을 뿐이라네. 자연이 준 이 선물을 누리도록 하세. 가장 위대한 것들 중 하나이니.
>
> -세네카, 도덕에 관한 서한, 119.15b

스토아적 덕목을 역설하던 세네카는 당시 비판의 대상이기도 했다. 로마에서 가장 많은 부를 축적한 사람 중 한 명이었기 때문이다. 그래서 세네카의 비판자들은 그를 가리켜 '부유한 스토아'라고 조롱하기도 했다.

이 비난에 대한 세네카의 답변은 아주 단순했다. "부자였지만 필요로 하지 않았다." 그는 부에 의존하지도 않았고 집착하지도 않았다. 어마어마한 재산과 명성이 있었지만, 그는 호화로운 연회를 일삼는 귀족들이나 쾌락을 좇는 거부들과는 일절 교제하지 않았다. 위선자였는지의 여부를 떠나 이러한 그의 태도는 황금만능주의와 부를 추구하는 현대 사회에 내려진 품위 있는 처방전이다.

이는 부에 관한 도덕적 접근이 아니라 실용적 접근이다. 정당한 방법으로 쌓은 부에 대해 비난할 필요는 없다. 중요한 것은 물질에 대한 올바른 태도이며 이를 '어떻게 쓰느냐'이다.

갖고자 하는 것을 바꿔라

바라는 것을 모두 가질 수 있는 권한은 누구에게도 없다네. 하지만 우리에게는 갖지 않은 것을 원하지 않을 힘은 있다네. 그러니 우리가 가진 이 힘을 바르게 사용할 수 있기를 바라네.

-세네카, 도덕에 관한 서한, 123.3

돈이 많을수록 할 수 있는 일도 늘어난다. 그러나 아무리 돈이 많아도 할 수 없는 것들이 있다. 가장 부유하다는 사람조차 존경과 사랑, 교양처럼 시장에서 팔지 않는 것을 구입할 수는 없다.

그렇다면 "바라는 모든 것을 가질 수 없다"라고 말하는 것만으로 인간의 결핍된 욕망을 충족시킬 수 있는 것일까? 스토아 철학은 이렇게 말한다. "바라는 것을 바꿈으로써, 생각하는 방식을 바꿈으로써, 갖고자 하는 것을 바꿈으로써 결핍은 충족된다."

역사상 최고의 부자였던 존 데이비슨 록펠러도 이와 비슷한 이야기를 했다. "인간의 부는 욕망과 지출 사이에서 결정된다. 10달러만으로도 욕망을 충족시킬 수 있다면, 그가 진정한 부자다."

당신의 일을 사랑하라

아직 마치지 못한 일이 있다면 용기를 갖고 즉시 뛰어드는 것이 미덕이네. 사람들은 떨
떠름한 얼굴로 미적미적 일하는 자를 어리석음의 표상으로 생각한다네. 몸은 이쪽에 있
으면서 마음은 다른 쪽에 가 있다면 나누어진 충동으로 인해 괴로움만 가중될 뿐이지.

-세네카, 도덕에 관한 서한, 74.31b-32

　게을러졌다는 느낌이 들 때 다시 일에 착수하고 싶다면 이렇게 자
문해 보자. "왜 이 일을 해야 하는가?" 그런데도 망설이고 있다면 다시 이
렇게 묻자. "이 머뭇거림의 이면에는 무엇이 있는가? 두려움? 게으름? 상
심? 피로?"

　하고 싶지 않은 일을 대신해주는 사람은 없다. 괴로운 과제에서 벗
어나도록 면책해 주는 사람도 없다. 그 대신 우리가 해야 할 일이 왜 그
토록 중요한지 설명할 수 있는 사람만이 있을 뿐이다. 입으로만 떠들고
정작 행동은 하지 않는 그런 사람이어서는 어떤 일도 할 수 없다. 스티브
잡스는 애플이 전 세계에서 가장 가치 있는 기업 중 하나로 떠오르기 시
작한 2005년 스탠퍼드대학의 졸업식에서 다음과 같이 말했다. "일은 우
리 인생의 많은 시간을 차지한다. 당신이 삶에 만족할 수 있는 유일한 방
법은 당신이 하는 일이 '위대하다'라고 믿는 것이고, 위대한 일을 하는 유
일한 방법은 당신의 일을 사랑하는 것이다."

AUG 31 | 과녁이 있어야 활시위를 당길 수 있다

어떤 사람이 되고 싶은지 스스로 자문하게. 그런 다음 무엇을 해야 하는지 묻게. 우리가 추구해야 할 것은 모두 그 근처에 있다네. 운동선수들이 자신이 원하는 종목을 고른 다음 운동하는 것과 같다네.

-에픽테토스, 대화록, 3.23.1-2a

궁수는 조준하지 않은 과녁을 맞히지 않는다. 이는 어떤 목표가 되었든 우리에게도 적용되는 말이다. 원칙은 우리가 원하는 목표로 우리를 인도한다. 하지만 궁극적으로 거기에 도달하느냐 마느냐는 행동이 결정한다.

정말 중요하다고 생각하는 것, 우선적으로 고려하는 것에 대해 생각하라. 그런 다음 다른 것들을 버리고 그것을 향해 행동하라. 소원하고 희망하는 것만으로는 부족하다. 행동이 반드시 필요하다.

September

9월

옳은 일을 해야하는 이유는
무엇인가?

악의 평범성

> 불공정함이란 우리가 무언가를 할 때 일어나지만 아무것도 하지 않을 때 일어나는 경우도 적지 않다.
>
> -마르쿠스 아우렐리우스, 명상록, 9.5

인류 역사는 인간이 저지른 범죄 기록으로 가득하다. 식민지 학살, 아메리카 원주민 살육, 홀로코스트, 남아프리카공화국의 인종 분리 정책 등 이 수치스러운 역사에는 평범한 시민들까지 가해자로 기록되어 있다. 그들은 여러 가지 이유로 특정한 경향에 휩쓸려 반인륜적인 범죄를 저질렀다. 그래서 이런 속담이 있다. "모든 악은 선한 인간들이 아무것도 하지 않을 때 창궐한다."

단지 나쁜 행동(악)을 하지 않는 것으로는 부족하다. 나쁜 행동을 방관하고 방치하는 것도 나쁜 행동을 하는 것과 같다. 우리에게는 우리가 사는 세계에 선한 의지를 강제해야 할 의무가 있다.

SEP 2 영혼을 위한 병원

> 젊은이들이여, 철학자의 강의실은 병원이라네. 이곳에 즐거운 감정으로 들어올 수도, 나
> 갈 수도 없을 것이야. 고통과 함께 들어와 고통과 함께 나가게 되겠지. 왜냐하면 여기에
> 들어올 때 이미 병들어 있었거든.
>
> -에픽테토스, 대화록, 3.23.30

물리치료를 받아본 적이 있는가? 어떤 치료가 되었든 그곳에 가면 사람들은 비슷하게 느낀다. "즐거운 장소는 아니야!" 그곳은 상처를 치료하는 곳이다. 숙련된 전문가가 어디에 압력을 가해야 할지, 어떻게 해야 위축된 부위가 이완될지, 어디를 자극시켜야 약한 부위가 강해질지를 정확히 알고 있는 곳이다.

스토아 철학 또한 영혼을 위한 병원이다. 성찰과 훈련을 통해 우리는 내면의 지압점을 찾아간다. 삶의 난관을 헤쳐 나갈 수 있는 인내는 그렇게 계발된다.

몰상식에 대처하는 법

누군가의 암내나 지독한 구취에 화가 난 적이 있는가? 그렇다고 무슨 소용이 있겠는가? 그와 같은 겨드랑이나 입을 가졌다면 냄새는 나기 마련이다. 당신은 이렇게 말할 것이다. 그들이 조금이라도 생각이 있다면 이런 무례함으로 다른 사람을 괴롭히지 않아야 하는 것 아닌가? 맞다. 당신 역시 생각이 있다. 그러므로 그들을 깨우치기 위해 합리적 이성을 사용하라. 그리고 그들에게 보여 주어라. 그들이 충고를 받아들일 수 있다면, 당신은 불필요한 화를 내지 않고 그들을 고칠 수 있을 것이다. 갈등도 꼴사나운 다툼도 없이 말이다.

-마르쿠스 아우렐리우스, 명상록, 5.28

뒷자리 승객이 큰소리로 떠들고 의자를 자꾸 발로 찬다면 마음속 깊은 곳에서 화가 끓어오르는 것이 정상이다. 그들은 무례하고, 불쾌하며, 최소한의 상식조차 갖추지 못했다. 이런 상황과 마주하면 화를 내지 않는 것이 오히려 더 이상할 정도이다.

하지만 화를 내는 것으로는 아무것도 해결하지 못한다. 해결은커녕 갈등과 충돌을 초래할 뿐이다. 마음속에 짜증과 화가 솟구치기 전에, 이성적으로 그들에게 그 행동을 멈춰 달라고 요구하거나 다른 좌석을 알아보는 것이 올바른 태도이다.

이제부터 그와 같은 상황에 마주한다면 한번쯤 생각해 보자. 실제로는 누가 더 무례한가? 상식조차 없는 그들인가, 상식을 갖추었음에도 화를 내는 나인가?

역경의 쓸모

한 번도 불행 속에 살아 본 적이 없다면, 나는 당신이 불행하다고 말하겠다. 적대자와 마주하지 않고 살아왔다고 해도 마찬가지이다. 행운 속에서만 살아왔다면 누구도 당신이 무엇을 할 수 있는지 알지 못한다. 당신조차도!

-세네카, 섭리에 대해, 4.3

힘겨운 시기를 이겨낸 사람들은 훗날 그 시절을 영광의 상처로 기억하곤 한다. "옛날이 좋았지!" 보다 좋은 환경에서 살아갈지라도 그들은 그 시절을 잊지 않는다. 이겨낸 고난은 궁극적으로 긍정적 경험이 된다. 지금의 자신을 만든 것은 그 시절의 고난이기 때문이다.

여기에 더해 불운은 우리에게 또 다른 도움을 준다. 세네카의 말처럼 경험하고 이겨내면서 우리는 자신의 능력을 훨씬 더 잘 이해하게 되고 내면의 장점을 발견하게 된다. 또 매서운 시련은 가까운 미래에 닥쳐올 수 있는 유사한 역경을 이겨낼 수 있도록 힘을 준다.

힘든 시기를 겪고 있다고 상황이 녹록치 않다며 불평하지 말자. "나를 죽이지 못하는 것은 나를 더욱 강하게 한다"라는 니체의 말처럼 역경에 감사하자.

SEP 5 합리적 낙관주의

기억하라. 자연에 굴종함으로써 자유를 얻고 자기 것이 아닌 것을 자기 것으로 만들고자한다면, 당신은 예속될 것이며 불행해질 것이다. 그리고 신과 운명과 다른 이를 비난하게 될 것이다. 오직 자신의 것만을 소유하려고 하고 내 것이 아닌 것은 타인에게 돌리는사람만이 누구의 강압도 받지 않는다. 누가 당신을 비난하고 고소할 수 있겠는가? 당신의 의지에 반하는 것은 없으며 해롭게 하는 사람도 없다. 왜냐하면 어떤 해로움도 당신에게 영향을 미칠 수 없기 때문이다.

-에픽테토스, 엥케이리디온, 1.3

베트남 전쟁에 참전하여 8년간 포로 생활을 했던 제임스 스톡데일 대령은 수용 생활 중 잔인한 고문을 당하면서도 굴복하지 않았다. 비행기가 추락할 때 스톡데일은 스스로에게 이렇게 말했다고 한다. "이제 에픽테토스의 세계로 입장하는군." 지면과 가까워지면서 그는 무엇과 마주하게 될지 예감했던 것이다. 그는 견디기 쉽지 않은 상황을 이겨냈고 마침내 자유를 얻었다.

그가 수감 생활을 이겨 낼 수 있었던 것은 헛된 희망을 버리고 지금 자신이 통제할 수 있는 것에만 집중했기 때문이다. 이것을 '합리적 낙관주의'라고 한다. 훗날 그는 지옥 같은 포로 생활을 "무엇과도 바꿀 수 없는 소중한 경험이었다"라고 회상했다.

눈앞의 냉혹한 현실을 직시하라. 결국엔 이겨낼 것이라는 믿음을 잃지 마라. 그것이 에픽테토스의 세계이다.

사슬로도 묶을 수 없는 것

자네는 나의 다리를 묶을 수는 있지. 하지만 제우스 신조차 내 자유의지를 파괴할 힘을
갖고 있지 못하다네.

-에픽테토스, 대화록, 1.1.23

전하는 바에 따르면 에픽테토스는 노예 시절 사슬에 묶여 생활한 탓에 절름발이가 되었다고 한다. 2천 년 후 제임스 스톡데일 대령 또한 긴 사슬에 묶여 수감생활을 했으며 언제든 천장에 매달릴 수 있도록 손도 뒤로 묶인 채로 지냈다.

훗날 상원의원이 되는 존 매케인도 베트남 전쟁에 참전했을 때 같은 감옥에서 수감 생활을 하며 고문과 모욕을 감수했다고 한다. 특히 매케인은 아버지가 미국의 유력 정치인이었던 까닭에 베트남 군부의 지속적인 회유 대상이었다. 베트남 군부는 조기 귀환을 조건으로 투항을 요구했지만, 매케인은 끝내 자신의 의지를 꺾지 않았다.

이들을 부러뜨릴 수 있는 것은 없었다. 누구도 그들이 자신의 원칙을 버리도록 종용할 수 없었다. 에픽테토스가 하고자 한 말의 의미가 바로 이것이다. 누군가는 우리를 사슬로 묶을 수 있다. 하지만 우리가 누구인지를 바꿀 수는 없다. 인간에게는 한 인간이 다른 인간에게 가할 수 있는 최악의 고문과 잔인함으로도 파괴되지 않는 힘이 있다.

내 안에 거인이 있다

SEP
7

자네가 누구인지를 숙고하게. 인간이 지니고 있는 합리적 선택보다 위대한 힘은 없네. 그것으로 다른 모든 것들을 감독하게. 그러면 우리는 자유로울 수 있다네.

-에픽테토스, 대화록, 2.10.1

『삶의 의미를 찾아서』의 저자이자 심리학자인 빅터 프랭클은 아우스비츠를 포함해 여러 강제수용소에서 3년간 수감 생활을 했다. 그곳에서 가족들은 모두 죽임을 당했으며, 직업도 삶도 파괴되었고, 자유까지 박탈당했다. 글자 그대로 그에게 남은 것은 아무것도 없었다. 하지만 나치가 빼앗아 가지 못한 것이 하나 있었다. 그것은 바로 생각하는 힘이었다. 그는 여전히 '이 고통의 의미가 무엇인지' 생각할 수 있었다.

나아가 프랭클은 그와 같은 상황에서도 긍정적인 면을 찾을 수 있다는 사실을 깨달았다. 거기에서도 심리학 이론을 탐색할 수 있는 기회가 있었고, 도움을 필요로 하는 사람들이 존재했다. 그는 자신의 심리학 이론을 세워감과 동시에 고통과 상실감에 괴로워하는 동료들을 위로하면서 수용소에서 생활했다.

이성을 사용해 선택할 수 있는 능력이야말로 인간에게 숨겨진 힘이다. 압박 속에서 의무에 짓눌리고 어디로 가야 할지 혼란스러울 때, 생각하자. 나는 어둠 속에서 어둠을 볼 것인가, 아니면 빛을 볼 것인가?

운명에 속지 말라

운명의 여신에게 속지 않는 한, 운명에 의해 파괴되는 사람은 없습니다. (…) 좋은 시절 거만하지 않았던 사람들만이 변화 속에서도 거품이 꺼지지 않습니다. 어떤 변화에도 자신의 영혼을 지킬 수 있는 사람은 천하무적입니다. 왜냐하면 좋은 시절에 그들이 보여주었던 힘이 역경에 대항하기 때문입니다.

-세네카, 어머니 헬비아에게 보내는 위로, 5.4b, 5b-6

서기 41년, 세네카는 로마에서 코르시카섬으로 추방당한다. 황제의 여동생과 연애를 했다는 루머 때문이었다. 유배 직후 그는 어머니를 위로하기 위해 편지를 보냈다. 그 편지는 여러 면에서 자신에게 하는 이야기이기도 했다. 이 예기치 않은 운명에 힘들어하는 자신에 대한 꾸짖음이었던 것이다.

세네카는 어떻게 유배생활을 버텼을까? 그는 오랫동안 공부해온 철학을 통해 기다릴 수 있는 인내와 결단력으로 어려운 상황을 견뎠다. 철학은 이후 그가 다시 명예를 되찾았을 때 행복을 당연하게 받아들이지 않는 지혜를 주었다. 운명의 장난인지 새로 즉위한 황제로 인해 그는 다시 세력을 잃었고, 3년 후 자살을 명령받게 된다. 그는 그 상황을 당당하게 받아들였다. 세네카가 남긴 철학적 저작의 대부분은 이 기간에 만들어졌다. 철학이 다시 한번 그가 준비할 수 있도록 도운 것이다.

두려움의 역설

두려움에 압도당하도록 자신을 내버려두면 살아야 할 이유도 사라지고 비탄 또한 끝이
없게 된다.

-세네카, 도덕에 관한 서한, 13.12b

대공황이 닥치고 얼마 지나지 않아 새로운 대통령 프랭클린 루스벨트가 취임 선서를 했다. 하지만 취임 날짜 변경안이 통과되기 전이라 전임 대통령이 물러나는 3월이 될 때까지 루스벨트는 대통령으로서의 권한을 행사할 수 없었다. 시장은 마비되었고 은행은 파산했으며 사람들은 공포에 떨었다. 그러자 루스벨트는 연설을 통해 다음과 같이 말했다. "우리가 두려워해야 할 것은 두려움 그 자체일 뿐임을, 나는 확고한 믿음으로 여러분께 말씀드립니다. 비이성적이고, 비합리적이며, 말로 설명할 수 없는 이 공포는 앞으로 나아가려는 인간의 모든 노력을 마비시킵니다."

스토아 철학자들도 '공포심은 불행을 창조하기 때문에 두려워해야 한다'라는 사실을 경고했다. 두려움을 회피하려고 할수록 두려움이 현실화될 가능성이 커진다. 시련과 고난에 처해 있을 때 두려움에 사로잡히는 것은 어떤 도움도 되지 않는다. 이것이 우리가 두려움에 저항해야 하는 이유이며 상황을 바꾸고 싶을 때 두려움을 거절해야 하는 이유이다.

화창한 날에 준비해야 할 것들

자네가 얼마나 의지가 있는지 시험해 보겠나? 일주일 동안 퍽퍽한 싸구려 음식만 먹어야 한다면, 그리고 다 낡아 해진 옷을 입어야 한다면 자신에게 물어보게. 이것이 자네가 두려워하는 최악의 상황인지 말이네. 좋은 시절일 때 우리는 다가올 힘든 시기를 위해 대비해야 한다네. 운명은 우리 앞의 햇살이 따사로울 때 자신의 이빨과 발톱을 갈아두는 짐승이기 때문이지. 그래서 군인들은 평화로울 때 병법을 수련하고, 적이 시야에 없을 때 참호를 판다네. 지쳐 있을 때 적이 공격해 오지 못하도록 그렇게 대비를 하지.

-세네카, 도덕에 관한 서한, 18.5-6

　　푹신한 침대를 멀리하고 딱딱한 바닥에 잠을 청해 보자. 지갑을 도둑맞은 것처럼 마음대로 돈을 쓰지 못하는 불편한 상황 속에서 며칠을 지내 보자. 차를 압류 당했다 생각하고 차 없이 걸어 보자. 단지 그렇다고 생각하지 말고 실제로 그렇게 해 보자. 그렇게 살지 않았을 때 몰랐던 사실을 깨닫게 될 것이다. 날이 좋을 때 우산을 준비해 두어야 한다는 사실 말이다. 세네카는 말했다. "위기가 닥쳤을 때 궁지에 몰리지 않으려면 오기 전에 준비하라."

덜 갖는 연습을 하라

동료 없이 식사하는 데 익숙해지도록 하자. 노예를 두지 않는 삶에도 익숙해지도록 하고, 본래의 목적으로 옷을 입는 데도 익숙해지도록 하며, 좀 더 합리적인 넓이의 공간에서 생활하는 것에도 익숙해지도록 하자.

-세네카, 마음의 평정에 대해, 9.3b

오스트리아의 소설가이자 스토아적 지혜를 갖춘 것으로 유명한 슈테판 츠바이크는 당대 가장 인기 있는 작가 중 한 사람이었다. 하지만 히틀러가 등장하면서 삶이 파괴되고 만다. 츠바이크를 얼마나 애도해야 할까? 인간의 삶에는 이런 비극이 넘쳐난다. 건실하게 일하던 평범한 가장이 사기꾼에 의해 파산하거나 범죄 혐의로 사형 선고를 받은 사람이 수십 년이 지나 무혐의가 되는 사례는 역사에 기록조차 되지 않는다.

방석에 앉아 있을 때에도 걸려 넘어질 수 있는 것이 인간의 운명이다. 스토아 철학은 운명의 장난에 상심하지 않기 위해 '덜 갖는 연습'을 하라고 한다. 적은 돈, 작은 명성, 적은 만남, 작은 욕망 등 보다 더 작고 적은 것에 익숙해지라는 것이다.

스토아 철학은 버리고 비우며 살아가는 것을 삶에 대한 소극적 태도라고 보지 않았다. 언젠가는 운명이 우리가 가진 모든 것을 앗아간다. 버리고 살아가는 데 익숙해진다면, 우리가 그곳으로 어쩔 수 없이 내몰릴지라도 그렇게 나쁘지만은 않을 것이다.

땅 위에 머물면 내려올 일이 없다

SEP 12

> 제논이 말했다. "뽐내는 것만큼 꼴사나운 것은 없다. 특히 젊은이일 경우에는."
>
> —디오게네스의 강의, 탁월한 철학자들의 삶, 7.1.22

소크라테스가 데모니쿠스에게 보낸 편지에는 제논이 말한 것과 흡사한 경고 메시지가 나온다. "당신을 찾아오는 사람이 당신 일가에게까지 친절할지라도 결코 거만해지지 마라. 오만한 자부심은 노예조차 인내하지 않으니." 예술 분야에서도 이런 비유가 있다. "경솔하고 과도한 자신감으로 뭉친 젊은이들은 늙고 나서 콧대가 꺾이기 마련이다."

사람들은 경쟁자를 앞지르기 시작하면 자신이 더 우월하다고 생각한다. 하지만 그도 언젠가는 뒤처진다. "거품이 부풀어 오르지 않는다면 터뜨릴 필요도 없다"라는 속담은 무엇을 뜻하는가? 이미 겸손한 이에게는 누구도 겸손하라고 말하지 않는다. 운명도 겸손한 이에게는 가혹하지 않다고 했다. 땅 위에 가만히 머물고 있는데 어느 누가 끌어내리려고 하겠는가?

두려움 때문에 성채가 무너진다

SEP 13

> 외부 사건이 두려움을 불러일으키는 것이 아니네. 우리가 두려움을 지배하고 막을 수 있
> 는데도 어떻게 내면의 요새가 파괴되는지 아는가? 칼에 의해서도, 불에 의해서도 아니
> 야. 단지 판단 때문이야. (…) 우리는 여기서 시작해야만 해. 이 성벽을 꽉 부여잡고 달려
> 드는 이 폭군을 던져 버려야 해.
>
> —에픽테토스, 대화록, 4.1.85-86; 87a

스토아 철학자들은 우리에게 '내면의 성채'라는 아름다운 개념을
선물했다. 그들은 이것이 우리 영혼을 지켜주는 요새라고 믿었다. 육체
적으로 취약하고 여러 가지 방식으로 운명의 자비를 구걸함에도 불구하
고, 내면의 이 영역만큼은 철벽의 요새이다. 아우렐리우스는 이를 두고
"우리의 영혼을 정복할 수 있는 것은 없다"라고 했다.

하지만 역사는 우리에게 내면의 성채 또한 파괴될 수 있다고 가르
친다. 그것은 내면으로부터의 배신 때문이다. 성벽 안에 사는 주민들이
두려움이나 탐욕에 굴종하는 순간 성벽의 문이 열리고 적들이 몰려든
다. 이것은 우리가 용기를 잃고 두려움에 굴복할 때 일어나는 일이다. 그
러니 기억해야 한다. 요새의 성벽은 굳건하니, 요새를 배신하지 마라.

언제 죽음이 찾아오더라도

당신이 정상 체중이라면 몸무게가 두 배로 불지 않았다고 불평하지 않을 것이다. 그런데
어째서 수명이 길지 않다고, 더 많이 주어지지 않았다고 불만을 품는가? 체중에 만족하
는 것처럼 우리에게 주어진 시간에도 만족하라.

-마르쿠스 아우렐리우스, 명상록, 6.49

세네카는 "어떻게 쓰는 줄만 제대로 알면 삶은 충분히 길다"라고
말했다. 그런데 우리는 불행하게도 주어진 삶을 낭비하면서 더 긴 삶을
원하기만 한다. 몸에 좋지 않은 음식을 먹으면서 몸이 건강하길 바라고
운동하지 않으면서 체력이 좋아지기를 바란다. 노력하지 않고 지식이
늘어나기를 바라며 새로운 일에 도전하지 않으면서 경험이 풍부해지길
바란다.

시간이 더 늘어난다면 삶을 낭비하지 않을 자신이 있는가? 현재를
낭비하고 있는데 수명이 늘어나는 게 무슨 소용인가? 헛되이 버려진 시
간을 보상하는 방법은 이 순간을 충실하게 사는 것밖에 없다.

누구든 합리적으로 선택할 힘이 있다

자네에게 말하지만, 오직 건강하게 사는 법을 배우도록 하게. (…) 완벽한 확신과 함께
생활하도록 하게. 어떤 확신이냐고? 제약받지 않으며 빼앗길 수도 없는 자네만의 합리
적 선택을 유지하는 것이네.

-에픽테토스, 대화록, 3.26.23b-24

스토아 철학은 자신이 통제할 수 없는 것을 신뢰하는 것은 위험하
다고 반복해서 말한다. 그리고 오직 자신의 '합리적 선택'만이 통제할 수
있는 것이라 설명한다. 그들은 이 합리적 선택을 갑자기 악화되지 않는
건강의 영역으로 보았다. 완전히 새것같이 남아 있는 것이며 닳아 없어
지는 것도 아니었다. 또한 사용하지 않더라도 결코 인간을 떠나지 않는
것으로 생각했다.

합리적 선택의 힘은 누구에게나 주어지는 것이다. 정치가이든 시
민이든, 사장이든 사원이든, 부자이든 가난한 자이든, 판사이든 죄인이
든 그 누구라도 합리적으로 선택할 힘이 있다. 그 힘과 함께한다면 그 무
엇으로도 제약받지 않는 삶을 살아갈 수 있다.

신은 현명한 자에게 역경을 준다

성공은 하찮고 볼품없는 재능을 가진 사람에게도 찾아온다. 그러나 오직 위대한 사람만이 재앙과 불운에 대항해 업적을 남긴다.

-세네카, 섭리에 대해, 4.1

특별히 운이 좋은 사람이 있다. 그들은 유전적으로 우월한 용모를 가졌거나, 상류층으로 태어났거나, 그것도 아니라면 남들보다 손쉽게 경력을 쌓아 올라간다. 계획 없이 오히려 무모한 결정을 했는데도 실패와 마주하지 않고 상처도 상실도 없이 살아간다.

이런 사람들에게 질투가 생기는 것은 자연스런 감정이다. 누가 평화로운 삶을 바라지 않겠는가? 하지만 평화롭게 안정된 삶이 곧 존경할 만한 삶을 의미하지는 않는다.

어떤 이는 행운을 타고난다. 여기에는 특별한 기술이 없다. 위대하다고 할 만한 덕성도 없다. 오직 어려움 속에서도 인내하는 사람들, 고난 속에서도 중단하지 않고 목적지를 향해 묵묵히 걸어가는 사람들에게서만 미덕을 발견할 수 있다. 그들이 그렇게 된 것은 태도와 의지의 결과이지 생득적으로 주어진 능력이나 조건으로 인한 것이 아니기 때문이다. 이겨 내는 자는 외적인 장애물을 극복할 뿐더러 그 과정에서 자신의 감정과 욕구를 제어하는 방법까지 체득한다. 그런 이유로 세상은 그에게 매료된다.

성숙한 사람의 행동법

SEP 17

첫 번째 유형의 사람은 타인에게 호의를 베풀면 즉시 그 호의를 되돌려받을 준비를 한다. 두 번째 유형은 그렇게 즉각적인 반응을 바라지는 않는다. 하지만 여전히 자신이 받을 채무가 무엇인지 기억하고 있다. 세 번째 유형은 자신이 베푼 행동을 의식하지 않는다. 그들은 포도주를 만들고 난 후의 포도나무, 경주를 마친 말, 사냥감을 쫓은 뒤의 사냥개, 꿀을 만들고 난 후의 꿀벌과 같다. 그와 같은 사람은 좋은 행동을 한 후 자신의 행위를 자랑하지 않는다. 그리고 포도나무가 다음 계절을 기다리는 것처럼 그렇게 또 다른 호의를 베풀 기회를 기다린다.

-마르쿠스 아우렐리우스, 명상록, 5.6

누군가 당신의 생각을 마치 자신의 것인 양 얘기하는 것을 본 적이 있는가? 어린 형제자매가 당신의 옷을 입거나 당신 취향의 음악을 들으며 행동을 흉내 내는 것을 본 적은 없는가? 나이가 어리고 경험이 부족할 때는 이런 상황에서 부정적으로 반응한다. "그만 좀 따라 해. 내가 처음이라고!"

성숙해지고 난 후에는 이 상황을 다른 시각으로 볼 수 있게 된다. 이끌어주고 도와주는 것이 사람 사는 세상의 이치임을 이해하는 것이다. 큰 상황이든 작은 일이든 마찬가지이다. 앞서나가는 리더의 위치는 힘들어도 보상을 받지 못하는 자리다. 성숙한 사람은 신뢰나 감사, 인정을 받기 위해서가 아니라 그저 자신이 해야 할 일이기 때문에 행동한다.

강인함과 우아함으로

고통을 겪을 때마다 마음속으로 생각하라. 부끄러울 것이 없고, 그로써 나의 교양이 비하되지도 않는다는 것을. 이성적으로 행동하고 공공의 선을 위해 행동하라. 그리고 다음과 같은 에피쿠로스의 말을 기억하라. "고통은 참아낼 수 없는 것도 아니고 끝나지 않는 것도 아니다. 고통의 한계를 기억하고, 상상력을 보태서 실제보다 큰 것으로 만들지 마라." 흔히 내는 짜증도 변형된 고통이며 불면, 흥분 그리고 식욕을 잃는 것 또한 고통의 일종이다. 하지만 우리는 이를 고통이라고 생각하지 않는다. 그러므로 이런 것에 불만을 품는 순간 고통에 굴복하고 만다는 사실을 기억하라.

-마르쿠스 아우렐리우스, 명상록, 7.64

1931년 뉴욕을 여행 중이던 윈스턴 처칠은 교차로에서 교통사고를 당했다. 목격자에 따르면 현장에서 즉사한 것처럼 보일 만큼 부상이 심각했다. 그는 심각한 골절을 입은 채 8일 동안 혼수상태에 빠져 있었다. 하지만 어느 정도 의식이 돌아오자 처칠은 경찰에게 이 사고가 전적으로 자신의 책임이며 이 때문에 운전자가 피해를 받지 않기를 바란다고 말했다. 뒷날 사고를 낸 운전자가 병원으로 찾아왔을 때, 처칠은 그가 실직한 상태임을 알고 그에게 얼마간의 돈을 주기까지 했다.

훗날 처칠은 당시의 경험을 반추하며 이렇게 말했다. "자연은 자비롭다. 자신의 영역 안에 돌보지 않는 사물이란 없다. 오직 인간의 개입만이 세상을 지옥으로 만든다. 삶은 위태로운 것이지만 두려움이 지나고 나면 모든 것이 나아진다." 에피쿠로스의 말처럼 "끝나지 않는 것은 없다." 이겨 낸 자만이 강인함과 우아함을 얻는다.

유연한 의지를 가져라

자기 의견을 바꾸는 것과 다른 사람의 지적을 좇는 것은 의지의 문제이다. 사실 이런 행동은 자신의 욕구와 판단, 그리고 지성에 따라 취해지는 우리의 것이기 때문이다.

-마르쿠스 아우렐리우스, 명상록, 8.16

어떤 일을 시작하기로 마음먹으면 끝까지 그 일을 완수하려고 하는가? 그렇게 했다면 인상적인 업적을 쌓을 수 있다. 하지만 그와 같은 의지력이 그릇된 방향으로 나아가게 해서는 안 된다.

조건은 변한다. 새로운 사건은 어김없이 등장하며 또 다른 변수가 떠오른다. 그것들을 인정하지 않고, 새로운 정보에 맞추어 조정하지 않으면서 그저 앞으로만 가고자 한다면 로봇이나 다름없다.

중요한 것은 강철 같은 의지가 아니라 유연한 의지다. 올바른 목적을 효과적으로 수행하기 위해 욕구와 판단과 지성을 명확하게 하는 것이 의지력이다.

변경하고 수용하는 것은 약점이 아니다. 유연함은 강함의 또 다른 이름이다. 실제로 유연함은 회복력과 멈추지 않는 열정을 우리에게 가져다준다는 점에서 힘이 된다.

SEP 20 인생은 레슬링이다

삶에 필요한 기술은 춤이 아니라 레슬링을 더 닮았다. 우아하게 살기 위해서는 뜻하지 않는 기습공격을 이겨 낼 준비와 굳건히 버텨 낼 능력이 필요하다.

-마르쿠스 아우렐리우스, 명상록, 7.61

춤은 삶의 은유로서 많이 사용된다. 유연하고, 부드러워야 하며, 음악과 같이 무언가에 맞추어 움직여야 하기 때문이다. 몸으로 느끼고, 일정한 규칙을 따라야 하며, 파트너의 움직임에 따라 보조를 맞추어야 하기 때문이기도 하다. 하지만 험난한 인생의 항로를 통과하고 있는 사람에게 이 춤의 은유는 부족하다.

댄서의 무대에 난입하려는 사람은 없으며 일부러 댄서의 발을 걸려고 하는 사람은 없다. 또 라이벌에 의해 목이 졸리는 일도 없다. 하지만 레슬링의 세계에서는 항상 뜻밖의 상황을 준비하고 있어야 한다.

레슬링과 같은 삶에는 우아한 움직임 이상의 것이 요구된다. 갑작스런 공격에 대비해야 하고 상대의 공격을 자신에게 유리한 방향으로 이용할 줄도 알아야 한다. 또한 강한 상대와 대적하려면 자신의 한계와 싸워야 하고, 포기하고 싶은 내면의 감정과도 싸워야 한다. 철학은 유연해야 한다는 점에서는 춤과 비슷하지만, 인간의 의지와 이성을 단단하게 벼리는 망치와 모루의 역할을 한다는 점에서는 레슬링과 같다.

기대는 무너지기 마련이다

SEP
21

> 주위 환경 때문에 마음이 혼란스러울 때는 재빨리 마음을 차분하게 만들어야 한다. 필요 이상으로 흥분하지 않도록 하라. 이렇게 차분한 마음으로 되돌아갈 수 있다면 주위 환경을 더욱 잘 다스릴 수 있을 것이다.
>
> -마르쿠스 아우렐리우스, 명상록, 6.11

때때로 뜻하지 않는 소식이 우리에게 날아든다. 테러나 재정적 파산 같은 흔하지 않은 재앙에서부터 예기치 않은 사소한 봉변에 이르기까지, 우리를 괴롭히는 것들은 삶의 곳곳에 포진해 있다. 자동차 배터리가 방전되기도 하고, 주변 지인의 갑작스러운 부고가 들려오기도 하며, 컴퓨터 바이러스 때문에 중요한 파일이 삭제되기도 한다. 이런 상황은 우리를 언제나 당혹스럽게 하고 짜증나게 한다.

사람들은 세상에 어떤 기대를 건다. 그리고 그 기대가 이뤄질 거라는 가정하에 계획을 세운다. 하지만 기대는 무너지기 마련이고 그에 따라 삶의 계획도 흔들린다. 순탄하기를 바라지만 그런 삶은 존재하지 않는다. 그러니까 이와 같은 혼돈이 우리를 지배하도록 두어서는 안 된다. 가능한 빨리 제자리로 돌아와야 한다.

이때 중요한 것은 화를 내거나 흥분하지 않는 것이다. 그것은 상황을 더욱 악화시킬 뿐이다. 차분함이야말로 상황을 반전시키는 최고의 무기다.

승리를 향한 길은 좁다

어려움이 닥쳤을 때에야 그 사람을 알 수 있는 법이네. 그러므로 도전과 마주했다면 기억하게. 신께서 우리를 단련시키고자 젊고 튼튼한 상대를 골라 주었다는 것을. 왜냐고? 땀 흘리지 않고 어떻게 올림픽에 참가할 수 있겠는가! 삶의 난관과 어려움을 이와 같이 생각한다면 세상에 자네 같은 도전자는 또 없을 것이야.

-에픽테토스, 대화록, 1.24.1-2

스토아 철학자들은 올림픽, 특히 레슬링에 비유하는 것을 좋아했다. 당시에 스포츠는 오락거리 그 이상이었다. 철학자들에게 있어서 스포츠는 삶의 국면에서 불가피하게 마주하게 되는 난관과 극복의 집약체였다. 더글러스 맥아더 장군은 삶에 대한 은유로서 스포츠를 언급하기도 했다. "이 우호적인 투쟁의 벌판 위에 씨앗을 뿌려라. 다른 날 다른 벌판에서 승리의 열매가 잉태될 것이니."

한 수 아래의 상대만 마주하는 스포츠는 없다. 기술적인 측면에서든 육체적인 측면에서든 항상 우월한 상대가 있는 곳이 스포츠의 세계다. 어려운 상대를 만났을 때 배우고 더 강해질 것인가, 아니면 좌절감을 안고 불평만을 늘어놓을 것인가? 위대한 자들은 자신의 능력이 시험받는 일을 회피하지 않는다. 그들은 자신의 위대함을 증명하기 위해 시험을 찾아다니며 승리를 향한 그 좁은 길을 통과하려고 한다.

아주 작은 반복의 힘

기억하라. 우리의 지배적 이성은 그 자체에 의지하고 집중할 때 정복할 수 없는 것이 된다. 그리하여 어떤 비이성적인 순간일지라도 자신의 의지에 반하지 않는다. 그러한 지배적 이성이 주의 깊게 판단하고 합리적이라면 어찌 난공불락이 되지 않겠는가? 격정으로부터 자유로운 우리의 이성은 어떤 것도 침범할 수 없는 요새가 되나니, 사람에게 이보다 더 안전한 은신처가 있겠는가!

-마르쿠스 아우렐리우스, 명상록, 8.48

배우이자 무술가인 이소룡은 이렇게 말한 적이 있다. "나는 만 번의 발차기를 한번에 훈련하는 사람을 두려워하지 않는다. 나는 한 번의 발차기라도 만 일 동안 훈련하는 자가 두렵다." 반복의 힘을 지적한 것이다. 어떤 행동을 반복적으로 하다 보면 무의식적으로 그 행동을 하게 된다. 그때서야 비로소 의식적으로 생각하지 않고도 행동할 수 있다.

아우렐리우스는 인간의 이성도 이와 같이 훈련할 수 있다고 했다. "비합리적인 순간일지라도 자신의 의지에 반하는 것을 하지 않는다"라는 그의 말은 적절한 훈련을 통해 기본적인 사고방식을 변화시킬 수 있다는 말이다. 화내지 않기를 연습하면 어떤 국면에서도 쉽게 화에 사로잡히지 않으며, 험담을 하지 않으려 노력하면 누군가를 함부로 비난하지 않게 된다. 좋은 습관은 그 자체로 힘이다.

해야 하는 것이 반복되면 무의식적으로 행할 수 있게 되고, 하지 않는 것이 반복되면 저절로 사라진다. 그러니 기본적이고 일차적인 행동으로 만들고 싶은 것이 있다면 생각해 보자. 얼마나 오랫동안 연습해야 하는지를.

어떤 일이든 일어날 수 있다

예상치 않은 일이 재앙의 무게를 더할 수 있네. 또 예기치 않은 사건이 고통에 잠긴 인간의 눈물을 닦아 줄 수도 있지. 이와 같이 우리에게는 기대하지 않은 일들이 언제나 일어날 수 있다네. 그러므로 우리는 모든 일을 예상하고 있어야 하네. 정상적인 일뿐만 아니라 갑작스럽게 일어나는 모든 일들을 고려하지 않으면 안 되네. 운명의 여신은 자신을 기쁘게 하기 위해 영광의 정점에 있는 사람까지 그 자리에서 끌어내리지 않는가?

-세네카, 도덕에 관한 서한, 91.3a-4

네로 황제의 통치 기간 중 로마에 거대한 화재가 난 적이 있다. 그때 프랑스 리옹의 시민들은 희생자와 도시 복구를 위해 엄청난 양의 구호물자와 돈을 보냈다. 그런데 그 다음 해 리옹에서도 갑작스러운 화재가 발생해 시민들이 큰 피해를 입었다. 네로는 즉시 같은 양의 구호물자를 리옹으로 보냈다.

세네카는 친구에게 보낸 편지 서두에서 이 사건을 언급하며 운명 전반에 관해 이야기했다. 인간의 운명 속에는 인생이 극단적으로 전복될 가능성이 언제나 잠재되어 있다. 그 편지를 보내고 일 년 후 세네카는 네로를 폐위시키려 했다는 거짓 음모로 고발당했다. 한때 스승이었던 세네카에게 네로가 자살 명령을 내린 것이다.

황제의 명령에 저항하려는 친구들에게 세네카는 재차 말했다. "자네가 철학으로부터 배운 교훈은 어디에 있는가? 기대하지 않은 일이 일어났을 때를 위해 무엇을 준비하라고 했는가?" 그는 자신에게도 그와 같은 일이 일어날 수 있음을 알고 있었다. 어떤 일이든 일어날 수 있음을 인정하는 마음가짐은 우리에게 평온을 가져다준다.

노예로 살지 말라

노예가 아닌 자를 나에게 보여주게. 누군가는 정욕의 노예이며, 누군가는 탐욕의 노예이고, 또 누군가는 권력의 노예이며, 우리 모두는 두려움의 노예 아닌가? 전직 집정관이면서 중년 부인의 노예가 된 자가 있으며, 부자이면서 몸종의 노예가 된 자도 있다네. 스스로 노예가 되는 것보다 더 굴종적인 것은 없네.

-세네카, 도덕에 관한 서한, 47.17

인간은 모두 집착한다. 생활 패턴을 고집하고, 술이나 커피에 중독되며, 안락함을 탐닉하고, 타인의 인정을 갈구한다. 하지만 어떤 것에 집착하기 시작하면 어느 순간 관리하고 제어할 수 없게 된다.

우리가 집착하는 것들은 한순간에 사라질 수 있다. 건강 문제로 더는 커피를 마실 수 없게 될 수도 있고, 누군가의 모략으로 이제껏 쌓아온 명성이 사라질 수도 있다.

집착하는 마음이 생기기 전에 자신을 단련해야 하는 이유가 여기에 있다. 무엇이 되었든 그것 없이 살 수 있어야 한다. 그래서 에픽테토스는 이렇게 말했다. "진실로 자유를 원하는 자는 관리할 수 없는 것을 욕망하지 않는다." 안락함과 편리함, 쾌락에 의존하도록 스스로를 내버려 두면, 언젠가 그 의존성으로 말미암아 좌절을 겪게 될 것이다.

SEP 26 나를 찾는 공부

여유 시간이 있어도 공부하지 않는 사람은 이미 죽은 것이나 다름이 없네. 살아 있으면서 이미 무덤에 묻힌 자들이지.

-세네카, 도덕에 관한 서한, 82.4

당신이 이제껏 열심히 일했고 만족스러운 결과도 나왔다면 이제 휴식을 취해야 한다. 비행기를 예약하고, 호텔을 잡고, 해변으로 나갈 시간이다. 가방을 챙길 때 해변에서 읽을 책도 한 권 넣으시라! 시인처럼 여가를 즐겨 보는 것은 어떨까? 시인은 자신을 둘러싼 세계를 관찰하고 질문을 멈추지 않으며, 주어진 모든 것을 받아들이고, 섭리를 이해하려 노력한다. 그들은 쉬는 가운데서도 배움을 구한다.

공자는 이렇게 말했다. "옛사람들은 자신을 위해 공부했지만, 요즘 사람들은 남을 위해 공부한다." 무엇을 하려고 하든 배움이 먼저 선행되어야 한다. 하지만 타인의 인정을 받기 위한 공부, 고소득이 보장되는 일자리를 찾기 위한 공부는 딱 거기까지다. 반면 평생 가는 공부는 나를 찾는 공부다. 스토아 철학에서는 자신의 안락함을 추구하기 위해서 공부하는 자에게는 진정한 자유가 없다고 했다. 공자가 말한 공부의 의미도 이런 뜻일 것이다.

우리를 비참하게 만드는 것

왜냐하면 평화조차 더 많은 걱정거리의 원인이 되기 때문이라네. 한때는 우리에게 든든한 확신을 불러일으켰던 안전한 상황에서도 더는 마음을 열 수 없게 되네. 한때 든든했던 것이 맹목적인 두려움을 불러일으키고, 더는 안전함을 가져다주지 못하지. 그럼 이제 위험을 피하려는 것이 아니라 아예 달아나려고 한다네. 그러나 등을 돌리고 달아나면 더 큰 재앙을 만나게 된다네.

-세네카, 도덕에 관한 서한, 104.10b

속담 중에 이런 말이 있다. "돈은 사람을 바꾸지 못한다. 단지 그가 어떤 사람인지 더 많이 말해 줄 뿐이다." 또 저널리스트 로버트 카로는 권력에 대해 이렇게 말했다. "권력은 부패하지 않는다. 그냥 까발려질 뿐이다." 두 가지 말 모두 돈과 권력에 대한 허망함을 비유적으로 표현하고 있다.

세네카의 말처럼, 세속적인 것을 추구하는 사람은 늘 두려움에 빠진다. 그것을 잃을까 봐 두려운 것이다. 두려움 앞에 좋은 일이 일어날 것이라는 확신은 중요하지 않다. 확신도 공포를 쫓아내지 못한다. 두려움은 언제나 걱정거리를 찾아다니며 우리를 비참함 속에 머물게 한다.

소유하는 순간 두려움이 찾아온다. 그래서 잃을 것이 많을 때 두려움은 더욱 커진다. 세속적인 가치에 집착하는 마음은 우리를 더 많이 갈망하게 하는 악순환 속에 빠지게 할 뿐이다.

SEP 28 승리의 카드는 우리 손에 있다

신께서 다른 모든 것들을 지배할 수 있는 가장 강력한 능력을 우리에게 주었다는 것이 얼마나 감사한 일인가? 우리에게 주어진 선물은 외적 현상을 올바르게 이해하는 능력이라네. 외적 현상 자체는 지배 아래에 둘 수 없다네. 지배하지 못하는데 그것이 무엇을 가져다줄 수 있겠는가? 그것들이 더 많은 것을 줄 것 같은가?

-에픽테토스, 대화록, 1.1.7-8

외적 현상, 즉 우리 외부에서 벌어지는 사건을 우리가 통제할 수는 없다. 주변 사람들의 갑작스러운 건강 악화, 예상치 못한 교통사고, 내 손을 떠나버린 프로젝트의 결과물, 심지어 컵이 깨지는 작은 사건조차도 우리가 통제할 수 없다.

우리는 이런 외부 사건들에 분노할 수도 있고, 슬퍼할 수도 있고, 울 수도 있고, 웃을 수도 있다. 하지만 어떻게 반응하더라도 벌어진 사건을 통제할 수 있는 힘이 인간에게는 없다. 다만 우리에게 주어진 것은 그 사건에 우리가 어떤 반응을 보이느냐 하는 것뿐이다. 이것이 지금 우리 앞에 놓인 모든 난관이 뜻하는 바다. 적절하고 옳은 대응을 찾을 수 있다면 승리의 카드는 많다.

SEP
29) 보잘것없는 것들이 주는 행복

> 그 어떤 것도 탐욕을 만족시킬 수는 없습니다. 하지만 아주 작은 것으로도 우리의 자연적 본성을 충족시킬 수 있습니다. 그러므로 유배에서 비롯된 가난은 저에게 불운을 의미하지 않습니다. 아무리 척박한 유배지라도 한 사람을 먹이기에는 넉넉한 법이니까요.
>
> -세네카, 어머니 헬비아에게 보내는 위로, 10.11b

이제는 일상이 되어버린 일들에 대해 다시 생각해 보자. 가령 첫 월급을 떠올려 보자. 그때는 대단하게 느끼지 않았는가? 부모로부터 처음 독립했을 때의 느낌은 또 어떤가? 세상의 모든 자유가 거기에 있었다. 하지만 시간이 지나고 좀 더 성공할수록 처음 느꼈던 만족감을 느끼기란 쉽지 않다. 불과 몇 년 전만 해도 보잘것없는 것에서 느낀 만족감은 온데간데없이 사라지고 만다. 만족의 한계치는 계속해서 늘어만 가고, 욕심의 한계치 또한 계속해서 불어난다. 욕심과 만족의 끝은 어디일까?

지금은 익숙해져 버린 모든 것에 대해 처음 가졌을 때의 느낌을 떠올려 보자. 정작 우리를 가장 기쁘게 했던 것들은 보잘것없고 비싸지도 않은, 아주 작은 것들이었다.

SEP 30 실재에 집중하라

> 습관이나 이론 중 어떤 것이 덕성을 함양하는 데 좋은지 논쟁이 일어난 적이 있다. 이론
> 은 옳은 행동이 무엇인지 가르쳐 준다. 습관은 행동이 그 이론과 조화를 이루는지를 알
> 려 준다. 내 생각으로는 습관이 더 효과적이다.
>
> -무소니우스 루푸스, 강의록, 5.17.31-32, 5.19.1-2

『햄릿』에 다음과 같은 대사가 나온다. "천지간에는 자네의 철학으로 상상하는 것보다 더 많은 것이 존재한다네, 호레이쇼!" 이론이 옳은지 그른지 논리적으로 따지는 것은 시간 낭비이다. 우리는 진짜 세계에 살고 있다. 중요한 것은 '우리 앞에 놓여 있는 상황에 어떻게 대처하는가'이다. 햄릿이 친구인 호레이쇼에게 말한 것처럼 이론(책, 철학, 논리 체계)이 아무리 정교하다고 할지라도 실재하는 세계보다 단순하고 분명하다. 모든 것을 설명하는 이론은 없다. 우리는 종종 그 사실을 잊는다.

끊임없이 주의를 기울이고 자각하는 것만이
우리를 우리 삶의 주인으로 설 수 있게 한다.

4부

매일 저녁, 나의 하루를
의미 있게 만드는 질문들

하루가 저물어 가는 황혼 무렵은 전통적으로 미네르바의 시간, 철학의 시간이다. 그것은 끝나는 시간이기도 하지만, 동시에 내일 찾아올 새로운 시작을 준비하는 최적의 시간이기도 하다. 로마의 철학자이자 정치가 세네카는 매일 저녁, 이런 질문으로 하루를 마무리했다. "오늘 어떤 나쁜 버릇을 고쳤는가? 어떤 잘못에 맞섰는가? 어떤 면에서 더욱 나아졌는가?" 당신은 자신에게 어떤 질문을 던질 것인가? 다시 말해, 어떻게 하루를 마무리하고 또 다른 하루를 준비할 것인가?

October

10월

계획한 일들을 충실히 해냈는가?

당신의 의무를 다하라

누군가 어떤 행동을 하고 어떤 말을 하든 나의 임무는 선한 사람이 되는 것이다. 이것은 마치 에메랄드나 황금이 "누가 뭐라고 말을 하든 나는 나이어야 하고 내 진실한 색깔을 보여줄 것이다"라고 말하는 것과 같다.

-마르쿠스 아우렐리우스, 명상록, 7.15

스토아 철학자들은 모든 인간과 동물과 사물에는 자연에 의해 주어진 각자의 목적과 위치가 있다고 믿었다. 그들은 그리스 로마 시대에도 세상은 아주 작은 원자들의 집합이라는 사실을 희미하게나마 이해하고 있었던 것이다. 이 생각은 곧 우주는 상호작용한다는 생각으로 발전했으며, 이로 인해 스토아 철학에서는 모든 사람과 행동이 아주 큰 시스템의 일부분이라고 여기는 세계관이 형성되었다. 그러므로 스토아 철학에서 직업은 우주(섭리)로부터 인간에게 주어진 의무였다.

이 체계에서 가장 핵심적인 부분은 사람들에게 가장 특별한 의무가 주어진다는 것이다. 그 의무는 바로 이것이다. "선하고 현명한 사람이 되어라." 사람으로 남고 싶다면 오늘 우리에게 주어진 의무를 다해야 한다. 무슨 일이 일어나든, 다른 사람의 의무가 무엇이든, 나에게 주어진 일을 해야 한다.

OCT 2 가장 가치 있는 자산이란

> 현명한 사람은 아무것도 잃지 않을 수 있다. 그 사람은 모든 것을 자신의 내면에 쌓아 두
> 며 운명에 맡기지 않는다. 그들은 자신의 선함을 미덕이라는 단단한 가죽으로 장정하며
> 우연으로부터 어떤 것도 바라지 않는다. 그리하여 운명에 의해 늘어나거나 줄어드는 법
> 이 없다.
>
> -세네카, 현자들의 부동심, 5.4

    어떤 사람은 주식, 신탁, 부동산 같은 자산에 투자하고, 또 어떤 사람은 인간관계와 업적에 자산을 투자한다. 그런가 하면 어떤 사람은 세네카가 말한 것처럼 자신에게 투자한다. 이들이 투자한 것 가운데 시장의 변동과 재앙에도 흔들리지 않는 자산은 무엇일까? 어떤 자산이 고난과 시련의 국면에서 가장 회복력이 빠를까? 또 우리를 절대 버리지 않는 것은 어떤 자산일까?

    세네카는 황제의 스승이자 친구였고 상당한 부자였다. 그러나 네로는 점점 미쳐 갔고 세네카는 자신이 위험에 처할 수 있음을 예감했다. 그는 자신의 전 재산과 황제에게서 받은 모든 선물을 돌려주는 조건으로 네로로부터 완벽한 자유를 얻고자 했다. 네로는 이 제안을 거절했고 세네카는 추방당하고 만다. 그도 잠시, 어느 날 사형집행인들이 세네카를 찾아온다. 그 순간 세네카가 의지할 수 있는 것은 돈도, 친구도, 과거의 업적도 아니었다. 그에게 남은 것은 내적인 성찰이었다. 그것만이 그의 위엄과 명예를 끝까지 지켰다.

옷감의 실처럼 연결된 우리

> 우주 삼라만상이 서로 관련이 있음을, 서로가 서로에게 의존하고 있음을 생각하라. 어떤 의미에서 보면 세상의 모든 것들은 옷감의 실처럼 촘촘히 연결되어 있어 서로 영향을 주고받는다. 하나의 움직임에 반응하여 다른 것이 움직이며 이 공명적 울림이 모두에게 전파된다. 모든 실체들은 이렇게 유기적으로 통합되어 있다.
>
> -마르쿠스 아우렐리우스, 명상록, 6.38

소설가 앤 라모트는 이렇게 말했다. "모든 작가는 하나의 호수로 흘러들어 가는 작은 강물이다." 그에 따르면 작가들은 모두가 불가사의한 계획에 공헌하는 사람들이다. 작가뿐이겠는가? 우리 모두가 그렇다. 하지만 사람들은 함께 살아가고 있음을 자주 잊고 산다. 아주 먼 옛날 우리의 선조들이 먹고 마시고 숨 쉬던 원자들이 여전히 우리의 입과 코를 들락거린다는 사실을 까맣게 잊고 사는 것처럼.

스토아 철학자는 삶의 연쇄와 상호관련성에 대해 반복해서 말해 왔다. 그러나 그리스 로마 시대의 삶은 가혹했다. 콜로세움에서는 재미를 위해 야수를 죽였고, 사람이 사람을 오락거리로 살육했으며, 제국을 확장하면서 정복한 나라의 시민들을 노예로 팔았다. 이와 같은 잔인한 인간의 모습은 지금까지도 끊임없이 반복된다.

그러니 더더욱 이 세상에 혼자서 살아갈 수 있는 존재는 없다는 것을 기억하자. 우리는 촘촘히 연결되어 각자의 역할을 묵묵히 수행할 뿐이다. 세상은 그럼으로써 존재한다.

하나를 위한 모두, 모두를 위한 하나

벌집에 이롭지 않은 것은 꿀벌도 이롭지 않다.

-마르쿠스 아우렐리우스, 명상록, 6.54

아우렐리우스 황제는 '사해동포주의'라는 개념을 분명하게 표현한 작가 중의 한 사람이다. 그는 자신을 로마의 시민일 뿐만 아니라 세계의 시민이라고 말했다. 아우렐리우스의 사해동포주의는 스토아 철학의 심파테이아(Sympatheia, 연민 또는 자비)에서 가져온 것이며, 『명상록』에는 위 인용구의 짝이 될 만한 구절도 기록되어 있다. "공동체에 해롭지 않은 것은 개인에게도 해롭지 않다."

스토아 철학은 충동을 적절하게 조절하고 올바르게 행동할 때 전체를 이롭게 할 수 있다고 보았다. 하지만 이는 현명한 자만이 할 수 있는 일이다. 결국 현명한 자의 행위는 자기 혼자가 아니라 전체에게 이로운 행위가 된다. 그래서 역설적이게도 전체에게 좋은 행동만이 개인에게도 좋다고 말할 수 있다. 이것이 바로 아우렐리우스가 개인을 앞세우지 않은 이유이다.

말하지 않아야 할 때

혀와 함께 여행하지 말고 발과 함께 여행하라.

-제논, 디오게네스의 강의에서 인용, 탁월한 철학자들의 삶, 7.1.26

넘어지고 난 후 다시 일어나려고 할 때마다 기억하라. 말하고 싶은 것을 말하지 않는 것이 나을 수 있다. 잔인하거나 상처를 주는 말일수록 특히 그렇다.

타인의 성공에 경의를 표하라

자연의 본성에 맞추어 친구들에게 애정을 보여 주세. 그들의 발전을 축하하세나. 그것이
비록 나의 몫이었다 할지라도 말이야. 그렇게 하지 못한다면 닦아야 할 미덕은 우리 안
에 더는 거주하지 않을 것이니.

-세네카, 도덕에 관한 서한, 109.15

타인의 성공을 바라보는 것은 아주 힘든 일이다. 특히나 자신의 일
이 잘 풀리지 않을 경우에는 더 힘들다. 이와 같은 인간의 성향은 심리학
적으로는 '수렵채집인의 마음'이라 표현하고, 경제학적으로는 '제로섬게
임'으로 분석한다. 누군가 더 갖는다는 것은 나에게 돌아올 몫의 손실이
줄어든다는 것을 의미하기 때문이다.

스토아 철학에서 공감과 무욕은 아주 주요한 문제이다. 세네카는
"타인의 성공을 기뻐하고 타인의 실패에 공감하는 것"을 배우라고 했다.
덕이 있는 사람이라면 마땅히 해야 하는 것이기 때문이다.

스토아 철학자들은 타인의 성공에 경의를 표할 수 있도록 자신을
수련했다. 그 성공이 곧 자신의 손실을 의미할지라도, 그들은 질투와 소
유욕을 버리고 그렇게 하고자 노력했다.

내면에서 들려오는 목소리

잘못을 저지르는 인간은 자기 자신에게도 잘못을 저지른다. 불의한 인간은 스스로에게도 불의한 짓을 한다. 그들은 자진해서 악덕을 쌓아 간다.

-마르쿠스 아우렐리우스, 명상록, 9.4

부정한 방법으로 어떤 이득을 취하려 하기 전에 잠깐 생각할 시간을 가져라. 마음속에 작은 두려움이라도 생긴다면 그것을 정말 취할 만한 가치가 있는지 의심해 보라. 악덕이 반복되어 양심이 무뎌지지 않도록 하라. 선택의 순간마다 우리는 철학자가 되어야 한다.

소크라테스는 다이몬(Daimon)의 목소리에 귀를 기울이라고 했다. 다이몬은 내면에서 들려오는 양심의 소리이다. 그는 죽음의 순간에도 이 다이몬의 목소리를 따랐다. 그래서 그는 '아테네의 법에 충실하라'라는 자신의 가르침을 스스로 위반할 수 없었다. 다이몬을 의식하면 부정직한 행동을 할 수 없다. 다이몬은 부정직을 예방하는 아주 좋은 치료제이다.

OCT 8

작은 움직임만으로 충분하다

> 자연이 우리에게 요구하는 대로 하라. 그것이 당신의 능력이라면 그대로 하라. 사람들이 어떻게 생각하는지를 알기 위해 주위를 두리번거리지 마라. 플라톤의 『국가』 같은 완벽함을 기다리지 마라. 앞을 향해 내딛는 작은 발걸음에 만족하고 작은 결과에도 감사하라.
>
> ―마르쿠스 아우렐리우스, 명상록, 9.29.(4)

수많은 시민단체와 지역사회단체를 조직했던 사회운동가 솔 앨린스키는 『급진주의자를 위한 규칙』에서 실용적이면서도 영감을 자극하는 이야기를 했다. "조직가로서 세계 도처에서 활동했지만 바람대로 이루어지는 일은 단 하나도 없었다. 그래서 우리는 세상을 변화시킬 수 있다는 믿음을 버리지 않은 채, 있는 그대로의 세상을 받아들이며 시작했다. 우리가 생각하는 대로 세상을 바꾸고자 한다면 세상 어디를 가더라도 이렇게 해야 한다."

세상을 더 나은 장소로 만들고자 한다면 지금 당장 시작하는 것만으로도 충분하다. 앞으로 나아가는 데 도움이 된다면 작은 움직임이라도 좋다. '상황이 좋지 않다', '조금 더 좋은 기회를 엿보자'라는 식의 변명은 하지 말아야 한다. 지금 할 수 있으면 하는 것이다. 그렇게 한 후, 전망은 유지하면서도 결과를 지나치게 과신하지는 말아야 한다.

흔들리지 않는 기준을 정하라

기준을 정했을 때에야 비로소 사물과 사건들을 계량할 수 있다네. 철학의 결과물도 바로 그와 같네. 면밀하게 검토한 후 자신의 기준을 유지하는 것이지. 하지만 참된 인간만이 자연의 본성에서 비롯된 기준을 사용한다네.

-에픽테토스, 대화록, 2.11.23-25

주어진 삶을 제대로 살아가기 위해서는 기준이 있어야 한다. 기준이 있어야 섣부른 타협을 하지 않을 수 있다. 아침에 일어나는 일부터 시작해서 양치질하고, 친구를 만나고, 화를 삭이고, 사랑에 빠지고, 아이를 훈육하고, 개를 산책시키는 것까지 모든 일에 기준이 필요하다.

그렇다면 어떤 기준이어야 하는가? 나만의 기준? 아니다. 스토아 철학은 타인과 구별되는 자신만의 기준에는 독선과 오만에 빠질 위험이 있다고 했다. 그렇다면 타인의 기준? 아니면 사회의 기준? 이 또한 아니다. 스토아 철학에서는 자신의 행복을 타인에게 맡기는 것은 어리석다고 했다. 세네카는 이렇게 비유했다. "사람들이 많이 다니는 가장 분주한 길이 우리를 가장 많이 속인다."

그렇다면 기준을 어떻게 정해야 하는가? 스토아 철학이 내놓은 답은 이렇다. "누군가를 모방하려 하지 말고 자신의 이성을 사용하되, 겸손, 친절, 공정함, 정의감, 절제와 같은 덕성에 기대어 기준을 정하라."

미덕의 빛을 밝혀라

세네카도, 헤라클레이토스도 이렇게 말했다. "우리 안의 도덕의 빛을 밝혀라." 이성의 빛은 우주 삼라만상으로 뻗어 나간다. 우리 안의 심지는 처음 밝혀지는 순간부터 오랜 어둠을 뚫고, 죽기 직전의 순간에도 밝게 빛이 난다.

지금 여기가 바로 우리가 존재하는 곳이며 미덕의 빛을 밝힐 수 있는 최적의 장소이다. 이곳에 있는 한, 빛을 밝혀라.

보다 나은 사람으로 만드는 미덕

얼마나 많은 사람이 솔직히 말하겠다고 하고서는 기만과 거짓을 꾸미는가? 친애하는 친구여, 자네는 어떤가? 그러나 자네의 말을 들을 필요는 없다. 사랑에 빠진 사람들이 상대를 흘깃 보고 모든 것을 아는 것처럼 목소리의 느낌, 눈동자의 흔들림을 보는 것만으로도 손쉽게 알 수 있다. 달리 말하면 진솔하고 선량한 사람들은 냄새를 풍기는 염소와 같다. 함께 있으면 그가 누구인지 금방 알 수 있는 법이다.

-마르쿠스 아우렐리우스, 명상록, 11.15

사람들은 이런 말을 많이 한다. "솔직하게 말해서…", "있는 그대로 얘기하면…", "실례되는 말이 아니라면…" 빈말일지라도 이런 얘기를 듣는 순간 의문이 떠오른다. 진술함과 정직함을 서두에 깔고 시작하면 정말 모든 것을 가감 없이 이야기할 수 있는 것일까? 지금 솔직하게 말하겠다는 건 평소에는 솔직하지 않았다는 의미는 아닌가?

시인인 랠프 월도 에머슨은 "사람은 혼자 있을 때 정직하다"라고 했다. 정직하기가 얼마나 어려운지를 반어적으로 표현한 말이다. 사회생활을 해야 하는 인간에게 거짓말은 필요악이다. 그런데도 인류의 스승들은 정직을 강조했다. 그것이 나은 인간을 만드는 미덕이기 때문이다. 정직이 없는 자기반성은 있을 수 없다.

OCT 12. 사랑의 묘약을 만드는 법

헤카토가 말했다네. "내가 자네에게 사랑의 묘약을 조제하는 법을 가르쳐 주겠네. 어떤 약제도, 약초도, 특별한 주문도 없이 말이야. 사랑을 받고 싶다면 사랑을 하게."

-세네카, 도덕에 관한 서한, 9.6

비틀스의 노래에 이런 가사가 있다. "결국, 지금 당신이 갖고 있는 사랑은 당신이 만든 사랑이랍니다." 또 스페인 작가 발타사르 그라시안은 사랑에 대해 이렇게 말하기도 했다. "사랑을 하찮은 것으로 여기는 사람은 당장 그 수준에 걸맞은 사랑밖에 얻을 수 없을 것이다."

정치사회의 국면에서도 사랑이 필요하다. 1992년 바버라 조던은 민주당 전당대회에서 탐욕과 이기주의, 불화에 대해 격정에 찬 연설을 했다. "무엇으로 바꾸어야 할까요?" 그녀가 청중을 향해 외쳤다. "불화와 불신의 1980년대를 공익에 대한 헌신과 관용으로 바꾸려면 사랑, 사랑, 사랑뿐입니다!"

기억하라. 증오가 도움이 되는 상황은 없다. 사랑에 기반을 둔 공감, 이해, 감사만이 올바른 해답이다.

316

OCT 13 복수하지 않는 것이 최고의 복수이다

가장 좋은 복수 방법은 그와 같은 사람이 되지 않는 것이다.

-마르쿠스 아우렐리우스, 명상록, 6.6

상처를 보고 복수를 꿈꾸는 것보다 치료하는 것이 훨씬 낫다. 복수는 시간을 낭비할 뿐만 아니라 처음보다 더 많은 상처를 준다. 분노는 상처보다 오래 살아남는다. 그러니 악에 악으로 맞서지 않고 반대로 행동하는 것이 최선이다. 노새를 차고 개를 물어서 분풀이하겠다는 사람을 누가 정상이라고 생각하는가?

-세네카, 분노에 대해, 3.27.2

누군가가 당신을 무례하게 다룬다. 또 다른 누군가가 비열한 방법으로 당신보다 먼저 승진을 한다. 그렇다면 당신도 그들과 똑같이 행동할 것인가?

아우렐리우스와 세네카는 최선의 복수는 복수하지 않는 것이라고 말했다. 누군가 당신을 함부로 대했다고 해서 똑같이 무례하게 반응한다면 그들의 행동이 충분히 효과적이었다는 것을 증명해 줄 뿐이다. 타인의 부정직에 부정직으로 반응해도 마찬가지이다. 그와 같은 행동은 그들이 옳았음을, 즉 모든 사람이 부정직하기 마련이라는 그들의 믿음이 옳았음을 증명할 뿐이다.

최상의 복수는 '그럼에도 내가 행복하게 사는 것'이다. 타인의 귀감이 되자. 언제나 도덕적으로 살아가려는 태도에서 고귀함이 나온다.

군인처럼 준비하라

우리는 혹독한 겨울에 대비하여 훈련한다네. 준비되지 않은 군인이 전쟁에 뛰어들 수는 없으니까.

-에픽테토스, 대화록, 1.2.32

근대적인 전쟁 개념이 생기기 전, 고대의 전쟁은 오늘날 우리가 이해하고 있는 전면전이 아니었기에 급습으로 지엽적인 전투를 벌였다. 직업군인이 드물어서 군대를 운용하기 힘들었고 그래서 전쟁을 수행하기 어려운 겨울이 오면 군을 해산시키는 경우가 많았다.

에픽테토스가 겨울 훈련을 강조한 것은 당시의 시민이나 농민이 군인이기도 했기 때문이다. 그는 사람들에게 전쟁에서 승리를 쟁취하기 위해 모든 시간과 자원을 준비와 훈련에 쏟아붓는 것처럼 철학을 탐구하라고 강조했다.

농구선수 르브론 제임스는 학생이었을 때 방학이 없었다고 말한 적이 있다. 친구들이 방학을 즐기는 동안에도 그는 경기의 모든 국면을 고려하며 연습하는 데 모든 시간을 썼다. 축구선수 지네딘 지단은 밤낮으로 연습하는 것으로도 모자라 축구공을 안고 잤다. 하루 24시간 내내 축구공이 그의 몸에서 떨어지는 날이 없을 정도로 몰입한 것이다. 스토아 철학자들의 수련도 이와 같았다. 평범한 우리도 따라야 할 삶의 방식이다.

고르디우스의 매듭

의무를 결코 회피하지 마라. 당신이 녹초가 되어 있든, 충분한 휴식을 취했든, 비난을 받든 칭찬을 받든 의무에 태만하지 마라. 타인의 압박을 받거나 죽어 가는 중이라도 태만하지 마라. 죽음이라는 것 또한 우리 삶의 중요한 요소이니, 당신이 가진 자산의 대부분을 주어진 의무를 완수하는 데 쏟아라.

-마르쿠스 아우렐리우스, 명상록, 6.2

고대 그리스에 고르디우스라는 왕이 있었다. 어느 날 그는 매듭으로 복잡하게 얽어 놓은 마차를 신전에 묶어 놓고 그 매듭을 푸는 사람이 아시아를 정복할 것이라 예언했다. 수많은 사람들이 그 매듭 풀기에 도전했으나 어느 누구도 성공하지 못했다. 그러던 어느 날 알렉산드로스 대왕이 나타나 칼을 꺼내 그 매듭을 싹둑 잘라 버렸고 예언대로 아시아의 지배자가 되었다. 알렉산드로스 대왕은 아무리 애를 써도 해결하지 못하는 난제를 대담한 방식으로 단번에 해결했다.

우리는 불평과 두려움, 그리고 우리를 유혹하는 것들을 고르디우스의 매듭처럼 단칼에 잘라내야 한다. 삶의 모든 국면에서 우리는 반드시 무언가를 하기 위해 결정을 내려야 한다. 도덕률은 복잡할 수 있다. 하지만 옳은 일은 비교적 분명하며 직관적으로 다가온다. 주어진 의무는 쉽지가 않다. 하지만 중요하다. 그래서 더 어려운 선택이기도 하나, 해내야 한다.

OCT 16 깨달음을 공유하라

> 예외적인 이성을 가진 사람만이 재빨리 미덕을 움켜잡네. 아니면 내면에서 스스로 미덕을 발현하지. 하지만 나쁜 습관에 방해를 받아 게으르고 어리석게 된 사람들은 녹이 슨 사신의 영혼을 부지런히 갈고닦아야만 하네. (…) 어리고 나약한 자들은 철학의 근본원칙에 주의를 기울임으로써 이 못된 습관을 고칠 수 있을 것이야.
>
> -세네카, 도덕에 관한 서한, 95.36-37

스토아 철학은 복음을 전파하려는 종교가 아니다. 스토아 철학을 공부하는 우리에게 그러한 의무는 없다. 에픽테토스나 아우렐리우스의 가르침을 모른다고 하여 영혼이 지옥에 떨어지는 것도 아니다.

하지만 더 나은 길을 탐구하고 배웠다면 타인을 위해 공헌해야 하는 것이 의무이다. 타인과의 관계를 통해서 자신을 성찰하는 것이 스토아적 수련이기 때문이다. 친구나 낯선 이를 위해 스토아 철학의 지혜와 통찰을 공유하고, 단련된 태도를 보임으로써 어떤 강의보다 훌륭한 귀감이 될 수 있다. 세네카가 말한 것처럼 누구나 '철학의 근본원칙'으로 혜택을 누릴 자격이 있다. 도움이 필요한 누군가를 본다면 그 길을 안내하자.

OCT
17 행동할 수 없다면 아는 것이 아니다

자네가 소화할 수 없는 사상은 즉각 뱉어 버려야 하네. 마치 우리 위가 상한 음식을 먹었을 때와 같이 말이네. 그러나 소화할 수 있다면 뱉지 말아야 하네. 우리를 위한 영양분이 되어야 하니까. 그 사상을 소화한 후엔 그것이 자네의 합리적 선택을 어떻게 변화시켰는지 보여 주어야 하네. 마치 운동선수의 어깨가 훈련의 성과를 보여 주듯이, 예술가의 공예가 그들의 숙련도를 보여 주듯 말이네.

-에픽테토스, 대화록, 3.21.1-3

스토아 철학의 경구는 단순하고 기억하기 쉬울 뿐만 아니라, 인용했을 때 현학적인 느낌도 준다. 하지만 이것이 스토아가 지향하는 바는 아니다. 스토아 철학의 목표는 말을 행동으로 바꾸는 것이다. 무소니우스 루푸스가 말한 것처럼 "올바른 가르침을 통해 올바른 행동을 이끌어 내는 것"이 스토아 철학의 임무였다.

자랑거리가 될 만한 지식을 획득했다면 반드시 질문해야 한다. "말을 하는 것이 더 나을까, 아니면 행동하는 것이 더 나을까? 어떤 것이 지식에 대한 내 이해도를 반영하는가?"

OCT 18 관계를 끊기 전에

늦대가 친절하다고 해서 양의 친구가 될 수는 없다. 어떤 일이 있더라도 잘못된 우정을
피하라. 선량하고 진솔한 사람들은 눈에서부터 드러나니 놓칠 수가 없다.

-마르쿠스 아우렐리우스, 명상록, 11.15

사악한 사람, 두 얼굴을 가진 사람한테서 최대한 멀리 떨어져야
한다. 또한 질투 많은 친구, 자기중심적인 부모, 신뢰할 수 없는 배우자
도 관계의 적이다. 아우렐리우스는 친절하지만 잘못된 우정도 피할 것
을 권고했다.

하지만 관계를 끊기 전에 해야 할 일이 있다. 바로 자기 자신에 대
한 성찰이다. 만약 그들이 그렇게 행동한 이유가 당신이 그들을 불성실
하게 대했기 때문이라면? 그래서 스토아 철학자는 이렇게 질문하라고
했다. "타인의 행동을 판단하려고 하지 말고 자신을 먼저 돌이켜 보라."

모두가 한때는 친절하고 서로에게 성심을 다한다. 그러다 어느 순
간 상황이 돌변하고 관계가 파탄 난다. 그렇다면 이렇게 질문해 보자.
혹시 당신이 그들을 속이고 있는 것은 아닐까? 일이 잘될 때만 관계를 유
지하려 했던 것은 아닐까? 그들이 도움이 필요한데도 거절했던 것은 아
닐까? 달콤한 디저트는 함께해도 쓴 열매는 함께하지 않으려는 사람이
있다. 그 사람은 당신인가, 상대인가?

좋은 습관으로 나쁜 습관을 몰아내라

습관은 아주 강력한 영향력을 갖고 있다네. 우리는 자신의 통제 바깥에 있는 것을 얻기
위해, 혹은 회피하기 위해 충동을 따르곤 하지. 그래서 그와 반대되는 습관을 만들어
야만 한다네. 나쁜 습관은 항상 미끌거리면서 빠져나가려고 하니, 대항할 수 있는 습관
을 훈련해야 해.

-에픽테토스, 대화록, 3.12.6

　　자꾸 짖어 대는 버릇이 있는 개가 있다고 치자. 개가 짖을 때마다
고함을 지르면 상황은 더 나빠질 수 있다. 개의 입장에서는 당신도 짖고
있는 것이나 다름없기 때문이다. 개가 주인보다 앞서 치고 달아날 때 쫓
아가도 소용없는 일이다. 둘 다 도망치고 있는 것이나 마찬가지일 터이
니 말이다. 가장 좋은 선택은 개에게 옳은 방향을 알려 주는 것이다. 부
정적인 충동을 깨고 다른 습관을 형성하도록 말이다. "앉아! 집으로 들
어가!"

　　우리에게도 같은 방법을 적용해 볼 수 있다. 나쁜 습관은 그와 반
대되는 덕성으로 맞서야 한다. 게을러 보이는 자신을 탓하지 말라. 그보
다 하루라도 일찍 일어나 보자. 부정적인 생각에 휩싸인 자신을 비난하
지 말라. 그 대신 긍정적인 말을 보태는 습관을 들여 보자. 나쁜 습관은
자책하거나 비난한다고 사라지지 않는다. 좋은 습관만이 나쁜 습관을
몰아낼 수 있다.

OCT 20 삶의 의미를 찾아서

> 당신은 행복을 찾지 못한 채 수없이 방황만 했다. 행복은 논리에 있지 않으며, 부에도, 명성에도, 하고 싶은 일을 마음대로 하는 데에도 있지 않다. 그렇다면 어디에 있을까? 인간이 자연적 본성에 맞추어 행동하는 곳에 있다. 그렇다면 인간은 어떻게 그런 행동을 할 수 있을까? 도덕원칙을 욕망과 행동의 근원으로 삼음으로써 할 수 있다. 그렇다면 도덕원칙이란 무엇인가? 이는 유익한 것과 해로운 것에 관한 원칙이다. 사람을 정의와 자제, 용기와 자유로 이끌어 가지 않는 것들은 해로운 것이다. 이와 같은 것을 파괴하는 것은 예외 없이 해로운 것이다.
>
> -마르쿠스 아우렐리우스, 명상록, 8.1.(5)

"삶의 의미는 무엇인가?" "나는 왜 태어났는가?" 사람들이 한번쯤은 이와 같은 질문을 던지고 답을 찾으려고 한다. 하지만 방향을 제대로 잡는 사람은 드물다. 중요한 지점을 놓쳤기 때문이다. 빅터 프랭클은 『삶의 의미를 찾아서』에서 그 질문이 잘못되었다고 지적하며 이렇게 말했다. "질문을 하는 우리가 바로 그 질문이고 우리의 삶이 바로 그에 대한 답이다."

여행하고, 책을 읽고, 신망이 두터운 현자를 찾아가도 원하는 답을 찾을 수는 없다. 답은 우리의 행동 속에 있으며 스스로 찾아야 한다. 정의, 자제, 용기, 자유와 같이 자명한 도덕원칙을 자신의 삶에 구현하려 할 때 답은 비로소 그 모습을 조금씩 드러낸다.

OCT
21 고귀해야 할 날은 바로 오늘이다

참 이상한 품성이지 않은가! 사람들은 같은 시대를 살아가는 동시대인들을 찬양하려고 하지 않는다. 그 대신 만나지도 않고 만날 수도 없는 후세들의 찬사에 엄청난 기대를 품고 있다.

-마르쿠스 아우렐리우스, 명상록, 6.18

이집트의 도시 알렉산드리아의 지명은 2300년 전의 설립자인 알렉산드로스 대왕의 이름에서 비롯되었다. 이렇게 긴 세월이 지나도 자신의 이름에서 유래된 도시가 있다면 얼마나 멋진 일이겠는가? 사람들이 여전히 나의 이름을 기억하고 있다!

하지만 그것이 과연 멋지기만 한 일일까? 우리가 영웅으로 기억하는 알렉산드로스 대왕이 생전에 이루었던 업적은 끔찍했다. 그는 무의미한 정복 전쟁을 일삼았으며 불같은 성격으로 유명했다. 술에 취해 가장 친한 친구를 죽이기까지 했다. 무자비한 정복 군주이자 야망의 노예였던 그는 자신의 업적이 길이길이 칭송받기를 바랐고, 그런 이유로 한 도시에 자신의 이름을 붙였다. 이런 알렉산드로스 대왕이 과연 존경을 받을 자격이 있는가?

아직 태어나지도 않은 미래 세대의 평가에 신경 쓰지 말고 지금 이 순간 할 수 있는 일에 최선을 다하라. 미래는 미래의 몫이다. 고귀해야 할 날도 오늘이고, 선량해야 할 날도 오늘이며, 최선을 다해야 할 날도 오늘이다.

어디에 능숙해질 것인가

> 레슬링선수처럼 적을 제압하는 데 능숙한 사람이 있다. 하지만 그 능숙함이 곧 공동체를 위해 더 많은 일을 하게 하는 것도 아니고, 합리적인 사고를 하게 하는 것도 아니다. 어떤 조건을 더 잘 다룰 수 있도록 하는 것도, 타인의 실수에 더 관용적이게 하는 것도 아니다.
>
> -마르쿠스 아우렐리우스, 명상록, 7.52

자기 계발은 아름다운 목표이다. 사람들은 대부분 그것조차 이룩하지 못한다. 하지만 자기 계발을 이룩하는 사람 중 일부는 그 과정에서 자만심과 허영심까지 함께 얻으며 소중한 것을 상실하기도 한다.

우리가 탄력적인 몸매를 원하는 것은 자기 자신에게 도전하고 어려운 목표를 달성하고자 하는 뜻에서일까? 아니면 셔츠를 벗었을 때 타인의 탄사를 받기 위함일까? 의사가 되고 싶은 것은 고통에 시달리는 환자를 치유하기 위함인가, 아니면 그저 돈과 명예를 얻고자 함인가?

어딘가에 능숙해진다는 것은 다른 것에 미숙해진다는 의미가 아니다. 무언가에 능숙해지기 위해 남편, 아내, 아버지, 엄마로서의 역할을 소홀히 할 수는 없는 일이다. 더 나은 사람이 되는 것과 어떤 일에 능숙해지는 것을 혼동하지 말자.

열등감에서 벗어나기

OCT 23

> 사람들의 경탄을 불러일으킬 만한 재능이 자네에게는 없는가? 그렇다면 받아들여라. 하지만 자네에게는 태어났을 때부터 누구도 가져갈 수 없는 수많은 다른 자질들이 있네. 정직함, 자존감, 인내, 자비, 자족, 검소함, 친절, 자유로움, 쾌락을 피하는 능력, 아량과 같은 자네만의 능력을 세상에 보이게.
>
> —마르쿠스 아우렐리우스, 명상록, 5.5

자기 조건을 탓하는 것만큼 쉬운 일은 없다. 사람들은 곧잘 작은 체구를 가졌다는 것, 머리가 똑똑하지 않다는 것, 풍족한 집안에서 태어나지 못한 것, 이러저러한 콤플렉스가 있다는 것을 저주하고는 한다. 하지만 어떤 결핍도 없이 이 세상을 살아가는 사람이 존재하기는 하는가?

내가 무엇을 갖지 못했는가보다는 내가 무엇을 가지고 있는가에 집중하자. 우리에게는 진실함을 선택할 능력이 있으며 위엄을 갖출 수 있는 능력과 인고의 시간을 견뎌 낼 인내력이 있다. 검약, 순수, 친절처럼 노력의 결과로 얻어지는 인간적 자질도 있지 않은가? 어떤 품성이, 어떤 자질이, 어떤 능력이 인간의 품위를 여실하게 드러낼 수 있는지 생각해 보자.

OCT 24 내면의 영혼을 파고들어라

내면을 깊이 탐구하라. 파기만 하면 마르지 않고 흐르는 선의 원천이 그곳에서 우리를 기다리고 있으니.

-마르쿠스 아우렐리우스, 명상록, 7.59

우리는 좋은 것만이 앞길에 펼쳐지길 희망한다. 좋은 소식, 좋은 날씨, 그리고 행운과 같은 것들 말이다. 하지만 그런 것들은 변덕이 심하여 나타났다가 금방 사라지곤 한다. 변하지 않고 영원히 좋은 것으로 남아 있는 것은 이미 우리 안에 있다. 우리 안의 선은 상황이나 조건에 상관없이 그 모습 그대로 존재한다. 그러나 선은 택배처럼 배달되는 것이 아니다. 내면의 영혼을 파고들고 깊은 사색과 행동을 일치시켜야 비로소 모습을 드러낸다.

어떻게 살 것인가?

> 무엇이 방해물로부터 인간을 자유롭게 할 수 있는가? 무엇이 자기결정으로부터 인간을
> 자유롭게 하는가? 부, 높은 지위, 왕국조차도 우리를 자유롭게 할 수가 없네. 어떻게 살
> 것인가에 관한 지식만이 그렇게 할 수 있지. 우리는 지식을 탐구해야만 하네.
>
> ─에픽테토스, 대화록, 4.1.62-64

우리에게는 두 가지 기본적인 과제가 있다. 하나는 선량한 사람이 되는 것이고, 다른 하나는 사랑하는 일을 찾는 것이다. 하지만 에너지와 잠재력을 낭비하면서 이 두 가지 과제 중 어느 것 하나 수행하지 못하는 사람들이 많다.

두 가지 과제의 수행을 막는 것은 무엇일까? 스토아 철학자들은 말한다. "잡념으로 이끄는 것에, 감정을 파괴하는 것에, 그리고 외부의 압력에 굴복했기 때문이다."

우리는 삶의 모든 국면에서 이렇게 물어야 한다. "내가 잘할 수 있는 것은 무엇일까?" "나에게 허락된 삶의 시간 안에 무엇을 하는 것이 나에게 최선인가?" 위대한 일을 하라는 것이 아니다. 사소한 것이라도 내가 잘해낼 수 있는 일을 하라는 것이다. 아주 작은 성취가 모여 큰 성취가 된다. 그 모든 것은 '어떻게 살 것인가'라는 물음에서 시작된다.

철학의 한 가지 목표

가장 위대했던 작가들이 단언했다네. 철학은 세 가지 영역으로 이루어져 있다고. 하나는
윤리학, 자연학, 그리고 논리학이지. 첫 번째 것은 영혼에 질서를 부여하고, 두 번째 것
은 사물의 본성을 탐구하며, 마지막 것은 언어의 의미와 구조와 증거를 탐색하여 그것이
참된 것과 혼동되지 않도록 하지.

-세네카, 도덕에 관한 서한, 89.9

철학의 세 가지 영역인 윤리학(도덕론), 자연학(존재론), 논리학(인
식론)은 하나의 목표가 있다. 이것들은 조금씩 다르지만 동일한 목표를
추구한다. 바로 이성의 인도를 통해 우리의 삶을 풍요롭게 하는 것이다.
여기서 중요한 것은 그 목표를 미래 혹은 사후에 두지 않고 바로 지금,
현재에 둔다는 사실이다.

뿌린 대로 거두리라

OCT
27

> 죄악은 종종 그들의 선생에게로 되돌아오나니.
>
> -세네카, 티에스테스, 311

　　세네카는 희곡에 자신의 운명을 암시하는 듯한 아이러니한 대사를 썼다. 그와 네로 황제의 관계 때문이다. 그는 여러 해 동안 네로의 가정교사였으며 정신적 스승이었다. 세네카는 생의 마지막 순간까지도 네로를 도덕의 길로 이끌고자 했으며 그 때문에 '폭군의 가정교사'라는 불명예를 안았다.

　　직장을 가지려 하거나 사업을 시작하려고 할 때 생각해 보아야 한다. 동료나 고객에게 불법적인 방법이나 비윤리적인 면모를 보여 주면, 예상치 않은 순간 그 호의(?)를 돌려받을 수 있다는 사실이다. 지금 우리의 행동이 가족, 친구, 사업 파트너, 혹은 동료에게 나쁜 선례가 되어 훗날 되돌아올지도 모른다. 동양에서는 이를 '업보'라는 말로 표현한다. 『화엄경』에는 이런 말이 있다. "지옥의 고통이 따로 외부에서 오는 것이 아니듯 업의 본성도 그러하다."

　　세네카의 비극이 세네카 자신에게서 비롯되었는지, 처음부터 네로에게 문제가 있었는지에 대해서 역사는 많은 부분을 여백으로 남겨 두었다. 모든 것은 되돌아온다는 사실을 항상 기억하라.

찬양만 하지 말고 따라가라

> 자기 자신을 위해 과감한 행동을 하게. 그러면 그것을 따라하려는 사람들이 자네 뒤를
> 따를 것일세.
>
> -세네카, 도덕에 관한 서한, 98.13b

그리스 로마 시대에도 지금처럼 대중의 나팔수 노릇을 하려 드는
정치인이 많았다. 그들은 청중과 조국, 그리고 군대를 화려하고 과장된
수사로 찬양하고는 했다. "우리는 세계 역사상 가장 위대한 나라의 시민
입니다." 지금도 많은 정치인이 이런 이야기를 한다. 그 자신이 유명한
연설가였던 데모스테네스가 이 점을 지적했다. "유명하고 성스러운 곳
에 서서 선조들의 업적을 찬양하고 그들의 공훈과 승리를 나열하고 있을
때, 우리는 기꺼이 몇 시간이고 앉아서 그들의 연설을 들을 수 있다."

아첨이 의도하는 바는 무엇일까? 자신들의 진정한 목적을 숨기려
는 것이다. 데모스테네스는 이를 두고 다시 일갈했다. "그들은 우리 조국
과 선조를 찬양함으로써 조국과 선조를 동시에 배신하려 든다. 선조들
의 영광을 늘어놓는 정치인을 감탄의 눈길로 보지 말라. 선조들의 덕목
을 흉내 내려고 노력하라." 세네카가 이 데모스테네스의 말을 그대로 인
용했다. 그것이 진실로 위대한 것이라면 단지 찬양만 해서는 안 된다. 그
들의 길을 따라가라. 그러면 우리 또한 누군가의 모범이 된다.

OCT 29 인격이 운명이다

사람들은 저마다 자신만의 인격을 갖고 있다네. 하지만 그들의 공식적인 지위는 그저 우연에 의해 획득되는 것이지. 자네가 누군가를 식탁으로 초대한다면 그만한 자격이 있기 때문에, 또 그만한 자격을 갖게 하기 위해 초대하는 것이어야 하네.

-세네카, 도덕에 관한 서한, 47.15b

채용 과정에서 많은 고용주는 지원자들이 어느 학교 출신인지 혹은 과거에 어떤 경력을 쌓았는지를 살펴본다. 이는 과거의 이력이 미래의 이력을 가리키는 지표라고 생각하기 때문이다. 하지만 항상 그럴까? 이들이 성공한 이유는 대부분 행운이 따랐기 때문이다. 옥스퍼드나 하버드에 입학할 수 있었던 학생들은 보통 부모 덕을 누린 경우가 많다. 그렇다면 그와 같은 이력을 쌓지 못했거나 행운을 누리지 못한 젊은이들은 무가치한 것일까?

이것이 바로 인격이 그 사람의 됨됨이를 판가름하는 지표가 되어야 하는 이유이다. 직업이 아니라, 그가 소유하고 있는 부가 아니라, 그의 내적인 덕성이 바로미터가 되어야 한다. '인격이 운명이다'라고 말한 헤라클레이토스의 말처럼 자신의 삶을 향상시키는 방향은 인격을 기준으로 삼아야 한다. 그리고 그 기준은 우리가 우리의 삶으로 초대하려는 사람에게도 마찬가지로 적용되어야 한다.

OCT 30 삶의 우선순위

당신을 위해 자투리 같은 시간만을 남겨 둔다는 것이 부끄럽지 않습니까? 더 이상 아무 것도 할 일이 없을 정도의 자투리 시간 동안에만 지혜를 획득하려 하는 것이 부끄럽지 않습니까?

-세네카, 삶의 덧없음에 대해, 3.5b

우리는 하루 중 여덟에서 열 시간 정도를 사무실 혹은 일터에서 보낸다. 그리고 여덟 시간 정도를 수면하고, 세 끼 식사를 위해 약 세 시간 정도를 쓴다. 그리고 나머지 시간에 무엇을 하는가? 친구를 만나거나 텔레비전을 보거나 게임을 하거나 운동을 한다. 결국 스스로의 삶에 대해 생각하는 시간은 거의 없다.

세네카에 의하면 시간과 에너지가 남을 때 철학을 공부하는 것이 아니다. 철학 공부를 먼저 끝낸 후에 다른 것들을 할 시간을 마련해야 한다. 하루에 난 10분이라도 먼저 자신의 삶을 되돌아볼 시간을 가진 다음 친구를 만나거나 텔레비전을 봐도 늦지 않다. 하지만 그 반대로 하면 우리의 인생은 계속해서 뒤처질 것이다.

OCT 31 인간은 선하게 태어난다

인간은 미덕으로 향하는 경향을 타고난다.

-무소니우스 루푸스, 강의록, 2.7.1-2

　　루푸스는 말했다. "우리 모두는 자연의 산물이다. 그리하여 자유롭게 살 수 있다. 그것은 누구는 가능하고 누구는 가능하지 않은 문제가 아니라 모두에게 가능한 것이다." 스토아 철학에서는 인간이 미덕에 이끌리도록, 부도덕은 자제하도록 태어난다고 보았다. 만약 그렇게 살지 못하는 사람이 있다면 그것은 선천적 기질 탓이 아니라 잘못된 교육과 훈육 탓이라고 생각했다. 그래서 세네카는 잘못된 생각과 관념을 벗겨낼 수 있는 도구가 철학이라 했으며 철학으로 말미암아 진실한 본성으로 돌아갈 수 있다고 역설했다.

　　우리는 서로에게 도움을 주고받는 데 능숙하다. 그렇지 않았다면 종으로서의 인류는 생존이 불가능했을 것이다. 고대 스토아 철학은 서양 사상사에서 보기 드물게 성선설에 입각한 인간관을 펼쳤다. 이 스토아 사상을 이어받은 것이 근대 루소의 교육철학이다. 이로써 현대 교육의 이론과 방법론이 확립되었다.

　　선과 악은 본디 인간의 두 측면이다. 그런데 스토아 철학은 왜 성선설을 고수했을까? 그것은 인간에 대한 믿음, 즉 인간이 변할 수 있다는 가능성을 믿었기 때문이다.

November

11월

진정으로 자신을 사랑한다는 것은
어떤 의미인가?

아모르 파티

당신이 바라는 대로 세상이 돌아갈 것이라고 생각하지 마라. 그것보다는 실제로 무엇이 일어나는지를 보라. 그렇게 해야 삶이 순조로울 것이다.

-에픽테토스, 엥케이리디온, 8

두 가지 자질을 갖고 있다면 무슨 일이 일어나더라도 섭리를 이해할 수 있을 것이네. 실제 무슨 일이 일어나는지 정확히 보는 눈을 가질 것, 그리고 감사하는 태도를 가질 것. 감사하는 태도 없이 무엇을 볼 것이며, 보지 않으면서 또 무엇에 감사할 것인가?

-에픽테토스, 대화록, 1.6.1-2

　세상일은 우리의 마음대로 돌아가지 않는다. 그렇다면 어떻게 살아야 하는 것일까? 답은 명백하다. 일어난 일은 받아들이고 일어나지 않은 것에 대한 기대를 변화시키는 것이다. 스토아 철학자들은 이를 '수용의 예술'이라고 불렀다. 그리고 스토아는 여기서 한 걸음 더 나아가라고 했다. "받아들이는 데 그치지 말고 그것을 즐겨라." 훗날 니체가 이 개념을 받아들여 단 하나의 문장으로 압축시킨 것이 바로 운명을 사랑하라는 뜻의 아모르 파티(Amor Fati)이다. 이 말처럼 나에게 일어나는 모든 일을 사랑하자.

　갈망하는 것을 얻고 싶다는 욕망으로 우리는 끊임없이 희망하고 또 실망한다. 만약 일어나는 모든 일에 감사하는 태도를 갖고 그 일을 사랑한다면? 우리는 언제나 행복과 즐거움을 느낄 수 있을 것이다.

운명과 숙명

> 외부 사건으로 고통을 겪을 때 우리를 괴롭히는 것은 그 사건이 아니라 사건에 대한 우리의 판단이다. 우리는 즉시 그 판단을 없애버릴 수 있다.
>
> -마르쿠스 아우렐리우스, 명상록, 8.47

이렇게 생각해 보자. 당신은 정치가가 되어 세상을 바꿀 야망을 품고 있다. 젊고, 야망에 가득 차 있고, 조금씩 중요한 위치로 올라서며 경력을 쌓고 있던 어느 날, 39살의 나이에 건강에 문제가 생긴다. 의사는 성인에게는 극히 드문 소아마비라고 하며 결코 예전의 삶으로 되돌아갈 수 없다는 진단을 내린다. 그렇다면 여러분은 어떤 생각이 들까? 경력이 끝났다고 생각하지 않을까?

이 이야기는 프랭클린 루스벨트가 겪은 이야기이다. 미국에서 가장 존경받는 대통령 중 한 사람인 루스벨트를 이해하고자 할 때 이 소아마비 장애를 빼놓을 수 없다. 소아마비라는 사건은 그를 장애인으로 만들었다. 하지만 그는 이 장애가 자신의 삶을 만들어 가는 데 방해가 되지 않는다고 판단했다. 당시 성인 소아마비는 불치병이었음에도, 루스벨트는 자신을 질병의 희생자라고 생각하지 않았다. 스토아가 말하는 '수용'은 운명을 단순히 수동적으로 받아들이라는 의미가 아니다. 수용과 숙명적 태도를 혼동하지 말자.

의사의 처방에 따르는 것처럼

사람들이 흔히 승마 훈련하기, 얼음물로 목욕하기, 맨발로 걷기와 같은 의사의 처방에
따르는 것처럼 자연의 처방을 따라야 한다. 의사의 처방이 치료와 건강 회복에 도움을
주고자 하는 것이고 자연의 처방은 질병이나 신체 불구 혹은 불공정함으로 고통을 겪는
운명에 도움을 주고자 하는 것이다.

-마르쿠스 아우렐리우스, 명상록, 5.8

　스토아 철학자는 비유의 달인이었다. 그들은 자신의 이성을 단련
하는 도구로 비유를 활용했다. 아우렐리우스는 아무리 끔찍한 요구일지
라도 의사의 처방이라고 하면 사람들이 기꺼이 따르는 경향과 인간이 살
아가면서 겪는 고통을 비교했다. 의사가 당신에게 이 지독한 병을 낫게
하려면 박쥐처럼 거꾸로 매달려 잠을 자야 한다고 말하더라도 당신은 아
마 따를 것이다. 물론 조금 바보 같다고 생각하겠지만, 이것이 당신을 낫
게 한다고 믿으며 금방 적응할 것이다.

　이와 다르게 우리는 외부에서 일어나는 사건이 계획한 것과 다르
게 흘러간다면 죽기 살기로 싸운다. 아우렐리우스는 이렇게 물을 것이
다. "이 불쾌감이 의사가 처방한 치료의 일부라면? 이 불편함이 우리 삶
에 약만큼 좋다면 어쩌겠는가?"

　의사의 지시를 따르는 것처럼 운명이 주는 불쾌를 기꺼이 따르라.
의사가 끔찍한 처방을 내리더라도 따라야 하는 것이 환자의 숙명인 것처
럼, 자연이 주는 불쾌함 또한 훌륭한 인생을 위한 처방일 수 있다.

변화는 선도 악도 아니다

변화하는 것 중에 악한 것은 없다. 그것은 마치 새로운 상황에 맞서 저항하는 것 중에 선
이 없는 것과 마찬가지이다.

-마르쿠스 아우렐리우스, 명상록, 4.42

사람들이 변화는 좋은 것이라고 말할 때 그것은 보통 누군가에게 (혹은 자신에게) 확신을 받고자 하는 행위일 뿐이다. 직관적으로 우리는 변화를 나쁜 것이라 여긴다. 그것이 아니라면 적어도 의심스러운 것으로 생각한다.

그러나 명심하자. 사건은 객관적이다. 어떤 것이 좋다거나 나쁘다는 것은 단지 우리의 생각이 그렇다는 것을 가리킬 뿐이다. 우리는 그것에 맞서 싸우거나 혹은 그것을 위해 싸우지만, 모든 상황은 좋은 것일 수도 나쁜 것일 수도 있다. 그것들은 그냥 그 자체일 뿐이다. 가장 좋은 태도는 무엇일까? 모든 것을 최대한 활용하는 것이다. 하지만 그러기 위해선 먼저 선과 악으로 바라보는 태도를 멈춰야 한다.

NOV
5 | 나는 나의 감독관이 아니다

이것이 바로 행복한 사람과 유복한 삶의 덕목을 구현한다. 삶의 모든 국면에서 일어나는 일과 섭리 사이에 조화가 이루어졌을 때에 말이다.

-크리시포스, 디오게네스의 강의에서 인용, 탁월한 철학자들의 삶, 7.1.88

알코올 중독을 포함하여 모든 중독을 치료하는 12단계 프로그램에서 1단계와 2단계는 각각 이렇게 시작한다. "내 힘으로는 어쩔 수 없다." "초월적인 힘이 있음을 인식하라." 중독자들은 종종 2단계에서 싸운다. 무신론자이기 때문에, 종교를 싫어하기 때문에, 그렇지 않으면 왜 이런 일이 일어났는지 알 수 없기 때문에 저항한다.

그러다 깨닫기 시작한다. 그런 저항이 또 다른 형태의 이기주의임을, 그리고 자아도취임을. 2단계의 실질적인 의미는 이렇다. "자신보다 더 위대한 힘을 믿음으로써 내면의 신성을 깨워라." 2단계를 받아들이면 그때부터 앞으로 나아가게 된다. 즉, 그동안 삶의 중심에 있었던 독소를 버리고 섭리와 조화를 이루게 된다.

신이 세상의 섭리를 감독하고 있다는 사실을 믿을 필요는 없다. 단지 '내가 나의 감독관이다'라는 믿음을 버리기만 하면 된다. '내가 모든 것을 통제할 수 있다'라는 믿음을 버리는 순간 변화가 시작된다.

인간의 운명이라는 것

새벽에 누군가의 영광을 보았다면 / 저녁이면 그의 몰락을 볼 것이니 / 누구도 승리의 영광을 오랫동안 신뢰할 수 없으며 / 누구도 앞날의 희망을 쉽게 포기해서도 안 된다. / 클로토가 운명의 실을 잣고 멈추나니 / 그녀가 쉬는 틈에 행운이 찾아오고 / 운명의 물레는 쉴 새 없이 돌아가지만 / 신의 호의를 오랫동안 받을 수 있는 자, 이 세상에는 없으니 / 그것으로 인간은 자신의 내일을 보증한다네. / 신이 우리의 삶으로 돌진해 오는 동안에도 / 운명의 물레는 돌개바람처럼 돌아가나니.

-세네카, 티에스테스, 613

　　고대 그리스인들은 생명의 실을 잣는 운명의 여신 클로토가 우리 삶에 일어나는 크고 작은 사건을 결정한다고 믿었다. 그리스 비극 시인 아이스킬로스는 이렇게 말했다. "신이 악을 보내면 누구도 벗어날 수 없으니." 악뿐만 아니라 위대한 운명이나 행운 역시 마찬가지이다.

　　지금의 시각으로는 철학자들의 이런 숙명적 태도가 낯설 수 있다. 하지만 고대인들은 세상을 누가 통제하고 있는지 이해하려고 했을 뿐이다. 번영도, 어려움도 영원하지 않다. 승리가 시련으로, 시련이 승리로 옮아가는 것이 그들이 바라본 인간의 삶이었다. 이것은 지금도 진리이지 않은가?

NOV 7 황제보다 강한 자

명성도, 돈도, 지위도 신뢰하지 말게. 오직 자네의 힘, 즉 통제할 수 있는 것과 통제할 수 없는 것에 대한 판단력만을 신뢰하게. 이것만이 우리를 자유롭게 하며 제한받지 않도록 하지. 이것만이 깊은 수렁으로부터 우리를 건져 주고 부자와 권력자들에 맞설 수 있게 하네.

-에픽테토스, 대화록, 3.26.34-35

작가 스티븐 프레스필드가 쓴 알렉산드로스 대왕에 관한 소설 『전쟁의 미덕(The Virtues of War)』의 한 장면이다. 알렉산드로스의 군대는 강을 건너려 하고 있었다. 한 철학자가 이들 앞을 막아서자 알렉산드로스의 병사 하나가 고함을 쳤다. "이분은 세계를 정복하신 분이다. 뭐하는 짓이냐?" 그러자 철학자는 당당하게 응답했다. "나는 세상을 정복하려는 그 욕망을 정복한 사람이다."

알렉산드로스 앞을 막아선 이 철학자는 디오게네스이다. 모든 사회적 영광과 부를 거절한 것으로 유명한 디오게네스는 정확히 알렉산드로스의 반대편에 있다. 프레스필드는 이 둘의 허구적 만남을 통해 그 어떤 것도 바라지 않는 철학자가 세상의 어떤 왕보다 더 강할 수 있음을 드러내고자 했다.

내면을 응시할 수 있을 때 이런 힘이 나온다. 에픽테토스와 마찬가지로 노예 출신이었던 푸블릴리우스 시루스는 이렇게 말했다. "위대한 황제가 되고 싶은가? 그렇다면 먼저 자기 자신을 통치하게."

삶은 주사위처럼 무작위적이다

기억하라. 당신은 연극에 출연한 배우이고 극작가가 만들어낸 등장인물을 연기해야 한다. 그가 짧은 연극을 원한다면 짧을 것이요, 긴 연극을 원한다면 길 것이다. 그가 거지역할을 바란다면 그 역할을 잘 해내야 한다. 그가 불구자, 우두머리, 혹은 평범한 사람의 역할을 맡기더라도 잘 해내야 한다. 그것이 당신의 의무다. 당신에게 할당된 역할을 수행하라. 하지만 배역 선택의 권한은 다른 이에게 있다.

-에픽테토스, 엥케이리디온, 17

아우렐리우스는 황제가 되기를 바라지 않았다. 그는 원래 정치인도 아니었으며 왕좌의 직계 상속인도 아니었다. 남아 있는 편지와 그의 행보를 돌이켜 보면, 그는 철학자가 되기를 원했다. 하지만 로마의 지배계급들과 황제 하드리아누스는 그에게서 가능성을 보았다. 다듬기만 하면, 그리고 아우렐리우스가 받아들이기만 하면, 옥좌의 무게를 누구보다 더 잘 감당할 수 있을 것이라는 사실을 알았다. 반면 에픽테토스는 삶의 대부분을 노예로 보냈으며 그의 철학적 가르침 또한 박해받았다. 하지만 두 사람 모두 자신에게 부여된 역할을 잘 수행했다.

삶은 주사위처럼 무작위적이다. 스토아 철학은 이렇게 무작위적인 삶에서 어떤 역경과 마주하더라도 불평하거나 한탄하지 말고 돌파할 것을 당부한다. 그것이 우리가 인생이라는 연극에서 명배우가 될 수 있는 길이다.

NOV
9

오늘의 나는 어제의 내가 아니다

우주는 변화하며, 삶은 의견일 뿐이다.

-마르쿠스 아우렐리우스, 명상록, 4.3.4b

플루타르코스 영웅전『테세우스의 삶』에는 아테네의 영웅 테세우스의 배가 수백 년 동안 아테네 시민에 의해 어떻게 보존되어 왔는지 기술되어 있다. 아테네 시민들은 판자가 썩어 내려앉을 때마다 매번 새로운 나무로 거듭 교체했다. 그렇게 오랜 시간이 지나자 배의 모든 판자가 새것으로 교체되었다. 플루타르코스는 이렇게 묻는다. "이 배는 여전히 테세우스의 배인가, 아니면 완전히 새로운 배인가?"

세상에 대한 우리의 의견은 스냅사진과 유사하다. 아주 짧은 시간의 기록일 뿐이다. 우주는 지속적으로 변화한다. 우리의 손톱도 조금씩 자라고 깎이며 또 자란다. 새로운 피부가 죽은 피부를 대신하고 오래된 기억은 새로운 기억으로 대체된다. 그럼에도 우리는 여전히 같은 사람인가? 주위에 있는 다른 이들도 동일한 사람이라 말할 수 있는가? 변하지 않는 것은 없다. 우리가 숭배하는 것조차도 마찬가지이다.

우리는 모두 단기체류자다

베스파시아누스 황제 시절을 떠올려 보라. 우리는 여러 가지를 보았다. 결혼하고, 아이를 양육하고, 누군가 병에 걸리고, 누군가는 죽고, 전쟁과 축제가 이어지고, 상업이 융성하고, 농작물을 수확하고, 의심하고, 계획하며, 죽은 이를 위해 기도하고 사람에 대해 불평불만을 늘어놓고, 사랑에 빠지고, 돈을 모으고, 지위와 권력을 탐하던 그 시절, 이제 그들의 삶은 죽고 사라져 버렸으니…. 다시 트라야누스 황제의 시대가 왔으나 이 모든 것이 똑같이 이어지나니.

-마르쿠스 아우렐리우스, 명상록, 4.32

헤밍웨이의 『태양은 다시 떠오른다』라는 소설을 펼치면 성경의 한 구절이 인용되어 있다. "한 세대가 가고 또 한 세대가 오지만, 세상은 언제나 그대로이다. 해는 여전히 뜨고, 또 여전히 져서, 제자리로 돌아가며, 거기에서 다시 떠오른다."

수많은 사상과 사조가 오고 갔음에도 인간만은 살아남아 사랑하고, 죽고, 싸우고, 울고, 웃었다. 역사는 우리 인류가 오랫동안 해 왔던 일을 반복하고 있음을 그대로 보여 준다. 현대의 미디어는 지금 시대가 이전과는 전혀 다른 삶을 누리고 있다고 말하지만 역설적이게도 지난 세기 우리 조상들도 그렇게 믿고 살았다. 우리는 모두 앞서 살다 간 사람처럼, 그리고 이후에 올 사람과 마찬가지로 이 땅의 단기체류자일 뿐이다. 오직 세상만이 그 자리를 지킨다.

오디세우스가 가르쳐 준 것

오디세우스처럼 사는 법, 이것이 바로 우리가 배워야 하는 것일세. 난파의 고통 속에 있을지라도 조국과 아내와 아버지를 사랑하는 능력을 가진 오디세우스처럼 나는 생의 마지막까지 삶을 향해할 것이야.

-세네카, 도덕에 관한 서한, 88.7b

　　학교에서 『오디세이아』를 잘못 가르치고 있다. 호메로스가 실제 저자인지 아닌지, 혹은 그가 장님인지 아닌지에만 관심을 둔다. 그리고 구술 전통이란 무엇인지, 외눈박이 거인인 키클롭스는 어떻게 생겼는지, 트로이의 목마가 어떻게 작동했는지 따위가 교실에서 오가는 이야기의 전부다.

　　세네카의 충고는 우리가 이 고전에서 무엇을 놓치고 있는지 알려준다. 날짜, 등장인물, 장소, 이런 것들은 중요하지 않다. 중요한 것은 인생의 덕목이다. 인내의 중요성, 자만의 위험, 유혹에 대한 저항을 이해해야 비로소 『오디세이아』를 읽은 것이다.

강한 자만이 책임을 진다

우리가 합리적 선택의 힘이 미치는 것에만 선과 악을 판단한다면 신을 탓할 이유도, 악의적인 타인을 원망할 이유도 없다.

-마르쿠스 아우렐리우스, 명상록, 6.41

트루먼 대통령의 집무실에는 이런 글귀가 적힌 액자가 걸려 있었다. "모든 책임은 내가 진다." 가장 큰 권한이 있고 가장 많은 사람을 통솔해야 하는 대통령으로서의 판단이 그릇되었을 때, 그는 이를 책임질 수 있는 사람이 자신밖에 없다는 사실을 잘 알고 있었다. 책임의 소재를 거슬러 올라가면 언제나 백악관 집무실에서 끝이 나야 한다는 것이 그의 신념이었다.

우리 또한 자신의 삶을 책임지는 대통령으로서 자신을 돌아보아야 한다. 삶은 자신의 합리적 선택으로 시작해서 합리적 선택으로 끝이 난다. 외부 사건은 통제할 수 없으며 통제할 수 있는 것은 오직 자신의 태도와 사건에 대한 반응일 뿐이다. 그러므로 우리가 책임을 전가할 수 있는 사람은 자신밖에 없다. 오직 도덕적이고 강한 자만이 자신의 책임을 인정한다.

불평하지도, 설명하지도 말라

공적 생활에 대한 불평을 아무도 듣지 못하게 하라. 너 자신의 귀에 들려서도 안 된다.

-마르쿠스 아우렐리우스, 명상록, 8.9

우리는 운이 좋았던 경우에도 불평하고 더 많은 행운이 찾아와도 불평한다. 아우렐리우스는 마지못해 황제가 된 사람이었다. 마치 우리가 어쩔 수 없이 직장을 다니고, 하기 싫은 집안일을 하는 것과 같았다. 일의 경중을 떠나서 자신에게 주어진 힘든 과업을 언제나 기쁜 마음으로 수행하는 사람을 찾기는 어렵다.

영국의 수상이었던 벤저민 디즈레일리의 좌우명은 "불평하지도, 설명하지도 말라"였다. 아우렐리우스와 마찬가지로 그는 그 이유를 이렇게 설명했다. "책임감이라는 짐은 막중하다. 이것저것 불평하기는 쉽다. 저질러 놓은 일을 변명하고 정당화하는 것도 쉽다. 그렇다고 무언가를 달성하는 것은 아니며, 그렇다고 부담이 가벼워지는 것도 아니다."

불운과 행운은 선택할 수 있다

그는 감옥으로 보내졌다네. 하지만 그가 고통받고 있다는 판단은 그가 아닌 자네에게서
나온 말이네.

-에픽테토스, 내화록, 3.8.5b-6a

혹인 인권운동가였던 맬컴 엑스는 어린 시절 범죄를 저질러 소년
원에 투옥되었다. 하지만 그는 그곳에서 교육받았으며 신앙을 가지게
되었고, 혹인의 권리를 위해 싸우겠다는 마음을 다졌다. 그의 투옥은 불
운인가, 아니면 긍정적 경험인가?

스토아 철학에서는 사건을 사건 그 자체로만 바라본다. 그것이 불
운이 될지 행운이 될지는 사건을 바라보는 사람에게 달려 있다. 스토아
의 '수용'은 수동적인 것이 아니라 자기 향상으로 나아가는 적극적 과정
의 첫 단계이다.

흘러가는 대로 두어라

모든 존재하는 것들과 다가올 것들이 얼마나 빨리 나타났다 사라지는지를 생각하라. 실체는 쉼 없이 흘러가는 강물과 같다. 존재들의 활동은 끊임없이 변화하며 존재들의 원인은 무한히 변동하기에 그 자리에 굳건히 남아 있는 것은 아무것도 없다.

-마르쿠스 아우렐리우스, 명상록, 5.23

아우렐리우스는 헤라클레이토스로부터 이 비유를 빌려 왔다. "어떤 사람도 같은 강물에 두 번 발을 담글 수는 없다." 강물은 쉼 없이 흘러가며 사람도 변하기 때문이다.

삶은 계속 변한다. 우리도 마찬가지이다. 사물이 변한다고 화를 내는 것은 그것들이 영원할 것이라는 잘못된 가정 때문이다. 변화에 한탄하는 것 또한 잘못된 가정이기 때문이다. 재물, 권력, 지위, 명예, 심지어 사랑마저도 붙들어 둘 수 있는 권한이 우리에게는 없다. 모든 것은 변한다. 흘러가는 대로 두어라.

갈망과 걱정은 쌍둥이다

헤카토가 말했네. "희망하지 않으면 두려움 또한 종식된다." (…) 희망과 두려움이라는 질병의 가장 큰 원인은 현재 주어진 상황에 적절하게 대처하지 않은 채, 생각만 너무 앞질러 갔기 때문이라네.

-세네카, 도덕에 관한 서한, 5.7b-8

희망은 일반적으로 좋은 것이라고 받아들여진다. 이에 반해 두려움은 나쁜 것으로 여겨진다. 하지만 로도스의 현자라고 알려진 헤카토에게 이 둘은 동일한 것이었다. 우리가 통제할 수 없는 미래를 가정하고 짐작한다는 점에서 그렇다. 희망과 두려움 모두 실제 살고 있는 현재의 적이다. 둘 다 '아모르 파티'에 대항하는 삶을 의미한다.

두려움을 어떻게 극복할 것인가에 대해 말하는 것이 아니다. 희망과 두려움 속에는 갈망과 걱정이 위험스러울 정도로 포함되어 있음을 지적하는 것이다. 슬프게도 갈망은 걱정의 원인이 되고, 걱정은 다시 갈망을 유발한다.

철학이 향하는 곳

오만하고 아집에 사로잡힌 채 철학을 행하면 파멸의 원인이 된다네. 타인의 허물에 격분하기 위해서가 아니라 오직 자네의 허물을 벗겨내기 위해 철학을 행하도록 하게.

-세네카, 도덕에 관한 서한, 103.4b-5a

세네카의 지적은 옳았다. 철학과 사상이 절대적 위치에 오르면 그 이론의 아름다움이나 논리적 정교함과는 무관하게 인류사에 비극을 가져왔다. 많은 종교 사상이 그랬고, 헤겔의 유물론을 바로 세운다던 마르크스주의가 그랬으며, 나치즘의 기본 바탕이 된 우생학이 그랬다. 절대적 지위를 누렸던 철학이나 사상은 재앙을 유발한다.

진정한 철학은 절대적 진리를 허용하지 않는다. 진리는 인간의 주관 속에서 끊임없이 재구성되며 드러날 뿐이다. 그런 의미에서 내적 성찰이야말로 철학이 가야 할 올바른 방향이다. 우리 자신을 향상시키는 것에 집중하고 다른 사람의 것은 그들의 과제로 남겨 두는 것이다. 철학이란 선체가 부식되지 않도록 정기적으로 배 밑바닥에 붙은 따개비를 벗겨 내듯 자신의 실수를 걷어 내는 행위다.

스토아적 마음의 네 가지 습관

> 우리의 이성적 본성은 다음 네 가지 방향을 나아갈 때 만족한다. 거짓되거나 모호한 것에 동의하지 않을 때, 오직 공공의 이익을 향해 행동할 때, 오로지 자신의 능력 안에 있는 것을 갈망하거나 혐오할 때, 자연적 본성이 합당한 모든 것을 받아들일 때.
>
> -마르쿠스 아우렐리우스, 명상록, 8.7

아우렐리우스 황제는 스토아 철학이 무엇인지 반복적으로 자신에게 환기시켰다. 그 주요 요점을 정리하는 것은 수천 년이 지난 오늘을 살아가는 데에도 도움이 된다. 우리는 오늘도 나쁜 생각을 받아들이고, 이기적인 행동을 하고, 자기 통제 밖에 있는 것을 희망하고, 이미 일어난 일에 불평을 쏟으며, 그와 맞서 싸우려 한다. 그와 같은 일이 있을 때마다 잠깐의 여유를 두고 스토아적 습관을 다지자.

· 참된 것만을 받아들여라.
· 공익을 위해 행동하라.
· 통제할 수 있는 것만을 갈망하라.
· 주어진 것을 받아들여라.

NOV 19 세 현자의 교훈

다음 세 가지 생각을 항상 유지하면서 그 명령에 따라 어떤 도전이라도 받아들여라. "신과 운명이 나를 이끌어 주며 오래전 나를 위해 그 목표를 정해 두었다. 나는 그를 따를 것이며 휘청이지 않을 것이다. 설사 내 의지가 약할지라도 나는 하던 대로 할 것이다."(클레안테스) "누구든지 필요한 것을 받아들이는 자를 현명하다고 생각하라. 나머지는 신의 문제이다."(에우리피데스) "이것이 신을 기쁘게 한다면 그대로 두어라. 그들이 나를 죽일 수는 있어도 나를 다치게 할 수는 없다."(플라톤, 크리톤의 변명)

-에픽테토스, 엥케이리디온, 53

에픽테토스가 인용한 세 구절은 역사를 관통하여 흘러온 지혜가 무엇인지 알려 준다. 관용, 유연함, 그리고 수용. 클레안테스와 에우리피데스는 운명을 쉽게 수용할 수 있는 개념으로 우리를 일깨워 준다. 위대한 힘, 섭리 혹은 초월자라는 믿음을 갖고 있다면 계획에 반하는 일은 없을 것이다. 신을 믿지 않는다 할지라도 우리는 우주의 다양한 법칙과 삶의 순환을 보다 편하게 받아들일 수 있다. 개별자로서 우리에게 일어나는 모든 일은 무작위적이고, 잔인하며, 기대하지 않은 방향으로 흘러간다. 그러니 갈망했던 사건이나 기대 밖의 일이 일어나면 그 사건이 일어날 것이라 예상한 듯이, 나를 위해 준비되어 있었다는 듯이 행동하자. 불평하기보다는 이겨내야 하지 않겠는가?

지금이 영원이다

> 만약 우리가 현재를 볼 수 있다면 모든 것을 보는 것이요, 태곳적부터 이어져 내려온 영원을 본 것이다. 왜냐하면 모든 일은 동일한 종류의 현상과 관련하여 일어나기 때문이다.
>
> -마르쿠스 아우렐리우스, 명상록, 6.37

　　지금 일어나는 사건은 늘 있던 사건과 동일한 것이다. 인간에게는 삶과 죽음이 늘 함께였으며, 구름은 언제나 산을 넘었고, 바람은 영겁의 세월 동안 형체 없이도 자신의 존재를 드러냈다. 진리를 깨달은 선승이 읊는 시 같은 에머슨의 말을 들어 보자. "지금 이 순간은 예전에도 있었고 앞으로 있게 될 순간들의 인용이다."

　　이 개념은 우리를 암울하게 만들려는 것도 아니고 희망이 솟구치게 하려는 것도 아니다. 그냥 있는 그대로의 사실이다. 그럼에도 조용한 울림이 있다. 지금 볼 수 없는 것은 앞으로도 볼 수 없으며, 내가 보지 못했다면 다른 누구도 볼 수 없다.

행복을 붙잡으려 하지 마라

NOV
21

> 시간이 흘러간다고 해서 우리에게 선함이 더 늘어나지는 않는다. 하지만 한순간이라도 현명한 사람이 된다면 영원히 덕을 수행하는 사람만큼 행복할 수 있다.(크리시포스)
> -플루타르코스의 도덕률에서 인용: "상식에 반하는 스토아 철학" 1062(Loeb, p.682)

지혜와 행복을 얻는 것은 올림픽에서 메달을 획득하는 것과 같다. 10년 전에 메달을 획득했다거나 10분 전에 우승했다는 사실이 중요한 것이 아니다. 또한 한 번 우승했다거나 다관왕이라는 사실도 중요하지 않다. 한 번 메달리스트는 영원한 메달리스트다. 누구도 그것을 강탈할 수 없다. 그리고 메달을 획득하는 순간에 느꼈던 행복감을 다시 누리는 것 또한 불가능하다.

영화배우 에반 핸들러는 골수성 백혈병을 앓으면서 심각한 우울증도 함께 겪었다. 그는 항우울제를 복용하다가 의도적으로 복용을 중지했다. 평범한 행복감이 무엇인지 알고 싶었다고 한다. 복용을 중지하자 약을 끊을 수 있다는 확신이 생긴 그는 우울증을 앓는 다른 사람과 달리 약에 의존하지 않았다. 한 번뿐인 '평범한 행복'이었지만 그것으로 충분했던 것이다.

행복의 순간을 붙잡으려고도 유지하려고도 하지 마라. 시간은 우리가 통제할 수 없다. 잠깐 누리는 것은 영원히 누리는 것과 같다.

물러날 때를 알아야 한다

> 결국 묘비에 이름 하나 새기려고 저 고생을 했음에도 얼마나 추악한가! 늙은 나이에도 법정으로 나와, 알려지지 않은 소송 당사자의 이익과 무지한 청중들의 갈채를 이끌어 내기 위해 마지막 숨을 몰아쉬는 서 변호사를 보라.
>
> -세네카, 삶의 덧없음에 대해, 20.2

한 늙은 백만장자가 자신이 설립한 회사의 최고경영자 자리에 아직 있음에도 법정에 출두해 있었다. 그러자 주주와 가족들은 그가 더 이상 어떤 결정을 내릴 만큼 온전한 정신을 갖고 있지 않다고 증언했다. 한때 강력한 권한을 가졌던 그 사내는 계획을 수립하고 철회할 수 있는 모든 권리를 박탈당하고 말았다. 그는 최악의 수치를 겪었고 개인적이고 내밀한 상처까지 공공에 알려졌다.

성공한 사람들은 자신은 노화와 운명의 영향을 받지 않는다고 생각하며 일을 손에서 놓지 않으려고 한다. 그러다 결국 인생에서 추하게 퇴장을 하고 만다. 일과 성취에 자부심을 갖는 것은 좋다. 그러나 인간은 궁극적으로 땅에 묻혀야 하는 운명이다. 지혜로운 자는 언제 일에서 물러나야 하는지 안다.

선한 의지

어떤 일을 하더라도 자신의 선한 의지를 보호하게. 이성적인 판단을 내릴 수 있도록 할 수 있는 한 최선을 다해 모든 것들을 고려하게. 그렇게 하지 않으면 자네는 불운 속에 빠져 실패하기 쉬워지며 언제나 누군가로부터 방해받게 될 것이니.

-에픽테토스, 대화록, 4.3.11

우리 안의 선함이란 작은 불꽃과도 같다. 우리는 그 불꽃의 수호자이다. 그 불꽃이 꺼지지 않도록 주의를 기울이는 것이 우리의 임무이다. 모든 사람에게는 저마다의 불꽃이 있으며 이를 지켜야 하는 책임도 함께 있다. 이 불꽃이 꺼져갈 때 세상은 조금씩 어두워진다. 내 안의 불꽃을 지켜야 한다. 그 불꽃이 단지 깜빡거리고 있어도 세상의 빛은 꺼지지 않는다.

NOV 24 잃는 연습을 해라

상실의 고통을 경험할 때마다 신체의 일부를 잃은 것처럼 느낄 것이 아니라 언제든 깨질 수 있는 유리였던 것으로 생각하게. 이를 기억해야 고통을 겪지 않을 것이야. 자네의 아이, 형제자매, 친구에게 입맞춤을 하는 것도 마찬가지이네. 그것이 자네가 바라던 최상의 경험이었다 할지라도 전쟁에서 대승을 거둔 장군이 죽음을 회피할 수 없는 것처럼 우리가 소유할 수 있는 것은 없네. 단지 잠깐 주어지는 것일 뿐, 영원히 가질 수는 없네.

-에픽테토스, 대화록, 3.24.84-86a

로마가 승리하면 대중들은 이기고 돌아온 장군을 바라보았다. 행렬의 맨 앞에 선 장군은 영광의 정점이었으며 로마인의 찬사는 모두 그를 향했다. 누구도 불멸의 업적과 명예를 의심하지 않는 상황 속에서 오직 스토아 철학자만이 사람들의 귀에 속삭였다. "기억하라. 저들도 죽는다."

우리가 획득한 것, 사랑하는 것들은 모두 필멸한다. 시간 앞에 허물어지지 않는 것은 없다. 위대한 시인 엘리자베스 비숍은 상실에 대해 이렇게 노래했다. "많은 것은 언젠가는 상실될 의도로 채워진 것이니 그것을 잃는다고 재앙은 아니다. (…) 더 많이, 더 빨리 잃는 연습을 할 것. 그것을 잃는다고 불행한 것은 아니니."

루푸스의 역설

> 나라면 화려하게 사는 것보다 차라리 질병에 걸리는 것을 선택하겠다. 질병은 몸을 해롭게 할 뿐이지만 화려한 삶은 몸과 마음을 파괴하기 때문이다. 화려한 삶은 몸을 연약하게 만들뿐더러 영혼을 통제 불능의 겁쟁이로 만들고, 더 나아가 불공정과 탐욕까지 잉태하게 한다.
>
> —무소니우스 루푸스, 강의록, 20.95.14-17

스토아 철학에는 로또 당첨자들이 공유할 법한 지혜가 있다. "갑작스럽게 찾아온 부는 축복이 아니라 저주이다." 실제로 로또 당첨자 중 많은 이가 거액의 당첨금을 수령한 이후 재정적 파산을 겪는다. 그뿐만 아니라 친구를 잃고, 이혼을 하며, 로또에 당첨되기 전보다 더 지옥 같은 삶을 살아간다.

헤비메탈 그룹 메탈리카의 〈네잎클로버는 없다(No Leaf Clover)〉에는 이런 가사가 있다. "터널 끝에서 부드럽게 빛나던 저 불빛이 그저 우리를 향해 달려드는 화물열차였다니." 삶의 아이러니를 가장 가감 없이 드러낸 가사가 아닐까? 하지만 암을 이겨 낸 사람들이 흔히 하는 이야기는 이보다 더 아이러니하다. 긴 시간 동안 두려움과 공포를 겪은 이들은 하나같이 이렇게 말한다. "내 인생 최고의 순간이었다." 화려함보다는 차라리 질병을 택하겠다는 루푸스의 역설이 바로 여기에 있다.

부자와 우리의 차이점

우리는 제단 위로 떨어지는 유향 알갱이와 같다. 어떤 것은 금방 떨어지지만 다른 것은
조금 뒤에 떨어진다. 하지만 차이는 없다.

-마르쿠스 아우렐리우스, 명상록, 4.15

세계 제일의 갑부와 우리의 차이점은 무엇일까? 우리가 그보다 더
적은 돈을 갖고 있다는 것이다. 그렇다면 세계에서 제일 나이 많은 사람
과 우리의 차이점은? 우리가 좀 더 젊다는 사실이다. 단지 그것이 전부
이다.

하지만 사람들은 비교를 통해 드러난 차이점을 받아들이기 어려
워한다. 내가 가진 것이 아니라 그가 가진 것이고 나는 그것을 원하기 때
문이다. "차이는 없다." 아우렐리우스의 이 말은 언뜻 비관주의적 관점
같다. 하지만 동시에 낙관주의적 관점이기도 하다. 그것이 사실이니까!
인간은 모두 잠시 머물다 가는 존재다. 차이점에만 골몰하고 있기엔 그
시간이 너무 짧지 않은가?

멀리 떨어져 있으라

우리를 화나게 하는 것들, 잘못된 인상들을 제거하고 차단함으로써 즉시 마음의 평온을
되찾을 수 있다는 사실이 얼마나 다행스러운 축복인가.

-마르쿠스 아우렐리우스, 명상록, 5.2

　스토아 철학자들이 오늘날과 같은 정보 과잉의 시대를 살지 않았
다는 것은 축복이다. 그들에게는 사람을 성가시게 하는 소셜 미디어도
없었고 신문의 가십도, 텔레비전의 떠들썩한 예능 프로그램도 없었다.
하지만 그 시절에도 잡념에 빠지게 하고 성가시게 하는 것들이 있었다.

　그래서 그들은 스토아가 함양해야 할 것 가운데 중요한 것으로 무
심을 꼽았다. 로마의 작가 푸블릴리우스 시루스는 무심을 함양하기 위
해 이렇게 하라고 조언했다. "항상 당신을 화나게 하는 것을 피하라." 우
리를 자극하는 것으로부터 멀리 떨어져 있으라는 의미다.

　갈등을 일으키지 않는 것은 회피가 아니다. 오히려 강한 의지의 표
현이다. 자신에게 이렇게 되물으며 다짐하라. "이와 같은 상황에 어떤 반
응이 일어날지 알고 있다. 그러므로 이번에는 그렇게 하지 않을 것이다."
평화와 평정은 그렇게 찾아온다.

NOV
28 · 모두 나의 탓이다

누군가 과오를 저질렀다면 친절하게 타이르고 그들의 실수를 일깨워라. 그들을 깨우치지 못했다면 자신을 탓하라. 아니면 누구도 탓하지 마라.

-마르쿠스 아우렐리우스, 명상록, 10.4

참된 스승은 학생이 실수했을 때 학생을 탓하지 않고 교육자로서 자신의 잘못을 반성한다. 이와 같은 생각을 확장할 수 있다면 세상에는 관용과 아량, 그리고 포용이 넘칠 것이다. 친구 관계를 신뢰할 수 없다면 그들이 무엇을 잘못했는지 모르거나, 우리가 그의 단점을 고쳐 주려고 하지 않았기 때문일 수 있다. 회사 직원의 실적이 좋지 않다면 나의 지시가 잘못되었거나 지원이 부족한 탓일 수도 있다.

타인에 대한 불평불만은 자아가 잘못 확장된 결과다. 골고다 언덕에 못 박힌 예수는 무지한 대중을 탓하지 않고 저들을 용서해 달라고 신께 빌었다. 세상의 갈등과 반목은 '네 탓'에서 비롯된다. 사랑과 이해가 머무는 곳에는 메아 쿨파(Mea Culpa, 내 탓이로소이다)가 있다.

NOV 29 │ 해 뜨기 직전이 가장 어둡다

애통해하지 마라. 그리고 요구하지도 마라.

-마르쿠스 아우렐리우스, 명상록, 7.43

"이제 끝났어. 전부 잃었어." 이런 말을 할 정도로 상황이 악화되면 그 뒤로 원망이 따라 나오고 기나긴 고통과 자기연민이 시작된다. 이는 수용이 아니다. 이미 일어나 버렸고 결코 돌이킬 수 없는 일에 다른 형태로 맞서 싸우는 것일 뿐이다.

왜 이미 드러난 결과와 싸워야 하는가? 미래가 닫혀 있다고 생각하지 마라. 앞으로 오게 될 것이 무엇인지 알고 있는 사람도 없다. 해가 뜨기 직전이 가장 어둡다고 하지 않는가? 스토아 철학을 알았다면 분명한 사실 한 가지는 익히게 되었을 것이다. "무엇이 일어나든 괜찮아질 것이다."

수레가 가는 길

어떤 일이든 이성의 지시를 따르는 자에게 마음의 평정과 적절한 행동이 따라온다. 그들은 쾌활하면서 동시에 침착하다.

-마르쿠스 이우렐리우스, 명상록, 10.12b

　　스토아 철학에서 로고스(Logos)라고 부르는 '세상을 인도하는 이성'은 이해할 수 없는 방식으로 움직인다. 로고스는 인간이 원하는 것을 주기도 하지만 원하지 않는 것을 주기도 한다. 그럼에도 스토아 철학자들은 로고스가 온 우주를 지배하는 가장 강력한 힘이라고 믿었다.

　　스토아 철학의 로고스를 이해하기 위해서는 비유법이 가장 좋다. 우리는 수레에 매달린 개와 같다. 수레가 움직이는 방향이 우리가 가는 방향이다. 이곳저곳을 기웃거리고 자신만의 길을 탐색할 수 있는 범위는 오로지 목줄의 길이에 달렸다. 궁극적으로 우리는 수레가 가는 길을 따라가야 한다. 기꺼이 수레를 따라가든가 고통스럽게 끌려가든가 두 가지 선택만이 있을 뿐이다. 우리가 무엇을 선택해야 할지는 너무도 분명하다.

좋은 습관만이 나쁜 습관을 몰아낼 수 있는
최상의 처방전이다.

December

12월

스스로 만족할 만한
하루를 보냈는가?

매일을 마지막처럼

삶의 마지막이 다가온 것처럼 우리의 마음을 준비하세. 아무것도 미루지 않도록 하세. 그리고 하루하루 인생의 대차대조표에 균형을 맞추도록 하세. (…) 매일을 마지막처럼 사는 자에게는 결코 시간이 부족하지 않으니.

-세네카, 도덕에 관한 서한, 101.7b-8a

현재의 소중함을 일깨우는 표현은 많다. "영원히 살 것처럼 꿈꾸고 오늘 죽을 것처럼 살아라." "오늘 당신이 낭비한 하루는 누군가 절실하게 기다렸던 내일이다." "내일 지구가 망할지라도 나는 오늘 한 그루의 나무를 심겠다."

이제 이런 표현은 상투적으로 들리기까지 한다. 그러니 조금 다르게 비유해 보자. 우리는 얼마 뒤 파병을 나가는 군인처럼 하루를 살아야 한다. 다시 고향으로 돌아오게 될지 아무도 모른다면, 막막함 속에서 주어진 하루하루를 어떻게 보내야 할까? 군인은 자신의 직무를 묵묵히 수행할 것이다. 가족에게 사랑한다는 표현도 아끼지 않을 것이다. 사소한 문제로 다투려고 하지도 않을 것이다. 그리고 그날 아침이 오면 떠날 준비를 할 것이다. 다시 돌아올 수 있다는 희망과 함께, 돌아오지 못할 가능성도 같이 챙기며. 여기에 허투로 낭비할 시간이 어디 있겠는가?

영원하지 않기에 특별하다

해야 할 일을 하자. 지금이라도 바로 이승을 떠날 수 있는 것처럼 말하고 행동하자.

-마르쿠스 아우렐리우스, 명상록, 2.11.1

불치병에 걸렸다는 사실을 알게 된다면 무엇을 해야 할까? 갑자기 몇 달 혹은 몇 주밖에 살 수 없다는 사실을 알게 된다면 삶은 아주 다른 형태로 우리에게 다가올 것이다.

작가 에드먼드 윌슨은 이렇게 말했다. "죽음은 절대로 실패하지 않는 예언이다." 모든 사람은 태어나는 순간 사형 선고를 받는다. 시곗바늘은 멈출 수도, 거꾸로 돌릴 수도 없다.

이 사실을 깨닫는 순간 말하고, 생각하고, 행동하는 모든 것에 심오한 영향을 받을 것이다. 죽어 가고 있는 사람이라는 사실을 모르는 것처럼 시간을 흘려보내지 말자. 영원히 살 수 있는 존재에게 특별한 하루란 없으니까.

삶과 죽음, 그리고 철학

DEC
3

> 철학은 우리 인간에게 어떤 외적 권한이 있다고 주장하지 않는다네. 그렇게 주장하는 것은 자신의 권한을 넘어선 것이지. 목수에게 나무가 필요하고 조각가에게 청동이 필요한 것처럼, 철학은 우리가 삶의 기술을 완성하기 위해 가장 적절한 재료일 뿐이야.
>
> -에픽테토스, 대화록, 1.15.2

철학은 강단의 학자나 소수의 부자가 느긋하게 즐기는 유희가 아니다. 오히려 인간이 관여할 수 있는 가장 기본적인 활동 중 하나이다. 위에 인용된 에픽테토스의 말은 수천 년 후 철학자 헨리 데이비드 소로에 의해 현대적으로 각색된다. "철학의 목적은 삶의 문제를 이론적으로, 그리고 실제적으로 푸는 것이다." 이 말은 로마의 정치인 키케로의 유명한 말과도 일맥상통한다. "철학한다는 것은 어떻게 죽느냐를 배우는 것이다."

철학의 목적이 꼭 이렇게 무겁지만은 않다. 우리는 지적 유희를 위해 철학을 할 수도 있으며 자신의 삶을 향상시키기 위해 철학을 할 수도 있다. 하지만 우리는 필멸의 존재들이다. 삶과 죽음은 분리된 것이 아니다. 삶을 알아야 죽음을 알 수 있고, 죽음을 알아야 삶을 알 수 있다. 그리고 바로 그것을 위해 철학이 존재한다.

당신이 어디에 있든

윌리엄 리 밀러는 자신의 독특한 책『링컨의 미덕: 윤리적 전기(Lincoln's Virtues: An Ethical Biography)』에서 에이브러햄 링컨에 대해 중요한 시사점을 던졌다. "우리는 신격화된 이 남자를 정치인이 아닌 것처럼 말하곤 한다. 우리는 그가 어렵게 학문을 이어 갔던 초라한 시작점에 초점을 맞추고, 그의 아름다운 연설에 주의를 기울인다. 하지만 정작 그의 직업이 정치인이었다는 사실은 얼버무리고 만다. 이 얼버무림이 그를 실로 인상적인 사람으로 만든다."

사실 링컨은 정치인이던 동안에도 열정적이었으며 사려 깊었고 공정했다. 그리고 열린 마음과 분명한 목적의식을 갖춘 사내였다. 우리가 링컨을 직업 정치인으로서 존경하는 이유는 역설적이게도 링컨이 우리가 흔히 생각하는 정치인의 모습과 다르기 때문이다.

직업이 그 사람의 됨됨이를 보여 주는 것은 아니다. 속물주의자들로 가득한 도시에 있거나, 옹졸하고 편협한 시골 마을에 산다 할지라도 올바르게 살 수 있다. 대부분의 현자들이 그렇게 살았다.

어떻게 잃을 것인가?

매일 아침 눈 뜨기 전 죽음과 추방에 대해 생각하라. 끔찍하게 보이는 모든 것들과 함께. 그렇게 함으로써 우리는 편견에도, 과도한 욕망에도 사로잡히지 않을 수 있다.

-에픽테토스, 엥케이리디온, 21

　　가장 오래된 신화인 『길가메시 서사시』에 다음과 같은 노래가 나온다. "인간은 모래강변의 갈대처럼 쉽게 부러진다네! / 반반한 젊은 사내들과 어여쁜 아가씨들이여 / 머지않아 죽음의 신이 너희들을 데려갈 것이니!" 죽음은 예기지 않은 순간에 인간의 운명에 끼어든다. 이외에도 얼마나 많은 것들이 우리의 계획을 망쳐 놓는가? 우리는 모두 인간의 유한성에 대해 잘 알고 있다. 끊임없이 변화하는 삶 속에서 유일하게 불변하는 것이 죽음이라는 사실도.

　　세계적으로 유명한 007 시리즈를 쓴 작가 이언 플레밍은 작중 제임스 본드의 입을 빌려 이렇게 말했다. "품격은 도박판에서 드러난다. 어떻게 따느냐가 아니라 어떻게 잃느냐에서 신사의 자질을 볼 수 있다." 인생이라는 도박장에서 돈을 딸 수 있는 사람은 없다. 잠깐의 즐거움을 누릴 수 있을 뿐, 결국은 무일푼으로 돌아가야 하는 삶에서 어떻게 잃을 것인가를 배우는 것이 바로 철학이다.

다모클레스의 검

> 영원히 살 수 있을 것처럼 행동하지 마라. 예정된 운명은 우리 곁을 떠나지 않는다. 살아가는 동안, 또 할 수 있는 한 좋은 사람이 되도록 하라.
>
> -마르쿠스 아우렐리우스, 명상록, 4.17

왕의 역할을 가볍게 보았던 신하가 있었다. 왕의 행복을 터무니없이 과장하여 떠들어 대는 그 신하를 본 디오니시우스 왕은 화려한 연회에 그를 초대해 서로의 위치를 바꿀 것을 제안한다. 그런데 왕의 옥좌 위에는 금방이라도 떨어질 듯, 한 올의 말총에 단검이 매달려 있었다. 왕의 권위란 언제 떨어질지 모르는 칼 아래 있는 것처럼 항상 위기와 불안 속에 유지되는 것임을 알려 준 것이다. 그래서 오늘날 권력자의 운명을 묘사할 때 그 신하의 이름을 따서 '다모클레스의 검'이라 말한다.

사실 우리 모두의 운명이 이와 같다. 운명은 한순간에 우리에게서 삶을 빼앗아 갈 수 있다. 이 위협 앞에 우리는 두 가지 선택만을 할 수 있을 뿐이다. 하나는 두려움에 떨면서도 이기적인 욕망을 충족시키려 하는 것이고 다른 하나는 두려움 없이 내가 올바르다고 생각하는 것을 실행하는 것이다. 당신은 무엇을 택할 것인가?

DEC 7 메멘토 모리

끝난 것처럼, 이미 죽은 사람인 것처럼 자신의 삶을 생각하라. 남은 것을 여분의 은혜라 생각하고, 자연의 본성에 맞추어 살라. 운명이 당신을 다루는 방식을 사랑하고 맡은 역할을 다하라. 그것 외에 무엇이 더 잘 어울리겠는가?

-마르쿠스 아우렐리우스, 명상록, 7.56-57

'모든 생명은 결국 죽음을 맞이한다'라는 사실은 우리를 두렵게 한다. 사람들이 죽음을 되도록 의식하지 않으려 하는 이유는 생각만으로도 암울하기 때문이다. 하지만 때로는 죽음을 떠올리는 것이 삶에 대한 의지를 불태우는 계기가 되기도 한다. 누구나 결국은 죽으며 한 번밖에 살지 못한다면 이 삶을 최대한 잘 살아야 하지 않겠는가? 갈등하고 싸우기보다 화합하고 사랑하며 살아야 하지 않겠는가?

윌리엄 셰익스피어는 그의 희곡『템페스트』에서 주인공 프로스페로가 결국 복수보다는 용서와 화해를 선택하면서 읊는 마지막 대사를 이렇게 적었다. "이제 다가올 나의 무덤 생각이나 하겠다." 라틴어로 메멘토 모리(Memento Mori)는 반드시 죽는다는 것을 기억하라는 뜻이다. 죽음을 잊지 않는 사람은 사소한 문제나 잡념에 사로잡히지 않을 것이다. 죽음에 대한 관조는 두려움을 주기 위함이 아니다. 지금 할 수 있는 일에 최선을 다하라는 의미이다.

무엇으로 마음을 채울 것인가

> 진실로 인간의 삶에 있어 정의, 진실, 자제력, 용기보다 더 나은 것을 찾는다면, 요컨대 우리의 마음을 충족시키는 것보다 더 나은 것을 찾는다면, 그것은 참된 이성의 요구에 맞게 행동하는 것이다. 그리고 우리 선택 영역 밖에 있는 운명이 가져다주는 것을 수용하는 것이다. 당신에게 말하겠다. 이것보다 더 나은 것을 찾을 수 있다면 마음과 영혼을 기울여 당신이 찾은 최상의 것을 즐겨라.
>
> ―마르쿠스 아우렐리우스, 명상록, 3.6.1

우리에게는 중요하다고 생각하는 것을 좇을 권한이 있다. 어떤 이에게는 돈이 그 답일 수 있고, 어떤 이에게는 성공이 그 답일 수도 있다. 또 어떤 이에게는 아름다운 연인과 불멸의 사랑을 나누는 일이 최종적인 목표일 수도 있다.

하지만 돈이란 밑이 뚫린 자루와 같아서 채워도 채워도 채워지지 않는다. 성공이란 끝이 없는 산봉우리와 같아서 올라도 올라도 정상에 다다를 수 없다. 사랑이란 한철 피었다 지는 꽃과 같아서 피고 또 피어도 지는 걸 막을 수 없다. 돈과 성공과 사랑은 우리가 그것을 잡았다고 생각했을 때 사라져 버리는 안개와 같다.

우리가 영원히 가질 수 있는 것은 오직 마음속에 있다. 내가 아름답다고 생각하는 도덕적 가치만이 죽는 날까지 내 마음을 떠나지 않고 채워준다.

DEC 9 시간의 지독한 구두쇠가 되라

> 역사상 모든 천재들이 이 단일한 주제에 초점을 맞추었음에도 인간 내면의 어리석음을 결코 완전하게 표현하지 못했다. 자신의 영지를 조금이라도 포기하는 사람은 없으며, 사소한 논쟁으로도 이웃에게 저주를 퍼붓기도 한다. 하지만 우리는 타인이 우리의 삶에 들어오는 것만은 너무 쉽게 허락한다. 더 나쁜 것은 그런 그들에게 포장도로까지 열어 준다는 것이다. 통행인에게 자기 돈을 건네 주는 사람은 없지 않은가? 하지만 얼마나 많은 사람들이 자신의 삶을 타인의 손에 순순히 넘기는가? 재산과 돈을 꽉 움켜쥐는 것처럼 시간을 움켜쥐어라. 우리는 지독한 수전노가 되어야 한다.
>
> -세네카, 삶의 덧없음에 대해, 3.1-2

전화, 이메일, 방문객, 각종 사교모임, 뜻하지 않는 사건 등 우리 삶에 끼어드는 방해물은 끝이 없다. 흑인 투쟁을 이끌었던 지도자 부커 워싱턴은 현대인들의 무분별함을 비판하며 이렇게 말했다. "많은 사람이 자신의 시간을 목적 없이 소비하기 위해 대기하고 있다."

세네카는 인간이 물리적 자산을 보호하는 데는 능숙하지만, 정신적 자산을 지키는 데는 해이하다는 사실을 지적했다. 물리적 자산은 언제라도 다시 획득할 수 있다. 하지만 시간은 어떤가? 시간은 삶의 종착에 다다랐을 때야 비로소 자신의 가치를 온전히 드러낸다. 대체할 수도 구매할 수도 없는, 세상에서 가장 귀한 가치재라는 사실을 말이다.

DEC 10 삶을 가불하지 말라

다짐하건대, 나는 합당한 대가를 지불하지 않는 자에게는 내게 주어진 단 하루도 빼앗기지 않을 것이다.

-세네카, 마음의 평정에 대해, 1.11b

신용카드를 사용하게 되면 현금을 쓸 때보다 더 많은 돈을 쓰게 된다. 혹시 신용카드를 사용하듯 삶을 다루고 있진 않은가? 신용카드는 일종의 가불이다. 그런데 우리는 인생을 가불하듯 사는 경우가 많다.

인간은 자신에게 주어진 삶이 정확히 얼마나 되는지 알지 못한다. 그래서 언제, 어느 순간 죽을 수 있다는 사실을 심각하게 받아들이지 않고 주어진 시간을 계획도 없이 마구잡이로 쓰려고 한다. 이러한 태도가 바로 가불하듯 인생을 사는 것이다.

누군가에게 혹은 어떤 일에 시간을 투자하고자 할 때, 이렇게 물어라. "이 시간을 사용해서 내가 되돌려받을 수 있는 것이 무엇인가?" 세네카의 교훈은 신용카드를 자르고 현금을 사용하라는 말과 다름없다. 그는 모든 것을 실제 거래처럼 생각하라고 말했다. "여기에 내 자산을 투자할 만한 가치가 있는가?" "지금 이것은 공정한 거래인가?"

위엄 있게, 용감하게

> 키케로가 말한 것처럼 검투사들이 수단과 방법을 가리지 않고 자신의 목숨을 부지하려 들 때 우리는 그들을 경멸한다. 하지만 생과 사에 초연한 모습을 보일 때 우리는 그들에게 경의를 보낸다.
>
> -세네카, 마음의 평정에 대해, 11.4b

전기 작가 로버트 캐로는 미국의 36대 대통령 린든 존슨이 완전히 겁쟁이처럼 행동했던 일이 있다고 말했다. 어느 날 존슨은 포커 게임을 하던 중 친구와 말싸움이 붙었는데 190센티미터의 덩치에도 불구하고 매우 방어적으로 굴었다. 그는 평소의 기질과 다르게 침대로 몸을 날려서는 미친 듯이 공중에 발길질하며 고함을 질렀다. "날 때리기만 해 봐. 날 때리면 널 차버리겠어!"

이런 일도 있었다. 제2차 세계대전이 일어났을 때 린든 존슨은 해군에 입대했지만, 상원의원이었던 그는 다른 미군들이 전선에서 죽어 가는 와중에도 안전한 캘리포니아에서 군복무를 마쳤다. 그런데도 훗날 자신을 전쟁영웅이라고 홍보하고 다녔다.

신체적 안전을 경시할 필요는 없다. 또 용감해 보이기 위해 무모한 폭력을 휘둘러서도 안 된다. 하지만 누구도 겁쟁이를 존경하지는 않는다. 의무를 회피하는 자를 좋아하는 사람도, 자신의 안전과 욕구에 높은 가치를 두는 사람을 신뢰하는 사람도 없다. 그러니 용감해져라. 위엄을 갖추어라.

찰나와 영겁

> 과거의 긴 회랑을 걸어 보라. 헤아릴 수 없이 찬란했던 제국과 왕국의 회랑도 걸어 보라.
> 거기서 미래 또한 볼 수 있을 것이다. 현재의 변화에서 일탈하지 않는 것들이 과거에서
> 도 동일하게 나타났고, 또 미래에도 나타날 것이다. 지난 40년 동안 혹은 영겁의 세월
> 동안 우리가 경험한 것이 무엇이든 이와 같다. 거기서 다른 무엇을 더 볼 수 있겠는가?
>
> ―마르쿠스 아우렐리우스, 명상록, 7.49

『차라투스트라는 이렇게 말했다』에서 니체는 이렇게 썼다. "모든 것은 무한히 되풀이된다." 이것이 바로 영겁회귀다. 니체는 시간이 과거에서 현재를 지나 미래로, 즉 한 방향으로 흘러간다고 보았던 근대인들의 직선적 시간관을 비판했다. 이러한 근대적 관점에서는 현재보다는 미래를 더 의미 있는 것으로 생각했다.

사람들은 현재의 삶이 두렵고 힘들지만 미래에는 어려움이 나아질 것이라 기대하면서 미래에 더 많은 기대를 건다. 하지만 니체는 삶이란 영원히 되풀이되는 것이라고 말했다. 이것이 바로 유명한 니체의 허무주의이다. 그러나 그 허무주의에서는 지금의 삶에 대한 긍정도 엿볼 수 있다. "삶은 영원히 되풀이된다. 하지만 바로 그 이유로 우리는 현재를 더 충실하게 살아야 한다." 니체가 말한 초인이란 바로 그런 정신적 자유를 얻은 사람을 말한다. 현재 삶에 대한 조건 없는 긍정과 충실함이야말로 영겁회귀가 우리에게 가르쳐 주는 것이다.

응답받는 기도는 어떤 것인가

다른 방법으로 기도하라. 그리고 어떤 일이 일어나는지를 보라. '그녀와 동침할 수 있는
방법'을 묻지 말고 '그녀와 동침하려는 이 욕구를 멈추는 방법'을 물어라. '그를 제거하는
방법'을 묻지 말고 '그의 종말을 갈망하지 않을 수 있는 방법'을 물어라. '우리 아이를 잃
지 않는 방법'을 묻지 말고 '그런 두려움을 떨치는 방법'을 물어라.

-마르쿠스 아우렐리우스, 명상록, 9.40.(6)

  기도에는 종교적인 의미가 들어 있다. 하지만 그 속에는 우리가 살
면서 희망하고 바라는 것들도 포함되어 있다. 어려운 상황 속에 있을 때
우리는 조용히 도움을 요청한다. 불운이 사라지기를 원하고 또 다른 기
회가 있기를 희망한다. 스포츠 게임을 보는 동안에도 우리는 특정 결과
를 바라며 관람한다. 특별한 형식이 갖춰져 있지 않지만 이것 역시 기도
이다. 이 모든 순간은 우리에게 한 가지를 알려 준다. 우리는 사적으로
늘 아주 강렬한 무언가를 열망하며 신의 힘으로 우리의 삶에 마법이 일
어나기를 바란다는 것이다.

  하지만 불운이 사라지기를 기도하는 것보다 우리가 할 수 있는 일
을 제대로 해낼 수 있는 태도와 힘을 바란다면 어떻게 될까? 통제할 수
있는 것을 분명히 볼 수 있도록 하고 우리 안에 이미 갖춰진 힘이 무엇인
지 알 수 있도록 기도한다면 어떨까? 아마도 우리의 기도는 벌써 응답받
았을 것이다.

DEC 14 — 미련이 남지 않는 삶

> 우리는 곧 죽을 것이다. 그런데도 너는 아직 삶에 전정성이 없고, 평정을 얻지 못했으며, 외부 사건이 우리를 해칠 수 있다는 두려움에서 벗어나지도 못했다. 또 다른 이에게 자비롭지도 못하며 지혜와 올바른 행동이 동일하다는 것조차 알지 못했다.
>
> -마르쿠스 아우렐리우스, 명상록, 4.37

아우렐리우스는 생의 후반부에 『명상록』을 집필하면서 심각한 질병으로 고통을 겪고 있었다. "우리는 곧 죽을 것이다"라는 그의 말은 자신의 필멸을 스스럼없이 고백한 것이다. 이 구절에는 그가 느낀 두려움이 가감 없이 드러나 있다. 죽음을 똑바로 응시했던 그는 자신이 본 것이 썩 유쾌하지 않았다. 실제 많은 것을 성취하였음에도 죽음 앞에서 그의 감정은 고통과 불쾌로 혼란을 겪었다. 하지만 시간이 얼마 남지 않았다는 사실과 더 나은 선택이 있다는 사실이 그에게 안도감을 가져다주었다.

당신에게는 지금 얼마의 시간이 남아 있을까? 지금 죽는다고 해도 당신은 후회하지 않을 자신이 있는가? 우리의 삶은 끝까지 완성되지 않을 것이다. 그러나 언제 죽더라도 미련이 남지 않는 인생을 사는 것 또한 가능하다.

현자의 모습

DEC
15

이것이 바로 인간의 품성을 가리키는 완벽한 표식이다. 광분하지 않고, 무기력하지 않으며, 어떤 위선도 없이 모든 하루를 너에게 주어진 마지막 순간처럼 살아가는 것, 바로 그 것이다.

-마르쿠스 아우렐리우스, 명상록, 7.69

스토아 철학은 삶이 완벽해질 수 있다고 생각하지 않았다. 현자 혹은 깨달은 자가 되고자 하는 것은 철학자의 염원이었지만, 현실적이지는 않았다. 그것은 결코 다가갈 수 없는 플라톤의 이데아나 다름이 없었다. 그럼에도 그들은 그 이상에 좀 더 다가가고자 하는 열망으로 하루를 시작했고, 시도하는 것만큼 얻을 수 있다고 생각했다.

오늘이 마지막인 것처럼 살 수 있을까? 스토아가 구현하고자 했던 완전함을 이룩할 수 있을까? 그럴 수 없을지도 모른다. 하지만 스토아 철학을 단련했다는 것만으로도 충분하다. 신의 왕국은 우리 내면에 있으며 스토아 철학은 그곳을 가리키는 나침반이다. 아우렐리우스의 말을 빌리면 "잠깐이라도 본 자, 영원을 본 자이다."

싹을 티우기까지는 시간이 필요하다

첫 번째 훈련은 자네가 누구인지 다른 사람이 알지 못하도록 하는 것이야. 잠시 동안 자신을 위해 철학을 하게. 마치 농사를 짓는 듯한 태도를 가져야 해. 계절에 맞춰 묻어 둔 씨앗이 조금씩 자라 안전한 과실이 되는 것처럼 말이네. 줄기가 돋기 전에 흙을 파헤친다면 결코 열매가 익을 수가 없다네. 자네는 그와 같이 자란 유실수이어야 하네. 빨리 결실을 보려 하면 자칫 겨울이 자네를 죽일 수도 있다네.

-에픽테토스, 대화록, 4.8.35b-37

이 책을 읽은 후 이런 생각에 빠질 수 있다. "좋은 말들이야. 받아들이겠어. 이제부터 나는 스토아 학파야." 하지만 그렇게 간단하지가 않다. 철학에 동의했다고 그 뿌리가 내면에 완전히 자리 잡는 것은 아니다.

똑똑하다는 소리를 듣기 위해 어마어마한 양의 책을 구입하는 사람은 이웃에게 좋은 인상을 주기 위해 앞마당을 가꾸는 사람과 같다. 철학이란, 가족을 위해 음식을 마련할 때처럼 순수하고 자족적인 행위가 되도록 해야 한다.

스토아 철학의 씨앗도 발아하기까지 시간이 필요하다. 우리도 그와 같이 훈련한다면 삶의 혹독한 시련이 닥치더라도 강건할 수 있다.

너 자신을 알라

죽음이 숨 막히게 짓눌러 올 때 / 대단히 잘 살았다고 알려진 자조차 / 자기 자신을 알지 못하고 죽나니.

-세네카, 티에스테스, 400

세상에서 가장 강한 권력과 중요한 위치에서 있는 사람들 중 일부는 자기인식이 없는 것처럼 보인다. 이름 모를 무명인이 자신에 관한 사소한 사실까지 인식하고 있음에도, 유명인들에게서는 그런 모습을 볼 수 없는 경우가 많다. 그렇지만 사실 우리는 모두 똑같은 죄를 저지르고 살아간다. 델포이의 아폴론 신전 기둥에 적힌 고대 그리스의 격언, "너 자신을 알라"를 무시한 죄 말이다.

종종 우리는 우리가 저지른 행위가 나쁜 짓이었다는 것을 수년이 지난 후 깨닫는다. 그런 깨달음이 오는 날 드물게나마 이런 질문을 던지게 된다. "나는 누구인가?" "무엇이 내게 소중한가?" "나는 무엇을 하고 싶은가?" "내게 필요한 것은 무엇인가?"

지금 당장 스스로에 대해 생각할 시간을 가져 보자. 너무 늦기 전에 자신의 마음과 몸을 이해할 수 있도록 말이다. "나는 누구인가?"

DEC 18

모두에게 공평하게 다가오는 것

알렉산드로스 대왕도, 그의 노새지기도 죽음의 신을 피할 수는 없었다. 그들은 모두 우주의 창조적 이성에게 회수되었거나, 원자들 사이로 흩어졌다.

-마르쿠스 아우렐리우스, 명상록, 6.24

셰익스피어는 『햄릿』에서 율리우스 카이사르를 언급하며 죽음의 냉혹함을 이렇게 묘사했다.

"카이사르 황제도 죽어 흙이 되면
바람막이 구멍의 땜이 되나니
한때 세상을 호령하던 저 흙덩이
겨울을 쫓는 난로의 구멍을 때우나니."

우리는 모두 동일한 방식으로 끝을 맞이한다. 죽음은 좋은 것도 아니고 나쁜 것도 아니다. 인간의 이야기는 모두 동일한 결말을 품고 있다. 이 사실은 역설적으로 우리가 죽음이 아닌 삶에 몰입해야 한다는 점을 가르쳐 준다.

존재의 하찮음

우주의 규모에 견주어 네가 가진 몫이 얼마나 하찮은지 생각하라. 시간의 무한함에 견주어 너에게 부여된 것이 얼마나 허무한지 생각하라. 운명의 오묘함에 견주어 너의 역할이 얼마나 극미한지 생각하라.

-마르쿠스 아우렐리우스, 명상록, 5.24

우주를 구성하는 원자의 총량에서 우리 몸을 구성하는 원자는 몇 퍼센트의 비율을 차지하고 있을까? 45억 년이 된 지구의 나이에 견주어 우리가 살다 가는 시간은 얼마나 짧을까?

한번쯤은 우리에게 벌어지는 모든 일을 큰 규모와 비교하여 생각해 볼 필요가 있다. 우리는 수많은 사람 중 한 사람일 뿐이며 수많은 일중에 나에게 맡겨진 역할에 최선을 다하는 것뿐이다. 자만심이 느껴질 때면 규모에 빗대어 자신을 돌아보도록 하자. 단지 그것만이 해야 할 일이다.

죽음의 순간 두려움도 끝난다

> 인간을 괴롭히는 극악의 두려움이 무엇인지 아는가? 삐뚤어진 편견과 비겁함을 가리키
> 는 분명한 표식이 무엇인지 생각해 본 적이 있는가? 죽음 자체가 아니라 죽음에 대한 공
> 포라네. 어리석은 공포에 맞서 단련할 것을 자네에게 충고하겠네. 자네의 모든 사고, 훈
> 련, 독서를 여기에 맞추게. 그러면 자네는 자유로 가는 길을 알 수 있을 것이야.
>
> -에픽테토스, 대화록, 3.26.38-39

작가이자 심리학자였던 플로리다 스콧 맥스웰이 불치병을 선고받
은 후 집필한 자서전 『늙음, 열정과 상실 사이』에는 세네카의 일화가 담
겨 있다. 네로의 명령을 들고 온 집행인에게, 무릎을 꿇고 간청하는 가족
과 친구들에게 세네카는 준엄한 목소리로 꾸짖었다. "자네들의 철학적
명제는 어디에 있는가? 다가오는 악에 맞서 수년간 준비했던 것은 어디
로 갔는가?"

스토아 철학은 또 이렇게 말하기도 한다. "죽음이 정말 종말을 의
미한다면 정확히 무엇을 두려워해야 하는가? 두려움, 고통, 걱정 그리고
여전히 남아 있는 희망까지, 모든 것이 죽음과 함께 사라질 것이다."

죽음이 두렵다면 기억하자. 죽음이 오는 순간 두려움도 끝난다.

무엇을 보여 줄 것인가

나이 외에는 오래 살았다는 것을 증명할 수 없는 늙은이들이 너무 많다.

-세네카, 마음의 평정에 대해, 3.8b

오래 살았다는 말이 의미하는 것은 무엇일까? 무엇으로 긴 시간을 살아왔음을 증명할 수 있는가? 어느 날부터 우리의 시간도 바닥을 드러내기 시작한다. "나에게 주어진 시간을 이렇게 보냈지"라고 말할 수 있다면, 괜찮은 삶이 될 수도 있다.

세네카는 사멸할 존재로서 모든 것을 두려워하면서도 불멸할 존재처럼 모든 것을 욕망하다가, 인생을 마감해야 할 시기에 와서야 다시 시작하고 싶어 하는 인간의 어리석음을 꼬집었다. 우리에게 주어진 시간 동안 무엇을 하며 보냈다고 말할 수 있어야 하는 걸까? 그냥 살아오지 않고 충분히 살아왔음을 어떻게 증명할 수 있을까?

DEC
22 자신만의 지혜를 축적하라

통찰을 다른 사람의 비망록에서 빌려 오는 것만큼 늙은이들에게 수치스러운 일은 없다
네. '제논이 이렇게 말했다!' 거기에 자네는 뭐라고 말할 텐가? '클레안테스는 이렇게 말
했나!' 거기에나 사네는 또 뭐라고 말할 텐가? 얼마나 오랫동안 나른 이의 주장만 좇아
다닐 것인가? 이제 자네만의 주장을 하게. 후대에 물려줄 자산을 말이야.

-세네카, 도덕에 관한 서한, 33.7

시인 랠프 월도 에머슨은 불멸에 대해 쓰면서 인용에 기대어 주제
를 풀어 가는 작가의 고뇌를 이렇게 토로했다. "나는 인용하는 것이 싫
다. 내가 알고 있는 것을 말하고 싶다."

세네카가 2천 년 전 우리에게 던진 화두가 바로 이것이다. 현자들
의 말을 인용하기란 쉽다. 특히나 위대한 인물로 존경받는 사람이라면
더욱 그렇다. 하지만 자신만의 것, 자신만의 생각을 펼치기는 어렵다.

그렇다면 어떻게 해야 남들로부터 빌려 오지 않고 자신만의 생각
을 창조할 수 있는가? 과거의 현자들은 어떻게 독창적인 사고를 할 수 있
었을까? 우리의 경험에 가치가 숨어 있다. 자신만의 지혜를 축적한 그
길 위에 답이 있다.

정체 모를 두려움

자네는 죽음을 두려워하네. 하지만 그것이 무엇이겠는가. 그런 삶의 방식이 바로 죽음 그 자체가 아니겠는가?

-세네카, 도덕에 관한 서한, 77.18

한 무리의 노예들을 항상 데리고 다니던 부유한 로마인이 있었다. 어느 날 노예의 부축을 받으며 욕조에서 나온 부자가 노예에게 물었다. "아직 앉으면 안 되는 것이냐?" 아무리 수많은 노예를 부린다고 한들 자신이 무엇을 해야 하는지조차 모르는 삶이라면 그것은 노예보다 못한 삶이 아닌가?

세상과 단절되어 자신이 어디에 있는지조차 모르고 무엇을 해야 할지 모르는 사람만큼 애처로운 삶은 없다. 그와 같은 삶이 어찌 자신의 삶이라 말할 수 있겠는가?

죽음도 마찬가지이다. 현대인들은 텔레비전을 보고, 잡담을 나누고, 식탐에 빠지고, 잠재력을 낭비하고, 지루한 일에 몰두하며, 최종 상실인 죽음이 인간이 반드시 행해야 할 의무라는 사실을 잊곤 한다. 죽음을 막연히 두려워하거나 죽음을 핑계로 욕망에 허우적대기보다는 지금 주어진 삶에 몰입하는 것이 낫지 않겠는가? 세네카는 말했다. "빼앗겨서 슬플 것은 없다. 그러나 이룬 것 하나 없이 그저 늙었다는 이유로 가야 한다는 것은 진실로 슬퍼해야 할 일이다."

DEC 24 배설되지 않고 남는 것

자네는 수많은 와인과 온갖 종류의 증류주 맛을 알고 있지. 하지만 백 통 아니 수천 통이 자네의 방광을 지나갔다는 의미에서 그것들이 무슨 차이가 있는가. 자네는 단지 알코올을 걸러 내는 거름막이었을 뿐이었네.

-세네카, 도덕에 관한 서한, 77.16

세네카의 시대에도 허세를 부리며 와인을 즐기는 자를 경멸하는 표현이 있었다. 그는 고상한 척하는 속물에게 경고하고자 했다. 위와 같은 세네카의 표현은 진귀한 음식이나 첨단 제품, 명품에 집착하는 현대인에게도 그대로 적용된다.

누구나 재미와 쾌락을 가져다주는 것을 즐기고 싶어 한다. 하지만 더 많이 맛보고, 더 많이 소비하고, 더 많이 모으는 것이 과연 삶을 빛나게 하는 것일까? 그런 것들은 모두 금방 육신을 지나간다. 그것들이 지나가고 남는 것은 공허함뿐이다.

우리가 진정으로 채워야 하는 것은 육신이 아니라 영혼이다. 영혼에 채워진 것들은 배설되지 않고 삶을 위한 영원한 양식이 된다.

이성도 근육이다

DEC
25

> 이성에는 휴식이 필요하다. 좋은 휴식 뒤에 도약이 일어날 수 있으며 더욱 날카로워질 수 있다. 마치 좋은 경작지가 휴지기 없이 경작되었을 때 비옥함을 빠르게 잃는 것과 같다. 휴식을 취하지 못한 이성은 무디어진다. 모루 위에서 쉼 없이 망치를 두들기면 팔이 골절될 수 있는 것과 같다. 잠깐의 휴식만으로도 이성은 자신의 힘을 되찾는다. 휴식이 없는 노동은 어리석음이나 연약함과 마찬가지이다.
>
> -세네카, 마음의 평정에 대해, 17.5

세네카에게는 충만한 에너지와 강건함이 넘쳐났다. 그리고 그가 그렇게 할 수 있었던 것은 휴식의 중요성을 알았기 때문이다. 휴식에 대한 그의 철학이 엄격한 스토아적 실천과 정밀한 탐구 사이에 적절한 균형을 가져온 것이다.

이성도 근육이다. 이성을 통해 인내력을 발휘하고, 집중하고, 창조적인 돌파구를 찾아 내려 한다면 반드시 휴식이 필요하다. 세네카가 말하는 휴식이란 아무것도 하지 않는 시간을 뜻하지는 않는다. 그는 휴식에 대해 이렇게 말했다. "자주 자신에게로 돌아가야 한다. (…) 고독과 일을 번갈아 행해야 한다. 고독은 사람을 그리워하게 만들며 일은 자신을 그리워하게 만든다. 서로가 서로를 치유해 준다." 자신의 내면과 만나는 것. 이것이 세네카가 말하는 휴식의 의미이다.

제대로 쓰기만 한다면 삶은 길다

> 살아가기에 너무 짧은 시간이 주어진 것이 아니다. 우리는 삶을 낭비한다. 인생은 충분히 길다. 우리에게는 위대한 업적을 달성할 만큼 시간이 충분히 주어져 있다. 하지만 그 시간을 좋은 목적을 위해 사용하지 않고 사치와 태만의 하수구로 흘려보내면 그것을 인식하기도 전에 시간은 지나가 버린다. 그렇다. 우리에게 짧은 삶이 주어진 것이 아니다. 우리가 그렇게 만들었을 뿐이다.
>
> -세네카, 삶의 덧없음에 대해, 1.3-4a

죽음이 임박해 오면 모두가 깨닫는 것이 있다. 삶을 낭비했다는 사실이다. 그래서 이탈리아 시인 프란체스코 페트라르카는 무지에 관한 고전적 에세이에서 이렇게 말했다. "그칠 새 없이 자기 것이 아닌 것을 보살피느라 정작 거기에 있는 자신을 찾지 못한다."

미국인들은 평균적으로 1년에 40시간 정도를 교통 체증 속에 보낸다고 한다. 인생 전체로 보면 수개월에 해당하는 시간이다. 그뿐만 아니다. 식당이나 매표소 등에서 기다리는 시간도 상당하다. 그렇게 인생의 시간은 우리에게서 새어 나간다.

어쩔 수 없이 새어 나가는 시간을 붙들 수는 없다. 무의미한 곳으로 달려가고 쓸데없는 잡담으로 시간을 보내고 있다면 멈춰 서서 생각할 시간을 갖자. 그리고 이렇게 자문하자. 불필요한 일에 정열을 쏟고 있는 것은 아닐까? 시간을 허비하는 것에 가치를 두고 있는 것은 아닐까?

죽음이 임박해 후회하고 싶지 않다면 시간이 새지 않도록 단단히 막아야 한다. 삶은 충분히 길다. 적절히 사용할 수 있다면 말이다.

육체와 영혼

육체는 아직 버티고 있는데 영혼이 먼저 굴복할 때, 그때가 인간에게 가장 수치스러운
순간이다.

-마르쿠스 아우렐리우스, 명상록, 6.29

아우렐리우스 황제는 자신이 가진 특권에도 불구하고 편하게 살
지 않았다. 로마의 역사가 카시우스 디오는 그런 그를 이렇게 묘사했다.
"마땅히 누릴 수 있음에도 그는 자신의 권리를 찾지 않았다. 그는 강인한
육체를 갖고 있지 않았으며 통치 기간 내내 수많은 문제와 씨름해야 했
다." 아우렐리우스는 자신의 건강과 정적들, 전쟁, 그리고 심한 소아마비
를 앓던 아들 문제까지 있었지만 삶에 태만하거나 나태하지 않았다.

아우렐리우스는 분노와 상실감에 비통해야 할 이유가 많았다. 그
렇기에 자신의 도덕원칙을 버리고 화려하게 살 수도 있었고, 모든 책임
을 한쪽에 제쳐두고 자신의 건강만을 챙길 수도 있었다. 하지만 그는 그
렇게 하지 않았다. 그래서 그의 육체가 쇠약해진 후에도 영혼만은 여전
히 강건했다.

모든 것은 하루살이일 뿐이다

DEC
28

> 기억하는 자가 되든 기억되는 자가 되든 모든 것은 하루살이일 뿐이다.
>
> -마르쿠스 아우렐리우스, 명상록, 4.35

아름다운 사자 조각상으로 유명한 뉴욕시립도서관으로 가는 41번 도로를 산책하면 도로 위에 황금색으로 새겨져 있는 위인들의 명언을 지나게 된다. 거기에는 아우렐리우스 황제의 말도 있다. "모든 것은 하루살이일 뿐이다."

아우렐리우스의 명언을 들어 본 사람이 얼마나 될까? 도서관이 건립될 당시 이름을 올린 이들을 알아 볼 사람은 또 얼마나 될까? 그들은 모두 세상에서 가장 유명하고 성공한 사람들이었다.

아우렐리우스 황제의 명판조차 그를 모르는 수많은 통행인의 발에 무심히 밟힌다. 누군가에게 기억된다는 것이 인생의 본질은 아니다. 중요한 것은 누군가가 기억해 주는 것이 아니라 내 삶의 기억에 스스로 만족하는 것이다.

감사의 마음

가능하다면 감사의 마음을 전하기 위해 모든 일을 다해야 하네. 감사가 우리 자신에게
좋기도 하지만 타인에게 속한 것이 아니기 때문일세. 감사하는 태도는 언제나 몸집을 부
풀려 다시 자신에게로 돌아온다네.

-세네카, 도덕에 관한 서한, 81.19

오늘 하루 무엇을 감사할 수 있는지 생각해 보자. 아직 살아 있고,
평화로운 오후를 보낼 수 있었으며, 이 책을 읽을 여유가 있었음에 감사
한 마음을 표하자. 내 인사에 미소로 응답한 사람, 내 앞에서 문을 열어
준 사람, 라디오에서 들리는 좋은 노래, 그리고 상쾌한 날씨까지.

감사는 타인을 위한 것이기도 하지만 결국에는 나를 위한 것이다.
감사하는 마음은 전염성이 있어서 어느 한 사람의 감사 표시가 그날 하
루 수백 명의 사람을 기쁘게 할 수도 있다. 감사는 삶에 대한 최고의 긍
정이자 타인에 대한 최고의 배려이며, 내 자신에 대한 최고의 격려이다.
감사할 순간은 아주 짧은 순간에 지나가 버린다. 머뭇거리지 말고 늦기
전에 감사의 마음을 전하자.

성공의 비결

침착한 마음으로 사소한 일을 인내하는 것은 불운에게서 그 힘과 무게를 강탈하는 것과 같다.

-세네카, 허큘레스 오에타우스, 231-232

역경과 어려움을 극복하고 성공적인 삶을 살아가는 사람들은 공통적으로 무엇에 능숙했을까? 바로 평정심이다. 절체절명의 순간에도, 냉혹한 비평과 비난이 쏟아지는 와중에도, 참담한 비극과 스트레스에 억눌려 있는 상황에서도 그들은 평정심을 유지했다.

평정심을 갖기 위해 머리가 더 똑똑해야 한다거나 체력이 더 강해야 하는 것은 아니다. 누구든지 흥분하지 않고 마음을 평온하게 유지하면 된다. 그런데 그것이야말로 세상에서 가장 어려운 일이다.

평정심을 갖는다는 것은, 인생에는 그 어떤 일이라도 생길 수 있다는 사실을 받아들이는 것이다. 그리고 그 어떤 사건에도 불구하고 애초에 내가 뜻한 일을 계속해 나가겠다는 것이다. 평정심은 그 어떤 타인도, 그 어떤 외부 사건도 깨뜨릴 수 없다. 그러니 침착하라. 평정심으로 되돌아가라.

지금 바로 시작하라

DEC 31

더 이상 방황하지 마라. 그렇지 않으면 너 자신의 비망록도, 고대의 역사도, 노년에 읽기 위해 수집해 놓은 문집도 읽을 수 없을 것이다. 삶의 목적에 충실하라. 헛된 희망일랑 던져 버리고 너 자신을 구원하기 위해 움직여라. 너 자신을 돌보고 싶다면 할 수 있는 동안 하라.

-마르쿠스 아우렐리우스, 명상록, 3.14

책을 읽고 공부하는 목적은 좋은 삶을 추구하기 위함이다. 하지만 때로 우리는 책을 옆으로 제쳐 두어야 한다. 그리고 움직여야 한다. 세네카는 이렇게 말했다. "말은 행동이다." 이는 곧 우리가 책과 공부라는 이론적 세계에만 머물러서는 안 되며, 그것들을 삶과 연결할 수 있어야 한다는 의미이다.

우리가 최종적으로 해야 할 일은 행동이다. 그러니 지금 바로 시작하고 앞으로 나아가라. 세상의 어떤 책에도 답은 쓰여 있지 않다. 선택과 결정 그리고 행동만이 있을 뿐이다. 그리고 그것은 다른 누가 아닌 내가 해야 할 일이다.

남겨진 시간이 얼마나 되는지 우리는 알지 못한다. 내일 무엇이 기다리고 있을지도 모른다. 바라는 것이 있다면, 신께 기도하는 것이 아니라 행동으로 실천에 옮겨야 한다.

옮긴이 장원철
서울시립대학교 국어국문과를 졸업하고 동대학원에서 국어학을 전공했다. 지은 책으로 『인생에 힘이 되는 지혜와 통찰』, 『구두장이 잭』, 『백 마디를 이기는 한 마디』 등이 있고, 옮긴 책으로 『모두에게 사랑받을 필요는 없다』, 『아주 작은 반복의 힘』, 『아들 공부』, 『다윈이 자기계발서를 쓴다면』, 『어떻게 최고의 나를 만들 것인가』 등이 있다.

아침을 바꾸는 철학자의 질문
데일리 필로소피

초판   1쇄 발행 2021년 12월 24일
초판 15쇄 발행 2024년 5월 27일

지은이 라이언 홀리데이·스티븐 핸슬먼
옮긴이 장원철
펴낸이 김선식

부사장 김은영
콘텐츠사업본부장 박현미
책임편집 옥다애 **디자인** 황정민 **책임마케터** 오서영
콘텐츠사업4팀장 임소연 **콘텐츠사업4팀** 황정민, 박윤아, 옥다애, 백지윤
마케팅본부장 권장규 **마케팅팀** 최혜령, 오서영, 문서희 **채널1팀** 박태준
미디어홍보본부장 정명찬 **브랜드관리팀** 안지혜, 오수미, 김은지, 이소영
뉴미디어팀 김민정, 이지은, 홍수경, 서가을
크리에이티브팀 임유나, 박지수, 변승주, 김화정, 장세진, 박장미, 박주현
지식교양팀 이수인, 염아라, 석찬미, 김혜원, 백지은
편집관리팀 조세현, 김호주, 백설희 **저작권팀** 한승빈, 이슬, 윤제희
재무관리팀 하미선, 윤이경, 김재경, 이보람, 임혜정
인사총무팀 강미숙, 지석배, 김혜진, 황종원
제작관리팀 이소현, 김소영, 김진경, 최완규, 이지우, 박예찬
물류관리팀 김형기, 김선민, 주정훈, 김선진, 한유현, 전태연, 양문현, 이민운

펴낸곳 다산북스 **출판등록** 2005년 12월 23일 제313-2005-00277호
주소 경기도 파주시 회동길 490 다산북스 파주사옥 3층
전화 02-702-1724 **팩스** 02-703-2219 **이메일** dasanbooks@dasanbooks.com
홈페이지 www.dasanbooks.com **블로그** blog.naver.com/dasan_books
종이 신승지류유통 **출력·제본** 한영문화사 **코팅·후가공** 평창피앤지

ISBN 979-11-306-7936-5 (03100)

다산북스(DASANBOOKS)는 독자 여러분의 책에 관한 아이디어와 원고 투고를 기쁜 마음으로 기다리고 있습니다.
책 출간을 원하는 아이디어가 있으신 분은 다산북스 홈페이지 '원고투고'란으로 간단한 개요와 취지, 연락처 등을 보내주세요.
머뭇거리지 말고 문을 두드리세요.